DEUTSCHLAND 1945 –
DIE LETZTEN KRIEGSMONATE

GERMANY 1945 –
THE LAST MONTHS OF THE WAR

DEUTSCHLAND 1945 –
DIE LETZTEN KRIEGSMONATE
GERMANY 1945 –
THE LAST MONTHS OF THE WAR

STIFTUNG TOPOGRAPHIE DES TERRORS

Impressum / Publication details
Deutschland 1945 – Die letzten Kriegsmonate
Germany 1945 – The last month of the war
Ein Begleitkatalog zur gleichnamigen Ausstellung. Nicht enthalten sind das Kapitel „Nachkriegsjahre 1945–1948“ und die Medienstationen. / This catalogue omits the exhibition section on the Postwar Years 1945–48 and the multimedia presentations.

Herausgeber / Published by
Stiftung Topographie des Terrors
Vertreten durch / Represented by
Prof. Dr. Andreas Nachama

Gesamtkonzeption und wissenschaftliche Bearbeitung / Conception, research and compilation
Dr. Claudia Steur
Wissenschaftliche Mitarbeit / Additional research
Johanna Schüller, Charlotte Weber
Wissenschaftliche Beratung / Scholarly consultants
Prof. Dr. Rolf-Dieter Müller, Prof. Dr. Peter Steinbach
Lektorat / Text editors
Dr. Claudia Steur, Johanna Schüller, Charlotte Weber
Englische Übersetzung / English translation
Karen Margolis

Ausstellungsgestaltung, Grafik, Medien und Katalog /
Exhibition graphic design, multimedia points and catalogue
Matthies & Schnegg – Ausstellungs- und Kommunikationsdesign, Berlin
Ausstellungsarchitektur / Exhibition design
Milla & Partner GmbH, Berlin
Produktion und Druck der Ausstellungsflächen, Montage /
Exhibition panel production and installation
Villa Schmück Dich GbR, Berlin
Druck / Printed by
Conrad Citydruck & Copy GmbH, Berlin

Titelfoto / Cover photo
Überleben in Trümmern, Berlin, Französische Straße, April 1945.
Surviving in the ruins, Französische Straße in Berlin, April 1945.
ullstein bild – Jewgeni Chaldej (00439373)

ISBN 978-3-941772-19-9

Gefördert durch / Funded by
die Beauftragte der Bundesregierung für Kultur und Medien (BKM) und den Regierenden Bürgermeister von Berlin, Senatskanzlei – Kulturelle Angelegenheiten

INHALT

CONTENTS

VORWORT

Mit der Unterzeichnung der bedingungslosen Kapitulation Deutschlands in der Nacht vom 8. zum 9. Mai 1945 im sowjetischen Hauptquartier in Berlin-Karlshorst war der Zweite Weltkrieg in Europa zu Ende. Millionen Menschen hatten ihr Leben verloren oder befanden sich auf der Flucht, weite Teile Europas lagen in Trümmern.

„Vom Flugzeug sieht das alles wie Gerümpel aus, aber bei der Fahrt durch die Stadt erheben sich nun rechts und links gespensterhaft, kilometerlang, die Fassaden, wie bereit zum Einsturz, die Trümmerberge und Schutthalden...", so beschrieb der Schriftsteller Johannes R. Becher die ehemalige Reichshauptstadt Berlin nach seiner Rückkehr aus dem Moskauer Exil 1945. Berlin galt damals als das „größte zusammenhängende Ruinengebiet Deutschlands und Europas".

Die Bilder der zerstörten Städte prägen bis heute unsere Sicht auf das Kriegsende. Der von Deutschland 1939 begonnene Zweite Weltkrieg brachte Tod und Zerstörung über Europa, ehe er schließlich nach Kerndeutschland zurückkehrte.

Noch heute sind die Spuren der Zerstörungen in vielen Städten sichtbar. In Berlin erinnern Einschusslöcher an Gebäuden wie beispielsweise am Martin-Gropius-Bau und die Turmruine der Kaiser-Wilhelm-Gedächtniskirche an die Sinnlosigkeit des Krieges und die Verantwortungslosigkeit der deutschen Regierung, die sich bis zuletzt weigerte, den Krieg zu beenden, obwohl seit langem klar war, dass sie ihn nicht mehr gewinnen konnte.

Die nationalsozialistische Führung, allen voran Hitler, war der Ansicht, im Fall der Niederlage hätten die Deutschen ihr Lebensrecht und damit ihr Recht auf eine Zukunft verspielt. Ohne Rücksicht auf die Bevölkerung wurden Städte zu Festungen erklärt, die bis zum Letzten verteidigt werden sollten und beim Herannahen des Feindes die Politik der „Verbrannten-Erde" betrieben. Mit brutalem Terror wurden nicht mehr nur bereits verfolgte Gruppen überzogen, sondern auch das eigene Volk zum Durchhalten und zur Fortsetzung des Krieges gezwungen.

Doch das Bild der bis zum Schluss fanatisch für „Führer und Vaterland" kämpfenden Deutschen trügt. Allerorten schwand die Solidarität mit dem im Zerfall begriffenen NS-Staat. Mancherorts widersetzten sich die Bürger den Anweisungen und übergaben ihre Städte und Dörfer kampflos an die alliierten Truppen während andere Städte tatsächlich bis zuletzt verteidigt wurden. Es gab Soldaten, die bis zum Ende kämpften und solche, die aufgaben oder sich von der Truppe absetzten. Es gab Menschen, die sich bis zuletzt an der Verfolgung und Ermordung angeblicher oder tatsächlicher Regimegegner beteiligten und solche, die ihnen halfen. Kurzum, am Schluss kämpfte jeder Einzelne um sein Überleben.

70 Jahre nach dem Ende des Zweiten Weltkrieges erinnert die Sonderausstellung der Stiftung Topographie des Terrors an diese letzten Kriegsmonate in Deutschland. Beispielhaft zeigt sie die Bandbreite unterschiedlichen Handelns auf.

Die Stiftung Topographie des Terrors dankt all denjenigen, die an der Realisierung und Gestaltung der Ausstellung mitgewirkt haben: an erster Stelle der Kuratorin Dr. Claudia Steur sowie ihren beiden Mitarbeiterinnen Johanna Schüller und Charlotte Weber. Ein besonderer Dank gilt Herrn Prof. Dr. Rolf-Dieter Müller und Herrn Prof. Dr. Peter Steinbach für die wissenschaftliche Beratung der Ausstellung, Karen Margolis für die englische Übersetzung, sowie Julia Schnegg, Katharina Matthies und Golnar Mehboubi Nejati für die Gestaltung.

Andreas Nachama
Direktor der Stiftung Topographie des Terrors

FOREWORD

The Second World War came to an end in Europe when Germany signed the document of unconditional surrender on the night of 8/9 May 1945 at the Soviet military headquarters in Berlin-Karlshorst. Millions of people had lost their lives or had become refugees, and large parts of Europe were in ruins.

"From the plane everything looks like junk, but now, driving through the city, to our left and right we see miles and miles of ghostly shapes looming up, the house fronts about to collapse, the rubble mounds and piles of debris...". This was how the writer Johannes R. Becher described the former capital of the German Reich in 1945 after he returned from exile in Moscow. At that time Berlin was said to be the "largest single area of ruins in Germany and Europe".

The images of destroyed cities still dominate our view of the end of the war. The Second World War that Germany began in 1939 brought death and destruction all over Europe before it finally returned to the heart of Germany itself.

Traces of wartime destruction are still visible in many cities today. In Berlin, bullet holes on buildings such as Martin Gropius Bau, and the ruined tower of the Kaiser Wilhelm Memorial Church, remind us of the futility of the war and the responsibility of the German government that refused to the very last to end the war although it had long been clear there was no chance of winning. The Nazi leadership, especially Hitler, believed a defeat would mean the Germans had gambled away their right of existence and their right to a future. Without regard for the population, cities were declared to be fortresses that had to be defended to the utmost. As the enemy approached, the Nazis operated a scorched earth policy. They inflicted brutal terror not only on specific groups that were already targets of persecution but also to force the mass of ordinary Germans to hold out and keep waging the war.

Yet the common picture of Germans fighting fanatically to the bitter end for "Führer and fatherland" is deceptive. All over Germany, the collapsing Nazi state was losing support. In some places citizens defied directives and handed over their cities, towns and villages to the Allied troops without fighting, while other towns were actually defended right to the last. There were soldiers who fought to the very end and others who surrendered or deserted from their troop. There were people who were involved until the very end in persecution and murder of real or suspected regime opponents, and others who helped the oppositionists. In short, by the end each individual was fighting for survival.

Seventy years after the end of the Second World War, this special exhibition by the Topography of Terror reviews these last months of the war in Germany. By highlighting particular examples it shows the range of different ways in which people behaved and acted during that time.

The Topography of Terror Foundation would like to thank everybody who contributed to the realization and the design of this exhibition, starting with the curator, Dr. Claudia Steur, and her colleagues Johanna Schüller and Charlotte Weber. Special thanks are due to the exhibition's scholarly advisors, Prof. Rolf-Dieter Müller and Prof. Peter Steinbach, to Karen Margolis for the englisch translation and to Julia Schnegg, Katharina Matthies and Golnar Mehboubi Nejati for the design.

Andreas Nachama
Director, Topography of Terror Foundation

ullstein bild (00232617)

Kleiner Junge zwischen Trümmern, Berlin 1945.

Boy among ruins, Berlin 1945.

***„Wir kapitulieren nicht, niemals.
Wir können untergehen.
Aber wir werden eine Welt mitnehmen."***

Adolf Hitler, 1945

*"We will not surrender, never.
We may be destroyed –
but we will drag a world down with us."*

Adolf Hitler, 1945

1945 – DEM ENDE ENTGEGEN

Der 24. Dezember 1944 war die sechste Kriegsweihnacht. Die deutschen Truppen befanden sich an allen Fronten auf dem Rückzug. Am 6. Juni 1944 waren die Westalliierten in der Normandie gelandet. Im Oktober 1944 hatten sie bei Aachen erstmals deutschen Boden betreten. Unaufhaltsam rückten Amerikaner, Briten und Franzosen im Westen vor. Im Osten überrannte die Rote Armee immer wieder Stellungen der deutschen Wehrmacht. Gleichzeitig flog die britische und amerikanische Luftwaffe nun nahezu unablässig Angriffe auf Ziele in Deutschland. Der von Deutschland 1939 begonnene Krieg war nicht mehr zu gewinnen.

Doch Hitler setzte den Krieg fort. Er nahm dabei den Tod von weiteren Millionen Menschen und die totale Zerstörung des eigenen Landes bewusst in Kauf, da er der Ansicht war, die Deutschen hätten im Fall einer Niederlage ihr Lebensrecht verloren. Nahezu alle Maßnahmen zur Weiterführung des Krieges, richteten sich nun auch gegen das eigene Volk.

Alle verfügbaren Kräfte wurden für den Kriegseinsatz mobilisiert, sogar Greise und Kinder für den Volkssturm aufgeboten. Städte wurden zu „Festungen" erklärt, die bis „zum letzten Mann" verteidigt werden mussten. Am 19. März 1945 befahl Hitler die totale Zerstörung der Infrastruktur beim Herannahen des Feindes. Wer sich diesem „Nero-Befehl" widersetzte, riskierte den Tod.

Der Terror gegen die Zivilbevölkerung wurde massiv verstärkt. Seit Februar 1945 urteilten die bislang für Angehörige der Wehrmacht zuständigen Standgerichte auch Zivilisten ab. Diese Ausnahmegerichte ahndeten kleinste Vergehen mit der Todesstrafe. Gegen bereits verfolgte Gruppen ging das Regime nun noch mörderischer vor.

In diesen chaotischen letzten Kriegsmonaten, zerfielen die staatlichen Strukturen und die innere Ordnung. Die Bevölkerung lebte zwischen Zerstörung und Terror, Orientierungslosigkeit und Zukunftsangst. Jeder musste ums tägliche Überleben kämpfen. Viele blickten ohne Hoffnung in die Zukunft.

Privatbesitz/Private collection

Einer fehlt....
Kriegsweihnachten 1944 in Aumühle.
Ilse Graßmann mit ihren drei Kindern, Martin (13), Renate (7) und Justus-Günther (3), rechts angeschnitten ihr Mann Kurt. Er war als kaufmännischer Leiter bislang vom Wehrdienst zurückgestellt, wurde aber direkt nach Weihnachten zur Wehrmacht eingezogen. Der 18-jährige Sohn Werner fehlt, er war seit Februar 1944 in Dänemark stationiert.

Somebody is missing....
Wartime Christmas Eve 1944 in Aumühle.
Ilse Graßmann with her three children, Martin (aged 13), Renate (7) and Justus-Günther (3). Her husband Kurt, partly visible on the right of the picture, was a business manager. Deferred until then, he was drafted to the Wehrmacht directly after Christmas. Their 18-year-old son Werner was absent – he had been stationed in Denmark from February 1944.

ullstein bild (00110928)

Kriegsweihnacht 1944.
Das Propagandafoto zeigt einen Angehörigen des Volkssturms mit einer Panzerfaust im Arm und einem Feldpostbrief in der Hand.

Wartime Christmas 1944.
The propaganda photo shows a member of the People's Storm carrying an anti-tank rocket launcher and holding a field post letter.

1945 – APPROACHING THE END

24 December 1944 was the sixth Christmas Eve of the war. The German troops were in retreat on all fronts. On 6 June 1944 the Western allies landed in Normandy. In October 1944 they entered German territory for the first time. In the west, the US, British and French troops advanced unstoppably. In the east, the Red Army continually overran the German Wehrmacht positions. By then, the British and US air forces were bombing targets in Germany almost continuously. Germany was no longer able to win the war it had begun in 1939.

Yet Hitler carried on waging war. He deliberately calculated with the death of millions more people and the total destruction of his own country, because he believed a German defeat would mean they had forfeited their right to exist. Nearly all the measures Germany took to keep on fighting the war were turned against its own people as well.

The authorities mobilised all available forces for the war effort, and even called up old people and children for the People's Storm. Cities were declared "fortresses" that had to be defended "to the last man". On 19 March 1945 Hitler ordered the total destruction of the infrastructure as the enemy approached. Anybody opposing this "Nero decree" risked being killed.

The terror against the civilian population increased enormously. From February 1945 the summary courts martial that had been responsible for Wehrmacht members started judging civilians as well. These special courts punished the most minor offences with the death sentence. The Nazi regime also murdered increasingly large numbers of people from groups that were already being persecuted.

In those chaotic final months of the war, state structures and internal order collapsed. The population lived between destruction and terror, confusion and fear of the future. Everybody had to fight for their daily survival. Many people lost hope in the future.

CHRONOLOGIE JUNI 1944 – MAI 1945

TIMELINE JUNE 1944 – MAY 1945

1944

6. JUNI	Landung der Alliierten in der Normandie
22. JUNI	Sowjetische Sommeroffensive im Osten
20. JULI	Gescheitertes Attentat auf Adolf Hitler
21. OKTOBER	Einnahme Aachens als erste deutsche Großstadt durch amerikanische Truppen; Massaker der Roten Armee bei Nemmersdorf (Ostpreußen)
16. DEZEMBER– 21. JANUAR 1945	Ardennenoffensive (letzter deutscher Großangriff gegen die Westalliierten)

1945

12. JANUAR	Beginn der sowjetischen Winteroffensive
27. JANUAR	Befreiung des Konzentrations- und Vernichtungslagers Auschwitz durch die Rote Armee
4.–11. FEBRUAR	Konferenz von Jalta. Franklin D. Roosevelt (USA), Winston S. Churchill (Großbritannien) und Josef Stalin (UdSSR) bestätigen unter anderem die Teilung Deutschlands in Besatzungszonen
13.–15. FEBRUAR	Zerstörung der Dresdener Innenstadt durch britische und amerikanische Bomber
15. FEBRUAR	Verordnung über die Errichtung von Standgerichten auch für Zivilisten
19. MÄRZ	Befehl Hitlers zur Zerstörung der Lebensgrundlagen in Deutschland („Nero-Befehl")
15. APRIL	Befreiung des Konzentrationslagers Bergen-Belsen durch britische Truppen
16. APRIL	Angriff der Roten Armee auf Berlin
29. APRIL	Befreiung des Konzentrationslagers Dachau durch amerikanische Truppen; Unterzeichnung der deutschen Teilkapitulation in Italien
30. APRIL	Selbstmord Hitlers in Berlin
1. MAI	Übernahme der Regierungsgeschäfte durch Großadmiral Karl Dönitz von Flensburg aus
2. MAI	Kapitulation der „Reichshauptstadt" Berlin
4. MAI	Unterzeichnung der Teilkapitulation für den norddeutschen Raum
7. MAI	Unterzeichnung der bedingungslosen Kapitulation der deutschen Streitkräfte in Reims
8./9. MAI	Wiederholung der Unterzeichnung der bedingungslosen Kapitulation im sowjetischen Hauptquartier Berlin-Karlshorst – Kriegsende in Europa

1944

6 JUNE	Allied troops land in Normandy
22 JUNE	Soviet summer offensive in Eastern Europe
20 JULY	Failed attempt to assassinate Adolf Hitler
21 OCTOBER	Aachen is first big German city to be captured by US troops; Soviet Army massacre at Nemmersdorf (East Prussia)
16 DECEMBER– 21 JANUARY 1945	Ardennes offensive (last major German military assault on the Western allies)

1945

12 JANUARY	Start of the Soviet winter offensive
27 JANUARY	The Soviet Army liberates Auschwitz extermination and concentration camp
4–11 FEBRUARY	Yalta Conference. Franklin D. Roosevelt (USA), Winston S. Churchill (Great Britain) and Josef Stalin (Soviet Union) ratify the division of Germany into occupied zones
13–15 FEBRUARY	Dresden's inner city destroyed by British and US bombers
15 FEBRUARY	Decree establishing summary courts martial for civilians as well as military
19 MARCH	Hitler's decree on destroying basic living conditions in Germany (Nero decree)
15 APRIL	British troops liberate Bergen-Belsen concentration camp
16 APRIL	Soviet Army assault on Berlin
29 APRIL	US troops liberate Dachau concentration camp; signing of German partial surrender in Italy
30 APRIL	Hitler commits suicide in Berlin
1 MAY	Admiral Karl Dönitz assumes command of government affairs from Flensburg
2 MAY	Surrender of Berlin, capital of the German Reich
4 MAY	Signing of the partial surrender for the north German territories
7 MAY	Signing of the unconditional surrender of the German armed forces in Rheims
8/9 MAY	Germany's unconditional surrender signed again at the Soviet headquarters in Berlin-Karlshorst – end of the war in Europe

FRONTVERLAUF
THE WAR FRONTS

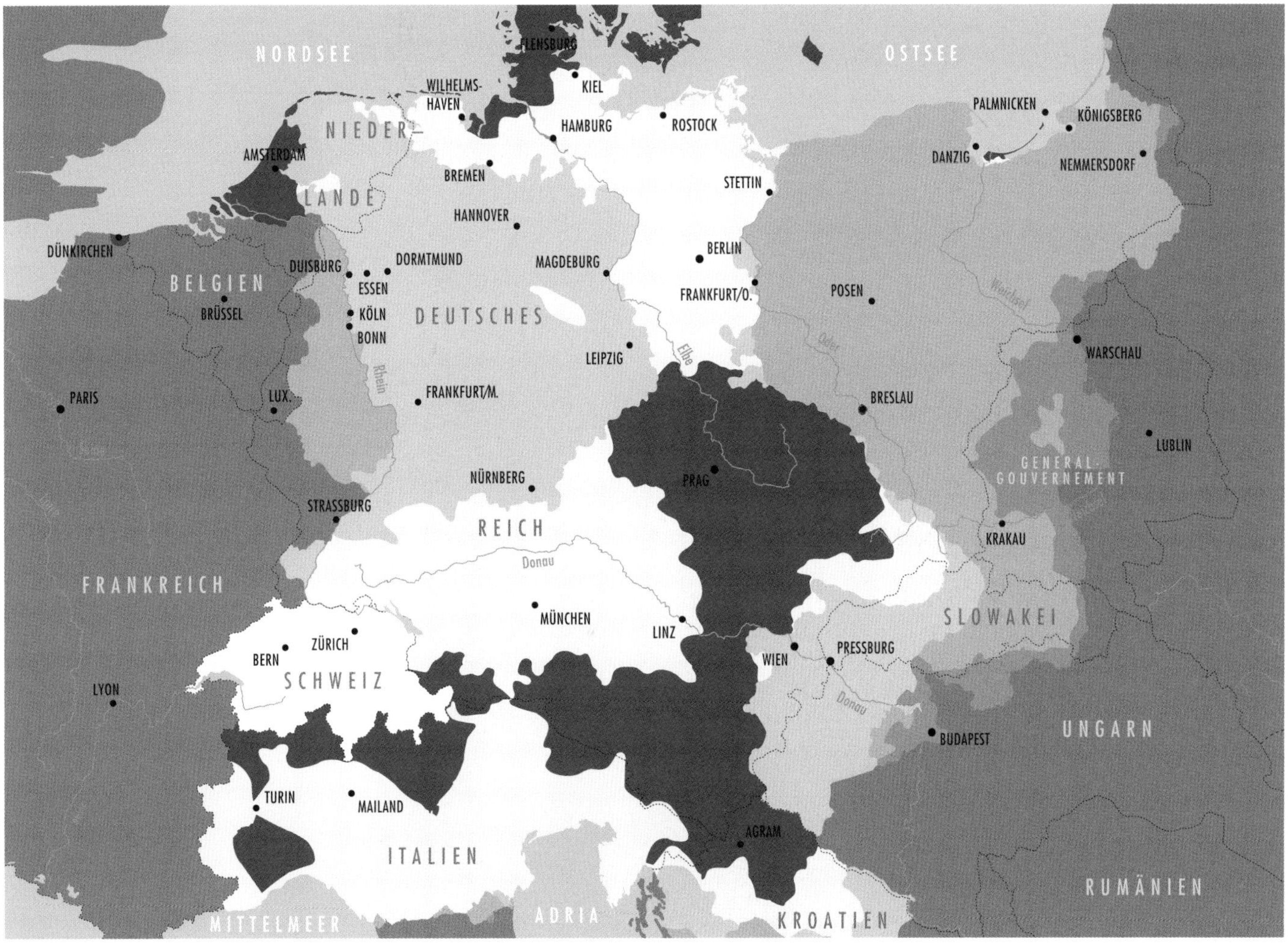

Geländegewinne der Alliierten:
Allied territorial gains:

- bis 16.12.1944 / until 16.12.1944
- bis 17.1.1945 / until 17.1.1945
- bis 22.3.1945 / until 22.3.1945
- bis 19.4.1945 / until 19.4.1945
- bis 6.5.1945 / until 6.5.1945
- von deutschen Truppen gehalten / held by German troops
- neutraler Staat / neutral state
- ---- Staatsgrenzen / national borders

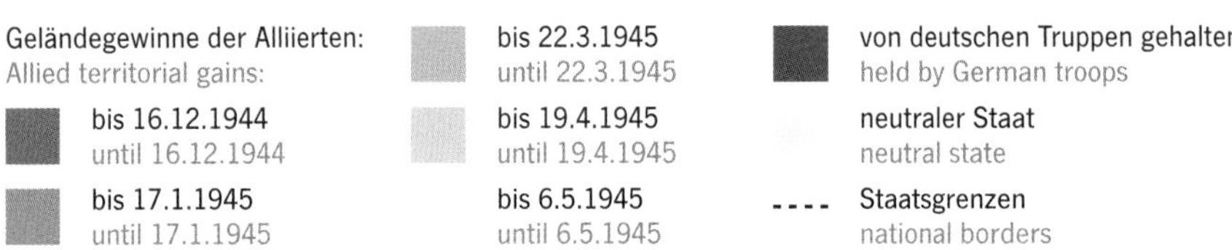

Karte, Frontverlauf von Dezember 1944 bis Mai 1945.
Dem Vormarsch der Alliierten im Westen und der Roten Armee im Osten konnte die Wehrmacht nicht standhalten. Sie musste an allen Fronten zurückweichen.

Map of the war fronts from December 1944 to May 1945.
The Wehrmacht, unable to withstand the advance of the Allies in the west and the Soviet Army in the east, had to retreat on all fronts.

INNERDEUTSCHE STABILISIERUNGS- UND VERTEIDIGUNGSMASSNAHMEN
STABILISATION AND DEFENCE IN GERMANY

BArch (Plak 003-027-015)

Zerschossenes Bronzeschild am Eingang zur Neuen Reichskanzlei, dem Amtssitz Adolf Hitlers, Voßstraße, Berlin, 1. Mai 1945.
Nach dem gescheiterten Attentat auf Hitler vom 20. Juli 1944 verabschiedete die Regierung eine Reihe von Maßnahmen, um den inneren Zerfall des Staates aufzuhalten und den Krieg fortzusetzen.

Shot-up bronze plaque at the entrance of the New Reich Chancellery, Adolf Hitler's office, Voßstraße, Berlin, 1 May 1945.
After the failed attempt to assassinate Hitler on 20 July 1944 the government enacted a series of measures to stop Germany's internal collapse and to continue waging the war.

„Du bist ein Verräter!“, Plakat, um 1945.
In der Endphase des Krieges wurde der Terror gegen die eigene Bevölkerung massiv verschärft. Seit 15. Februar 1945 urteilten die zuvor für Angehörige der Wehrmacht zuständigen Standgerichte auch Zivilisten ab. Kleinste Vergehen wurden mit dem Tod bestraft.

"You're a traitor!", poster, around 1945.
The terror against ordinary German citizens increased enormously in the last months of the war. From 15 February 1945 the summary courts martial for Wehrmacht members began sentencing civilians as well. The most minor offences were punished with the death penalty.

DU BIST EIN VERRÄTER!

Wenn Du Feindsender hörst
Wenn Du Feindparolen glaubst
Wenn Du Feindnachrichten verbreitest
Wenn Du Anweisungen d. Feindes befolgst
Wenn Du mit dem Feind paktierst

Trägst Du auch die Maske des Biedermannes, des Menschenfreundes, Du entgehst uns nicht. Wir packen zu, schnell und sicher und........?

Verräter gehören an den Galgen!

BArch (Plak 003-027-015)

Berliner Ausgabe
288. Ausgabe / 57. Jahrg. / Einzelpr. 15 Pf. / Auswärts 20 Pf.
„Freiheit und Brot“
Berliner Ausgabe
Berlin, Donnerstag, 19. Oktober 1944

VÖLKISCHER BEOBACHTER

Kampfblatt der nationalsozialistischen Bewegung Großdeutschlands

Am Jahrestag der Völkerschlacht von Leipzig:

Der Führer verkündet den Volkssturm

Alle waffenfähigen Männer von 16 bis 60 Jahren verteidigen den Heimatboden

Staatsbibliothek zu Berlin – Preußischer Kulturbesitz

„Der Führer verkündet den Volkssturm“, Schlagzeile, *Völkischer Beobachter*, 19. Oktober 1944.
Alle waffenfähigen Männer zwischen 16 und 60 Jahren wurden zum neu gegründeten „Volkssturm“ aufgerufen, um die „Heimat“ zu verteidigen.

"The Führer announces the People's Storm", headline, *Völkischer Beobachter*, 19 October 1944.
All men aged 16 to 60 who were fit to bear arms were called up to the newly established "People's Storm" to defend their homeland.

„Front und Heimat kennen nur ein Ziel: Kampf bis zum Sieg!“, Plakat, Oktober 1944.
Siegversprechende Durchhalteparolen beschworen die Bevölkerung in Zeitungen und Zeitschriften, auf Litfaßsäulen und Hauswänden, bis zum „Endsieg“ zu kämpfen.

“One single goal for the front and the homeland: fight until victory!”, poster, October 1944.
Slogans promising victory and urging the population to hold out and fight until final victory appeared in newspapers and magazines, on advertising pillars and on the walls of buildings.

Front und **Heimat**
kennen
nur ein Ziel:
Kampf bis zum Sieg!

BArch, (Plak 003-029-024)

„Die neue Waffe…“, Flugblatt, 1945.
„Wunderwaffen“ wie die V1 und die V2 sollten den Durchhaltewillen der Bevölkerung stärken und die Illusion von einer unmittelbar bevorstehenden „Kriegswende“ nähren.

“The new weapon…”, flyer, 1945.
“Miracle weapons” like the V1 and V2 missiles were supposed to boost the Germans’ morale and determination, and to nurture the illusion of an imminent turning point in the war.

Die neue Waffe

Mit gleißnerischen Versprechungen versucht der Feind das Deutsche Volk wieder einmal zu betören. Derselbe Gegner, der Tag und Nacht Mord und Brand über deutsche Städte und Dörfer bringt, der den Krieg gegen die wehrlose Zivilbevölkerung führt, will durch verlogene Worte erreichen, was ihm im ehrlichen Waffenkampf versagt blieb. Er spricht vom Frieden und meint unseren Tod. Allein in seinen teuflischen Haßprophezeiungen:

Ausrottung unseres Volkes,
Vernichtung unserer Kultur,
Zerstörung aller Werte

ist er ehrlich. Nur diesen mörderischen Absichten glaubt! Alles andere ist Lüge.

Deutscher Volksgenosse

daran denke und weise alle schwächlichen Anwandlungen ab! Mag vielleicht noch einige Zeit des Abwartens bis zum Einsatz neuer Kampfmittel vergehen, mögen bis dahin noch Leid und Schmerzen zu ertragen sein, die große Stunde für unser Volk

wird kommen!

Dann wendet sich das Blatt des Krieges.

Jetzt mannhaft, zäh und treu kämpfen und arbeiten!

Aus solchen Tugenden erwächst uns

der Sieg.

G D 108

Stadtarchiv Mönchengladbach

BArch – Mjölnir (Plak 003-029-010)

„Frontstadt Frankfurt wird gehalten!“, Plakat, Frankfurt am Main, 1944.
Am 8. März 1944 hatte Hitler erstmals Städte zu Festungen erklärt, die „bis zum letzten Mann und letzten Blutstropfen“ verteidigt werden sollten.

“The front-line city of Frankfurt will be held!”, poster, Frankfurt am Main, 1944.
On 8 March 1944 Hitler designated cities as “fortresses” for the first time and declared they were to be defended “to the last man and the last drop of blood”.

Berliner Ausgabe
208. Ausgabe / 57. Jahrg. / Einzelpr. 15 Pf. / Auswärts 20 Pf.

„Freiheit und Brot“

Berliner Ausgabe
Berlin, Mittwoch, 26. Juli 1944

VÖLKISCHER BEOBACHTER

Kampfblatt der nationalsozialistischen Bewegung Großdeutschlands

Der Führer befiehlt:

Entscheidende Verstärkung des Kriegseinsatzes

Auf Vorschlag des Reichsmarschalls: Dr. Goebbels zum Reichsbevollmächtigten bestellt

Staatsbibliothek zu Berlin – Preußischer Kulturbesitz

Titelzeile über die Ernennung von Propagandaminister Joseph Goebbels zum Reichsbevollmächtigten für den totalen Kriegseinsatz, *Völkischer Beobachter*, 26. Juli 1944.
Goebbels hatte bereits am 18. Februar 1943 nach der Niederlage bei Stalingrad den „Totalen Krieg“ ausgerufen. Nach dem gescheiterten Attentat auf Hitler am 20. Juli 1944 erhielt er noch umfassendere Vollmachten. Er forcierte nun den Einsatz von Frauen, Kriegsgefangenen und Zwangsarbeitern in der Rüstungsindustrie, um mehr „Volksgenossen“ für den Kriegseinsatz zu verpflichten.

Front-page headline on the appointment of propaganda minister Joseph Goebbels as Reich commissioner of total mobilisation, *Völkischer Beobachter*, 26 July 1944.
Goebbels had already called for “total war” on 18 February 1943 after the defeat at Stalingrad. He was given even greater powers following the failed attempt to assassinate Hitler on 20 July 1944. He then compelled women, prisoners of war and forced labourers to work in arms production so that he could conscript more “national comrades” to fight in the war.

„Himmler – Befehlshaber des Ersatzheeres“, Meldung über Personalveränderungen an der Spitze der Wehrmacht, *Völkischer Beobachter*, 22. Juli 1944.
Nach dem gescheiterten Attentat auf Hitler am 20. Juli wurde die Wehrmacht von Kritikern gesäubert. Heinrich Himmler, Reichsführer SS und Chef der Deutschen Polizei, erhielt nun auch das Kommando über das Ersatzheer, Generaloberst Guderian die Führung des Generalstabs des Heeres.

“Himmler – commander of the reserve army”, announcement of changes at the top in the Wehrmacht, *Völkischer Beobachter*, 22 July 1944.
After the failed attempt to assassinate Hitler on 20 July 1944 the Wehrmacht was purged of critics. Heinrich Himmler, Reich SS leader and chief of the German police, became commander of the reserve army, and Colonel-General Guderian became commander of the Army general staff.

Befehlshaber des Heimatheeres

Reichsführer ϟϟ
Reichsminister Himmler

In den Generalstab des Heeres berufen

Generaloberst Guderian

Aufnahmen

Staatsbibliothek zu Berlin – Preußischer Kulturbesitz

Berliner Ausgabe
„Freiheit und Brot“
Berliner Ausgabe
Berlin, Dienstag, 19. Dezember 1944

VÖLKISCHER BEOBACHTER

Kampfblatt der nationalsozialistischen Bewegung Großdeutschlands

Deutsche Offensive im Westen

In breiter Front: Stoß aus dem Westwall

Die USA.-Stellungen zwischen Hohem Venn und Nordteil Luxemburgs überrannt

Die zweite Phase

Von Major Ritter v. Schramm

Staatsbibliothek zu Berlin – Preußischer Kulturbesitz

„Deutsche Offensive im Westen“, Schlagzeile, *Völkischer Beobachter*, 19. Dezember 1944.
Am 16. Dezember 1944 überraschte die letzte Großoffensive der Wehrmacht die Amerikaner in den Ardennen. Nach Anfangserfolgen mussten sich die deutschen Verbände nach wenigen Wochen wieder zurückziehen.

“German offensive in the West”, Front-page headline, *Völkischer Beobachter*, 19 December 1944.
On 16 December 1944 the Wehrmacht's last major offensive surprised the US troops in the Ardennes. Despite early successes the German units had to retreat again after a few weeks.

PROPAGANDA

PROPAGANDA

ILLUSION SIEG
THE VICTORY ILLUSION

Berliner Ausgabe
1. Ausg. / 58. Jahrg. / Einzelpreis 15 Pf. / Auswärts 20 Pf.

„Freiheit und Brot"

Berliner Ausgabe
Berlin, Dienstag, 2. Januar 1945

VÖLKISCHER BEOBACHTER

Kampfblatt der nationalsozialistischen Bewegung Großdeutschlands

Neujahrsansprache des Führers an das deutsche Volk

Wir werden den Sieg erzwingen!

Adolf Hitler: „Mein Glaube an die Zukunft unseres Volkes unerschütterlich"

Völkischer Beobachter, 2. Januar 1945/2 January 1945

Wir kennen ihre Vernichtungspläne

Unsere Antwort: Kampf bis zum Sieg!

Völkischer Beobachter, 5. Januar 1945/5 January 1945

In festem Zusammenhalt

Der Widerstand ist unerschüttert

Völkischer Beobachter, 23. Januar 1945/23 January 1945

Alle gemeinsam nur von dem einen Gedanken erfüllt:

Um Freiheit, Ehre, Zukunft!

Völkischer Beobachter, 1. Februar 1945/1 February 1945

Das Feindziel: Spaltung des deutschen Volkes

In der Einigkeit unüberwindlich

Völkischer Beobachter, 6. Februar 1945/6 February 1945

Erzwingen wir die Schicksalswende —

— wir können es!

Völkischer Beobachter, 10. Februar 1945/10 February 1945

Durchhalteparolen auf den Titelseiten des *Völkischen Beobachters*, Januar/Februar 1945.
Sie sollten im Verbund mit Hassparolen gegen die Alliierten und der Hoffnung auf „Wunderwaffen" die Heimatfront stabilisieren, in der Bevölkerung den Glauben an einen deutschen Sieg aufrecht erhalten und sie zum Weiterkämpfen bewegen.

Morale-boosting slogans on the front page of the *Völkischer Beobachter*, January/February 1945.
These banner headlines, combined with hate slogans against the Allies and the hope of miracle weapons, were supposed to stabilise the home front, keep the population believing in German victory, and motivate them to carry on fighting.

akg-images (5-31-B50-1945-C)

Das zerstörte Berlin-Kreuzberg, Luftbild, 1945.
Die Bevölkerung erlebte die Zerstörung ihrer Städte, ihrer Wohnungen, ihrer Existenz und den Verlust ihrer Angehörigen.

Aerial view of Berlin's Kreuzberg district in ruins, 1945.
The population experienced the destruction of their cities, their homes, their day-to-day existence, and the loss of relatives and friends.

bpk (30015036)

Obdachlos gewordene Berliner mit ihren Habseligkeiten, Mai 1945.

Bombed-out Berliners with their belongings, May 1945.

ANTISOWJETISCHE PROPAGANDA – MYTHOS UND REALITÄT

ANTI-SOVIET PROPAGANDA – MYTH AND REALITY

„Das droht uns wenn wir versagen – darum Kampf bis zum Sieg“, Plakat, Februar 1945.
Propagandaminister Joseph Goebbels reagierte auf den Beginn der sowjetischen Winteroffensive am 12. Januar 1945 mit einer weiteren antisowjetischen Kampagne, um in der Bevölkerung bereits vorhandene Ängste vor der Roten Armee zu schüren und so den Kampfeswillen noch einmal anzufachen.

“This is the threat if we fail – so fight on till victory”, poster, February 1945.
Propaganda minister Joseph Goebbels reacted to the new Soviet offensive of 12 January 1945 with another anti-Soviet campaign designed to fan the population’s fear of the Red Army and rekindle the will to fight.

BArch – Christian Minzlaff (Plak 003-029-048)

Berliner Ausgabe

56. Ausg. — 58. Jahrg. — Einzelpreis 10 Pf.

„Freiheit und Brot“

Berliner Ausgabe

Berlin, Mittwoch, 7. März 1945

VÖLKISCHER BEOBACHTER

Kampfblatt der nationalsozialistischen Bewegung Grossdeutschlands

Generaloberst Guderian über die Schandtaten der Bolschewisten

Morden, plündern, schänden, sengen

Der „Friedensgarant“

Staatsbibliothek zu Berlin – Preußischer Kulturbesitz

„Morden, plündern, schänden, sengen“, Titelschlagzeile, *Völkischer Beobachter*, 7. März 1945.
Die Kampagne war vielfach erfolgreich, weil Soldaten der Roten Armee im Osten vielerorts brutal gegen die Zivilbevölkerung vorgingen. Die tatsächlichen oder angeblichen Gräueltaten lösten Flüchtlingsströme ins Reichsinnere aus, und verstärkten gleichzeitig die Kampfbereitschaft der Wehrmacht an der Ostfront.

“Murdering, looting, desecrating, burning“, front-page headline, *Völkischer Beobachter*, 7 March 1945.
The campaign about Soviet devastation was successful because Red Army soldiers treated the civilian population brutally in many places in eastern Germany. Actual or alleged atrocities caused floods of refugees towards the interior of the German Reich and simultaneously strengthened the Wehrmacht’s fighting spirit on the eastern front.

„Allerorts sammeln sich Gruppen von Zivilisten um einzelne Russen [. . .]. Die Soldaten sind durchweg ruhig und freundlich, lehnen oft die ihnen angebotenen Zigaretten ab und verteilen ihre eigenen.“

Josef Schöner, 10. April 1945

"Groups of people are gathering everywhere around individual Russians [. . .]. The soldiers are completely calm and friendly, often refusing the cigarettes they are offered and handing out their own."

Josef Schöner, 10 April 1945

bpk (50135557)

Sowjetische Soldaten verladen Kartoffeln für die Bevölkerung Wiens, April 1945.

Soviet soldiers loading potatoes for the residents of Vienna, April 1945.

Nr. 22

Beschluss Nr. 0424 des Militärrates der 3. Ukrainischen Front „Über die Lebensmittelversorgung der Bevölkerung Wiens“

21. April 1945
Geheim

Die operierende Armee

Angesichts des erheblichen Mangels an Lebensmitteln und der großen Unregelmäßigkeiten bei der Versorgung der Bevölkerung von Wien mit Lebensmitteln sowie auch auf Grund der Unmöglichkeit einer Zulieferung aus den Bezirken des Umlandes wird vom Militärrat der Front

BESCHLOSSEN:
Den Organen der Selbstverwaltung der Stadt Wien folgende Mengen an erbeuteten und registrierten Lebensmitteln, die für die Versorgung der Bevölkerung vorgesehen sind, zur Verfügung zu stellen:

1. Brotgetreide: .... 7.000 Tonnen
2. Mais: .... 500 Tonnen
3. Schrot: .... 2.000 Tonnen
4. Bohnen: .... 1.000 Tonnen
5. Erbsen: .... 1.000 Tonnen
6. Fleisch: .... 300 Tonnen
7. Zucker: .... 200 Tonnen
8. Salz: .... 200 Tonnen
9. Pflanzenöl: .... 200 Tonnen
10. Ölfrüchte: .... 1.000 Tonnen

Der Chef des Hinterlandes der Front hat die Übergabe mit 25. April 1945 abzuschließen.

Der Oberbefehlshaber der Truppen der 3. Ukrainischen Front
Marschall der Sowjetunion, F. Tolbuchin

Das Mitglied des Militärrates der 3. Ukrainischen Front
Generaloberst A. Želtov

Das Mitglied des Militärrates der 3. Ukrainischen Front
Generalleutnant V. Lajok

Ausfertigung in 3 Ex[emplaren]

Beschluss des Militärrates der 3. Ukrainischen Front „über die Lebensmittelversorgung der Bevölkerung Wiens“, 21. April 1945.

Resolution of the military council of the 3rd Ukrainian Front "on food provisions for the population of Vienna", 21 April 1945.

„Aus Furcht vor den Bestien aus dem Osten haben viele Schönlanker ihrem Leben ein Ende gemacht (ca.500!). Ganze Familien sind dadurch ausgelöscht."

Eine Kreisangestellte, Schönlanke (Pommern), 1945

"Fear of the beasts from the east has made many people from Schönlanke commit suicide (around 500!). This has wiped out whole families."

A local authority employee, Schönlanke (Pomerania), 1945

Sowjetische Soldaten bedrängen eine Frau, Leipzig, 1945. In den von der Roten Armee besetzten Gebieten wurden fast zwei Millionen Frauen und Mädchen vergewaltigt. Oft fanden die Übergriffe in aller Öffentlichkeit, teils auch vor den Augen der Familie statt.

Soviet soldiers harassing a woman in Leipzig, 1945. Nearly two million women and girls were raped in the territories occupied by the Red Army. The assaults often happened in clear public view, and usually with family members present.

PROPAGANDA GEGEN DIE WESTALLIIERTEN – MYTHOS UND REALITÄT
PROPAGANDA AGAINST THE WESTERN ALLIES – MYTH AND REALITY

„USA.-Soldateska drangsaliert deutsche Kinder", *Völkischer Beobachter*, 19. Januar 1945.
Die deutsche Propaganda gegen die Westalliierten war zurückhaltender als gegen die Rote Armee, doch auch sie wurden als Gefahr für die Bevölkerung dargestellt.

"Marauding USA soldier bullying German children", *Völkischer Beobachter*, 19 January 1945.
Although German propaganda against the Western allies was more restrained than that against the Red Army, they were also depicted as a danger to the whole population.

USA.-Soldateska drangsaliert deutsche Kinder

Roosevelt stellte Gangster, Kidnapper, Zuchthäusler in die Armee ein —

Staatsbibliothek zu Berlin – Preußischer Kulturbesitz

Eisenhowers Schreckensregiment

Der anglo-amerikanische Terror in den besetzten Gebieten

Staatsbibliothek zu Berlin – Preußischer Kulturbesitz

„Eisenhowers Schreckensregiment", Titelschlagzeile im *Völkischen Beobachter*, 11. April 1945.

"Eisenhower's terror regiment", front-page headline in the *Völkischer Beobachter*, 11 April 1945.

Die Bevölkerung von Limburg an der Lahn erwartet die Ankunft der US-Truppen mit weißen Tüchern, 27. März 1945.
Viele Deutsche sahen die Westalliierten als Befreier und freuten sich über ihre Ankunft.

Residents of Limburg an der Lahn with white flags, waiting for US troops to arrive, 27 March 1945.
Many Germans saw the Western allies as liberators and were happy when they arrived.

ullstein bild (00011760)

„Dunkelhäutige Soldaten der 5. US Armee verteilen Süßigkeiten an die herumlungernden Mädchen und Buben. […] Ihnen ist immer gesagt worden: ‚Wenn die Amis kommen, bringen sie euch alle um.' Nun stehen sie hier fröhlich um die Panzer und dürfen sogar auf ihnen herumklettern."

Betty Qui, 1945

"Dark-skinned soldiers of the US 5th Army handed out sweets to the loitering girls and boys. […] The children were always told, 'When the Yankees come they'll kill you all.' Now they're happily standing here around the tanks and are even allowed to climb up on them."

Betty Qui, 1945

SZ Photo (00046362)

Einmarsch der Amerikaner in Deutschland.
Ein US-Soldat schenkt Kindern Süßigkeiten, 1945.

US troops invade Germany.
A US soldier giving sweets to children, 1945.

„Es wurde 3 Tage lang gemordet, geplündert, vergewaltigt und Häuser angezündet. Frauen von 16 bis 80 Jahren waren Freiwild, […] die Schreie der gequälten Menschen hallten durch die Nächte. Zirka 800 geschändete Frauen meldeten sich zur ärztlichen Untersuchung im Krankenhaus."

Ein Augenzeuge, 1945

"For three days there was murder, looting, and rape, and houses were set on fire. Women aged from 16 to 80 were treated as fair game, […] the screams of tortured people echoed all through the nights. Around 800 raped women went to the hospital for medical examination."

An eyewitness, 1945

Stadtarchiv Freudenstadt

Französische Soldaten in der brennenden Innenstadt von Freudenstadt, Kleinrheinstraße, April 1945.
Nach der kampflosen Übergabe der Stadt am 17. April 1945 kam es in den folgenden beiden Tagen zu Brandstiftungen und Massenvergewaltigungen insbesondere durch marokkanische Soldaten. Hingegen gab es in den von Briten und Amerikanern besetzten Gebieten nur vereinzelt Übergriffe auf Frauen, die in der Regel streng geahndet wurden.

French soldiers in Kleinrheinstraße in the burning city centre of Freudenstadt, April 1945.
The city surrendered peacefully on 17 April 1945, but in the following two days systematic arson and mass rapes occurred, perpetrated especially by Moroccan soldiers. In the British- and American-occupied areas only isolated assaults on women occurred and the perpetrators were usually severely punished.

DIE ALPENFESTUNG – EIN MYTHOS
THE ALPINE FORTRESS – A MYTH

Dr. Klaus Kirchner

„Die Ungeheuer der Apenninen", Flugblatt der SS-Standarte „Kurt Eggers", das in Italien an amerikanische und britische Soldaten verteilt wurde.
Seit Herbst 1944 verbreitete die deutsche Propaganda den Mythos von einem angeblich uneinnehmbaren deutschen Festungssystem in den Alpen und im Apennin.

"The Molochs of the Apennines", flyer of the SS-Standarte "Kurt Eggers", distributed to US and British soldiers in Italy.
From autumn 1944 the German propaganda machine spread the myth of a supposedly impregnable German fortress system in the Alps and the Apennine mountains.

Conseil Régional de Basse-Normandie / National Archives Washington

„Ich habe den amerikanischen Kommandeuren befohlen, kurz vor Berlin an der Elbe zu stoppen und nach Süden zu schwenken, weil ich Hitlers bayerische Festung so schnell wie möglich aufbrechen wollte."

Dwight D. Eisenhower, 1945

"I have ordered the American commanders to stop at the Elbe shortly before Berlin and to swerve southwards because I want to break down Hitler's Bavarian fortress as quickly as possible."

Dwight D. Eisenhower, 1945

General Dwight D. Eisenhower (links), Oberbefehlshaber der westlichen Alliierten mit General Omar N. Bradley, 1945.
Eisenhower ignorierte die Gerüchte um die Alpenfestung nicht. Er gab seinen ursprünglichen Plan auf, zügig nach Berlin vorzustoßen.

General Dwight D. Eisenhower (left), commander-in-chief of the Western allies, with General Omar N. Bradley, 1945.
Eisenhower could not ignore the rumours about the Alpine fortress. He abandoned his original plan to push rapidly towards Berlin.

bpk (70001385)

Winston S. Churchill, 1942.
Der britische Premierminister war entsetzt über die amerikanische Entscheidung in die Alpen zu marschieren. Er wollte der Roten Armee auf keinen Fall die „Reichshauptstadt" Berlin überlassen. Doch sein Protest war wirkungslos.

Winston S. Churchill, 1942.
The British prime minister was horrified at the Americans' decision to march into the Alps. Under no circumstances did he want to leave Berlin, the Reich capital, to the Soviet Army. But his protest was useless.

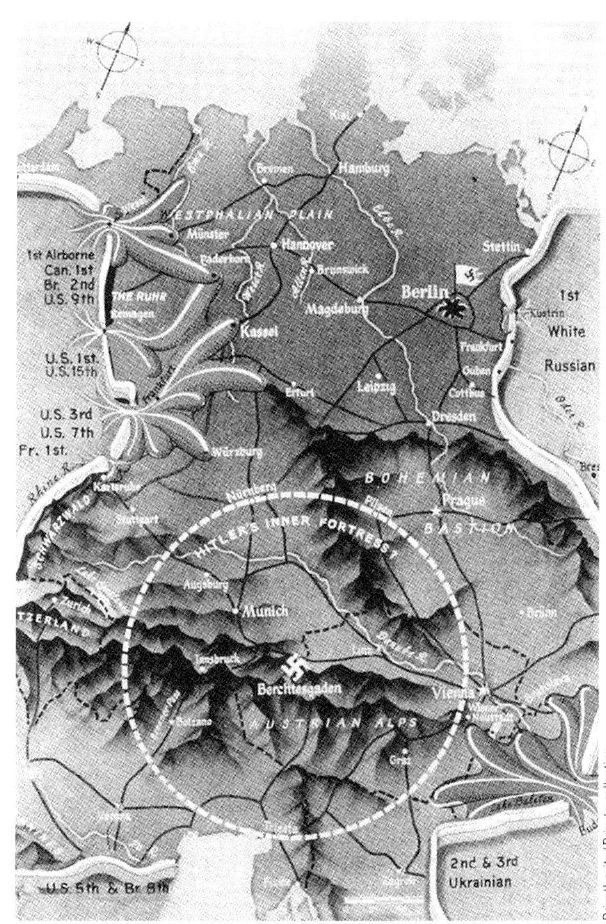

Privatbesitz / Private collection

Karte der US-Armee, Frühjahr 1945.
Ein Kreis markiert „Hitlers innere Festung" in den Alpen. Ende März 1945 rückten die 3. und die 7. US-Armee in die Alpen vor, anstatt nach Berlin zu marschieren.

US Army map, spring 1945.
A circle marked "Hitler's inner fortress" in the Alps. At the end of March 1945 the Third and Seventh US Army advanced into the Alps instead of marching to Berlin.

ullstein bild (00682640)

Hitlers Residenz auf dem Obersalzberg nach einem britischen Bombenangriff, im Vordergrund ein US-Soldat, Berchtesgaden, 4. Mai 1945.
Die Westalliierten bemerkten bald, dass sie im Glauben an die deutsche Alpenfestung einem Gerücht erlegen waren. Die Sowjetunion konnte aufgrund der Verzögerung des amerikanischen Vormarsches Berlin im Alleingang einnehmen.

Hitler's mountain retreat in Obersalzberg after a British bomb attack, with a US soldier standing in the foreground. Berchtesgaden, 4 May 1945.
The Western allies soon realised they had fallen for a rumour about the German Alpine fortress. The resulting delay in the American advance enabled the Soviet Union to capture Berlin alone.

KAMPF MIT ALLEN MITTELN
FIGHTING ALL THE WAY

ullstein bild (00119911)

„Kapitulieren? – Nein", Parole an einer Berliner Hauswand, April 1945.

„Surrender? – No", slogan on a house wall in Berlin, April 1945.

„Ein Holzschwert mit Mut,
Schützt Hab und Gut,
Besser als eine Kanone – ohne.“

Gedicht, um 1945

“A wooden sword with courage
will protect your worldly goods
Better than a gun – with none.”

Poem, around 1945

VOLKSSTURM
THE PEOPLE'S STORM

Plakatwerbung für den Volkssturm, 1944/45.
Zunächst wurden alle Männer zwischen 16 und 60 Jahren aufgerufen, sich dem im Oktober 1944 von der NS-Führung ins Leben gerufenen Volkssturm anzuschließen. Sie wurden zu Schanzarbeiten, beim Barrikadenbau und zur „Verteidigung des Reiches" eingesetzt. Wer sich nicht freiwillig meldete, konnte zwangsverpflichtet werden.

Poster for the People's Storm, 1944/45.
The Nazi leadership set up the People's Storm in October 1944. Initially all men aged between 16 and 60 were called to join. They were deployed digging trenches, building barricades, and for "defence of the German Reich". Anyone who did not register voluntarily could be conscripted.

bpk (00018498)

bpk (30018924)

Ein Bunker in Neuss, wenige Stunden nach der Einnahme der Stadt durch US-Truppen, 3. März 1945.
Die Altersbegrenzung für die Einberufung zum Volkssturm wurde in den letzten Kriegsmonaten von ursprünglich 60 auf 70 Jahre angehoben.

A bunker in Neuss just a few hours after US troops captured the city, 3 March 1945.
In the last months of the war the recruitment age limit for the People's Storm was raised to 70 from the original 60.

bpk (30012393)

Volkssturmangehörige bei einer Übung in der Nähe von Potsdam, Propagandafoto, 1945.
Der Volkssturm bestand vor allem aus Jugendlichen und Greisen. Die Einheiten waren schlecht ausgebildet und nahezu ohnc Waffen.

Members of the People's Storm during a training exercise near Potsdam, propaganda photo, 1945.
The People's Storm consisted mostly of young men and old men. The units were poorly trained and had scarcely any weapons.

BArch (146-1973-001-30)

Ein Soldat erläutert einer Frau die Handhabung einer Panzerfaust, Propagandafoto, 1945.
Auch Frauen wurden in den letzten Kriegsmonaten zur Verteidigung des Reiches sowie zu Schanzarbeiten herangezogen. Die Schulungen der Volkssturmangehörigen an der Panzerfaust waren vielfach unzureichend. Die wenigen vorhandenen Waffen wurden oft unsachgemäß gehandhabt und waren wenig wirkungsvoll.

A soldier tells a woman how to use an anti-tank rocket launcher, propaganda photo, 1945.
Women were also recruited to defend the Reich and dig trenches in the last months of the war. The training for People's Storm members in use of anti-tank grenades was inadequate in many ways. The few available weapons were often not properly handled and were not very effective.

"Vor zwei Tagen hat man den Volkssturm antreten lassen. [. . .] In Ziviljacken und Wickelgamaschen. Manche von ihnen hätten noch nie ein Gewehr in der Hand gehabt. Schon spricht man im Volk von achtzig Prozent Verlusten. Man setzt sie bloß ein, um Lücken zu stopfen. Leichenwälle gegen alliierte Panzer."

Ruth Andreas-Friedrich, 21. Januar 1945

"The People's Storm was mustered two days ago. [. . .] In street jackets and ankle gaiters. Some of them are said to have never held a weapon. People are already talking about eighty per cent losses. They are only being used to fill the gaps. Banks of corpses against Allied tanks."

Ruth Andreas-Friedrich, 21 January 1945

OSTFRONT – STÄDTE ALS FESTUNGEN
EASTERN FRONT – CITIES AS FORTRESSES

BArch (183-1989-1120-502)

Karl Hanke (1903–1945), Gauleiter von Niederschlesien und Kampfkommandant von Breslau, bei der Vereidigung neuer Volkssturmeinheiten, Februar 1945.
Beim Heranrücken der Roten Armee erklärte Hanke seine Stadt am 21. Januar 1945 zur Festung. Er setzte Standgerichte ein, die Zivilisten, Zwangsarbeiter und Soldaten wegen Plünderung, Sabotage oder Feigheit vor dem Feind zum Tode verurteilten.

Karl Hanke (1903–1945), gauleiter of Lower Silesia and commander of the city of Breslau, at the swearing-in of new People's Storm units, February 1945.
On 21 January 1945, with the Soviet Army approaching, Hanke declared his city to be a fortress. He used summary courts martial to pass death sentences on civilians, forced labourers and soldiers for looting, sabotage or cowardice in the face of the enemy.

bpk - Heinze (30014489)

Öffentliche Bekanntmachung des Gauleiters und Reichsverteidigungskommissars von Niederschlesien Karl Hanke, 21. Januar 1945.
Breslau wurde zur Festung erklärt, die Evakuierung von Frauen und Kindern angekündigt. Die männliche Bevölkerung wurde aufgefordert, die Stadt mit allen Mitteln zu verteidigen.

Public announcement by the Breslau Nazi Party leader and Reich defence minister of Lower Silesia, Karl Hanke, 21 January 1945.
Hanke proclaimed Breslau to be a fortress and announced the evacuation of women and children. He called on the male population to do everything possible to defend the city.

Männer von Breslau!

Unsere Gauhauptstadt Breslau ist zur Festung erklärt worden. Die Evakuierung der Stadt von Frauen und Kindern läuft und wird in Kürze abgeschlossen sein. Ich habe den Gauamtsleiter für Volkswohlfahrt mit der Durchführung dieser Aktion beauftragt. Für die Betreuung der Frauen und Kinder wird geschehen, was möglich ist.

Unsere Aufgabe als Männer ist es, alles zu tun, was die Unterstützung der kämpfenden Truppe erfordert.

Ich rufe die Männer Breslaus auf, sich in die Verteidigungsfront unserer Festung Breslau einzureihen! Die Festung wird bis zum Äußersten verteidigt.

Wer die Waffe nicht führen kann, hat in den Versorgungsbetrieben, im Nachschub, bei der Aufrechterhaltung der Ordnung mit allen Kräften zu helfen. Niederschlesische Volkssturmmänner, die an der Grenze unseres Gaues bolschewistische Panzer mit Erfolg bereits bekämpften, haben bewiesen, daß sie unsere Heimat bis zum Letzten zu verteidigen bereit sind. Wir werden ihnen nicht nachstehen.

Breslau, den 21. Januar 1945.

Hanke
Gauleiter und Reichsverteidigungskommissar

Jeder weiß, worauf es ankommt.

ullstein bild (00138663)

Die Leuthenstraße in Breslau, Mai 1945.
In zähem Häuserkampf versuchte die Festungsbesatzung die Stadt gegen die Rote Armee zu verteidigen. Gauleiter Hanke floh am 5. Mai, eine Woche nach dem Selbstmord Hitlers, aus der Stadt. Einen Tag später kapitulierte Breslau. Zwei Drittel der Stadt waren zerstört. Über 43.000 deutsche Soldaten gerieten in Kriegsgefangenschaft.

Leuthenstraße in Breslau, May 1945.
The occupants of the fortress of Breslau tried to defend the city against the Soviet Army in heavy house-to-house combat. Gauleiter Hanke fled the city on 5 May, almost a week after Hitler's suicide. Breslau surrendered the following day. Two-thirds of the city was destroyed. Over 43,000 German soldiers became prisoners of war.

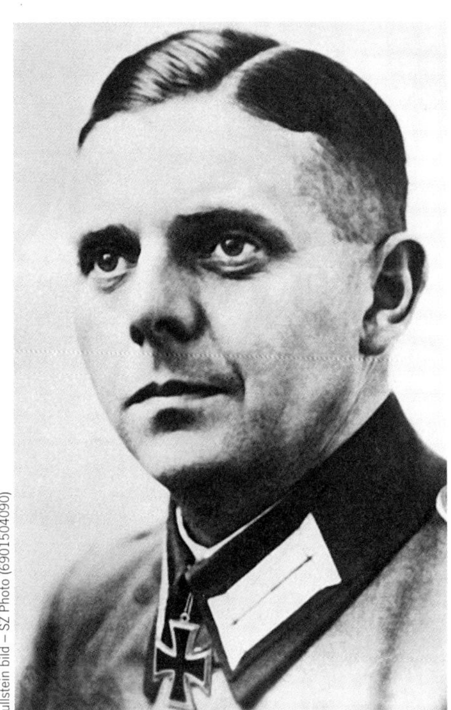

ullstein bild – SZ Photo (6901504090)

Oberst Rudolf Petershagen (1901–1969), Kampfkommandant der Stadt Greifswald, undatiert.
Er widersetzte sich Ende April den Durchhaltebefehlen und ließ sich von einer Gruppe von Bürgern um den Rektor der Universität Carl Engel am 29./30. April 1945 zur kampflosen Übergabe der Stadt an die Rote Armee bewegen.

Colonel Rudolf Petershagen (1901–1969), commander of the city of Greifswald, undated.
Defying the orders to hold out at the end of April, Petershagen was convinced to surrender by a citizens' group around Carl Engel, the rector of the university. On 29/30 April 1945 he handed over the city peacefully to the Red Army.

Bekanntmachung, 30. April 1945.
Gemeinsam mit dem Oberbürgermeister der Stadt informierte Petershagen die Bevölkerung über die mit der Roten Armee getroffenen Vereinbarungen. Dann begab er sich in sowjetische Kriegsgefangenschaft.

Proclamation, 30 April 1945.
Together with the city's mayor, Petershagen announced the agreement with the Red Army to the population. Then he surrendered to the Soviets as a prisoner of war.

Bekanntmachung!

Ich habe die Stadt Greifswald zu folgenden Bedingungen kampflos übergeben:

1. Es darf kein Schuß in der Stadt fallen.
2. Jedes Plündern ist untersagt.
3. Alle Schußwaffen sind bis heute, 20 Uhr, im Rathaus abzugeben.
4. Wird eine dieser Bedingungen gebrochen, sind diese Vereinbarungen null und nichtig.

Russischerseits ist zugesichert worden:

1. Die Stadt erhält keine russische Besatzung.
2. Das gesamte Leben geht weiter wie bisher unter deutscher Verwaltung.
3. Die Läden bleiben geöffnet und verkaufen weiter zu den gleichen Preisen; die Mark bleibt Zahlungsmittel.
4. Universität und Schulen erteilen weiter Unterricht.
5. Die staatlichen und städtischen Forstbeamten behalten die Jagdwaffen. Die Polizei trägt im Dienst die blanke Waffe.

Greifswald, den 30. April 1945.

gez. Petershagen
Oberst und Kommandant

Aufruf!

Es wird sofort eine Schutzwacht gebildet, um die Ordnung zu sichern und die verbliebenen Werte zu schützen.

Meldet Euch um 14 Uhr im Rathaus.

Der Dienstbetrieb wird in vollem Umfang aufrechterhalten. Jeder hat auf seinem Arbeitsplatz wie bisher zu erscheinen.

Es wird nochmals darauf hingewiesen, daß jede Plünderung standrechtlich verfolgt wird. Die geplünderten Sachen sind unverzüglich zurückzugeben.

Greifswald, den 30. April 1945

Der Oberbürgermeister
gez. i. V. Remertz

Bei den Detonationen im Laufe des heutigen Tages handelt es sich um von den abziehenden Truppen vorbereitete Sprengungen, die nicht mehr abgestellt werden konnten. Es besteht kein Grund zur Besorgnis. — Die Bevölkerung wird im übrigen weiter über den Gang der Dinge unterrichtet werden.

Julius Abel, GmbH., Greifswald

Stadtarchiv Greifswald

ullstein bild (01004311)

Der Marktplatz in Greifswald, um 1931.
Die Stadt blieb nahezu unzerstört, ihre Bürger wurden von Übergriffen sowjetischer Soldaten weitgehend verschont.

The market square in Greifswald, around 1931.
The city remained almost completely intact and its citizens were mostly spared from attacks by Soviet soldiers.

WESTFRONT – BAD GODESBERG UND KOBLENZ
THE WESTERN FRONT – BAD GODESBERG AND KOBLENZ

Deutsche Soldaten ergeben sich vor dem Rheinhotel Dreesen in Bad Godesberg Angehörigen der 1. US-Armee, 8. März 1945.
Zwei Tage zuvor war der seit 1933 amtierende NS-Bürgermeister Heinrich Alef „aus Selbsterhaltungstrieb“ geflohen.

German soldiers surrender to units of the First US Army outside the Rheinhotel Dreesen, 8 March 1945.
Two days before the Nazi mayor, Heinrich Alef, who had held office since 1933, absconded "because of an instinct for self-preservation".

BArch Militärarchiv, Pers1/333

Generalleutnant Richard Schimpf, Befehlshaber der 3. Fallschirmjägerdivision, undatiert.
Trotz eines gegenteiligen Befehls gab Schimpf seiner Divison am 8. März 1945 den Befehl, kampflos aus Bad Godesberg abzurücken. Damit verhinderte er sinnloses Blutvergießen und ermöglichte den Bürgern unter Führung des neuen Bürgermeisters Heinrich Ditz die kampflose Übergabe ihrer Stadt.

Lieutenant-General Richard Schimpf, commander of the 3rd Paratrooper Division, undated.
Defying orders, on 8 March 1945 Schimpf commanded his division to retreat from Bad Godesberg without fighting. His action prevented wasteful bloodshed and allowed the citizens, led by the new mayor, Heinrich Ditz, to surrender the city peacefully.

„Ein Komitee Godesberger Bürger kam aus der Stadt heraus, um die amerikanischen Truppen zu empfangen und für die Stadt Schonung zu erbitten. [...] Die Bevölkerung ist erleichtert, daß die Stadt durch die Übergabe gerettet wurde."

Bericht der 1. US-Armee

"A delegation of Godesberg citizens came out of the city to greet the American troops and ask for the city to be spared. [...] The population is relieved that the city was saved by surrendering."

Summary of First US Army report

ullstein bild (00421315)

Amerikanische Soldaten in den Straßen von Koblenz, 18./19. März 1945.
Am Vortag hatte die 3. US-Armee die zerbombte Stadt gestürmt, da der deutsche Kampfkommandant Löffler sie nicht kampflos übergeben wollte. Es dauerte eine weitere Woche, bis der Krieg für die verbliebenen, in Kellern und Bunkern ausharrenden Bürger endgültig vorüber war.

US soldiers in the streets of Koblenz, 18/19 March 1945.
The previous day the Third US Army had mounted an assault on the bombed-out city because the German commander, Löffler, was unwilling to surrender peacefully. It took another week until the war was finally over for the remaining citizens who had been waiting in cellars and bunkers.

„Es ist ruhig geworden. Seit heute, Mittwoch, schlafen wir zum ersten Male wieder in unserem Haus. Dies war seit Oktober 1944 nicht mehr der Fall. Im dienstlichen Verkehr mit den Amerikanern ist nichts Besonderes zu erwähnen."

Josef Schnorbach, Oberbürgermeister von Koblenz, 28. März 1945

"It is peaceful now. Today, Wednesday, is the first time we are sleeping in our house again. We haven't been able to do that since October 1944. There is nothing special to mention in relation to official communication with the Americans."

Josef Schnorbach, mayor of Koblenz, 28 March 1945

DIE BRÜCKE VON REMAGEN UND DIE BRÜCKE VON URMITZ
THE BRIDGE OF REMAGEN AND THE BRIDGE OF URMITZ

„Alle militärischen, Verkehrs-, Nachrichten-, Industrie- und Versorgungsanlagen sowie Sachwerte innerhalb des Reichsgebietes, die sich der Feind für die Fortsetzung seines Kampfes irgendwie sofort oder in absehbarer Zeit nutzbar machen kann, sind zu zerstören."

Auszug aus dem „Nero-Befehl" Hitlers, 19. März 1945

"All military transport and communication facilities, industrial establishments and supply depots, as well as anything else of value within Reich territory which could be used in any way by the enemy immediately or within the foreseeable future for the prosecution of the war, will be destroyed."

Excerpt from Hitler's "Nero decree", 19 March 1945

„Der Feind gelangte [. . .] bis zur Brücke bei Remagen, die anscheinend mit Flüchtlingen verstopft war. Er überschritt sie und konnte am Ostufer einen Brückenkopf bilden."

Kriegstagebuch des OKW, 8. März 1944

"The enemy reached [. . .] the bridge at Remagen, which was apparently crowded with refugees. Enemy forces crossed over and established a bridgehead on the eastern shore."

War Diary of the German Army High Command, 8 March 1944

ullstein bild – Leone (00526687)

Eroberung der unzerstört gebliebenen Ludendorff-Brücke in Remagen durch die 9. US Panzerdivision, 7. März 1945.

The Ninth US Tank Division captures the intact Ludendorff Bridge in Remagen, 7 March 1945.

BArch – Helmut J. Wolf (173-0422)

Die von den Amerikanern kontrollierte Brücke von Remagen, März 1945.
Da die Brücke entgegen Hitlers „Nero-Befehl" beim Heranrücken der Amerikaner nicht zerstört worden war, verurteilte ein „Fliegendes Standgericht" am 13. März fünf Offiziere der Wehrmacht zum Tode.

The bridge at Remagen controlled by US troops, March 1945.
As the bridge had not been destroyed when the American troops approached, contrary to Hitler's Nero decree, a "flying court martial" sentenced five Wehrmacht officers to death on 13 March 1945.

„Das Urteil wurde an 3 Majoren und einem Oberleutnant vollstreckt. Gegen die Sippe des nicht auffindbaren Hauptmanns ist die Sippenhaftung wirksam geworden."

Generalfeldmarschall Albert Kesselring, 19. März 1945

"The sentence was carried out on 3 majors and a senior lieutenant. Relatives of the captain who absconded were imprisoned under the kin liability law."

Field-Marshal Albert Kesselring, 19 March 1945

Kreismedienzentrum Neuwied

Die Kronprinz-Wilhelm-Eisenbahnbrücke bei Urmitz, 1945.
Sie wurde am 9. März von Soldaten der Wehrmacht gesprengt, ohne Rücksicht auf die zu diesem Zeitpunkt auf der Brücke befindlichen Flüchtlinge. Zahlreiche Menschen starben.

The Kronprinz Wilhelm Railway Bridge at Urmitz, 1945.
Wehrmacht soldiers detonated the bridge on 9 March without regard for refugees on the bridge at the time. Many people were killed.

„Dutzende von Körpern und die Trümmer von Lastwagen wurden hochgeschleudert und über eine weite Fläche verstreut."

Ein Augenzeuge, März 1945

"Dozens of bodies and the rubble from trucks were blasted into the air and scattered across a wide area."

Eyewitness account, March 1945

ZWISCHEN PFLICHTBEWUSSTSEIN UND VERZWEIFLUNG
BETWEEN DUTY AND DESPAIR

Michael Spielhagen

Wolfgang Spielhagen (1891–1945), zweiter Bürgermeister von Breslau, undatiert.
Spielhagen, seit 1934 NSDAP-Mitglied, war gegen den Plan von Gauleiter Karl Hanke, Breslau mit allen Mitteln zu verteidigen. Am 20. Januar 1945, einen Tag bevor Hanke die Stadt zur Festung erklärte, besorgte sich Spielhagen eine Reisegenehmigung, um seine Familie in Sicherheit zu bringen. Bei seiner Rückkehr ließ Hanke ihn verhaften und erschießen.

Wolfgang Spielhagen (1891–1945), deputy mayor of Breslau, undated.
Spielhagen, a Nazi Party member from 1934, was against gauleiter Karl Hanke's plan to defend Breslau to the utmost. On 20 January 1945, the day before Hanke declared the city to be a fortress, Spielhagen obtained a travel permit to bring his family to safety. On his return Hanke had him arrested and shot.

Bekanntmachung!

Der zweite Bürgermeister der Stadt Breslau, Ministerialrat Dr. Spielhagen, hat sich bei dem Oberbürgermeister der Gauhauptstadt, Gauamtsleiter Leichtenstern, nach Berlin abgemeldet, um sich nach einem neuen Posten umzusehen. Seine maßlose Feigheit ließ ihn dabei die Erklärung abgeben, nicht auf einem Platz kämpfen zu wollen, an dem ihm persönlich nichts liege.

Auf meinen Befehl wurde Ministerialrat Dr. Spielhagen von einem Peleton des Volkssturmes vor dem Rathaus der Stadt Breslau erschossen.

Wer den Tod in Ehren fürchtet, stirbt ihn in Schande!

Festung Breslau, den 28. Januar 1945

Hanke
Gauleiter
und Reichsverteidigungskommissar

Schlesische Tageszeitung, 29. Januar 1945

Bekanntmachung von Gauleiter Hanke über die Erschießung Spielhagens, 28. Januar 1945.
Hanke rechtfertige den Mord mit Spielhagens angeblicher Feigheit und warnte die Breslauer: „Wer den Tod in Ehren fürchtet, stirbt ihn in Schande!"

Gauleiter Hanke's announcement of Spielhagen's shooting, 28 January 1945.
Hanke justified the murder by accusing Spielhagen of cowardice, and warned the people of Breslau: "He who fears death with honour will die in disgrace!"

„An alle Kreisleiter! Ich habe den zweiten Bürgermeister der Stadt Breslau, Ministerialrat Dr. Spielhagen, wegen Feigheit erschießen lassen. Ich befehle allen Kreisleitern, in ihren Kreisen mit der gleichen Schärfe gegen pflicht- und ehrvergessene Subjekte vorzugehen."

Gauleiter Karl Hanke, 29. Januar 1945

„To all district leaders! I have had the deputy mayor of the city of Breslau, undersecretary Dr. Spielhagen, shot for cowardice. I order all district leaders to proceed with the same severity against subjects who neglect their duty and honour."

Gauleiter Karl Hanke, 29 January 1945

Alfred Freyberg (1892–1945), seit 1939 Oberbürgermeister von Leipzig, um 1940.
Freyberg, der seit 1925 der NSDAP angehörte und seit 1942 den Rang eines SS-Gruppenführers bekleidete, beging am 18. April 1945, dem Tag des Einmarschs amerikanischer Truppen in Leipzig in seinem Büro im Neuen Rathaus Selbstmord.

Alfred Freyberg (1892–1945), mayor of Leipzig from 1939, around 1940.
Freyberg, who had been a Nazi Party member from 1925, and held the rank of SS group leader from 1942, killed himself in his office in the New City Hall on 18 April 1945, the day American troops marched into Leipzig.

Stadtarchiv Leipzig

Getty Images

Die Leichen des Stadkämmerers von Leipzig Ernst Kurt Lisso und seiner Familie im Neuen Rathaus, 20. April 1945.
Lisso, der seit 1932 der NSDAP angehörte, sah ebenfalls keine Zukunft mehr für sich und seine Familie.

The bodies of Leipzig city treasurer Ernst Kurt Lisso and his family in the New City Hall, 20 April 1945.
Lisso, who had belonged to the Nazi Party from 1932, also saw no future for himself and his family.

„Am Schreibtisch saß Dr. Kurt Lisso, den Kopf in die Hände gelegt, als ob er ausruhen wollte. Auf dem Sofa lag seine Tochter und in dem dick gepolsterten Armsessel saß seine Frau. Die Ausweise und Dokumente der ganzen Familie waren ordentlich auf dem Schreibtisch ausgebreitet, daneben stand die Flasche Pyrimal, mit dem sie sich offenbar umgebracht hatten."

Margaret Bourke-White, Fotografin, 1945

"Dr. Kurt Lisso was seated at the desk, his head in his hands as if he wanted to rest. His daughter was lying on the sofa and his wife was sitting in the upholstered armchair. The whole family's identity cards and documents were neatly arrayed on the desk, next to the bottle of Pyrimal they had obviously used to kill themselves."

Margaret Bourke-White, photographer, 1945

WERWOLF
WEREWOLF

Privatbesitz / Private collection

Werwolf-Plakat, undatiert.
Die im September 1944 durch den Reichsführer SS Heinrich Himmler gegründete Untergrundorganisation sollte Sabotageakte gegen die Alliierten durchführen und Verräter liquidieren. Die meisten Aktionen des Werwolf richteten sich allerdings gegen die eigene Bevölkerung.

Werewolf poster, undated.
SS Reich Leader Heinrich Himmler set up the underground Werewolf organisation in September 1944. It was supposed to mount sabotage operations against the Allies and liquidate traitors. In fact, most Werewolf operations were targeted against the German population itself.

Stadtarchiv Penzberg

Die Bergarbeiterstadt Penzberg (Bayern), um 1936.
Angehörige des Werferregiments 22 und des Werwolf ermordeten hier am 28. April 1945 insgesamt 16 Penzberger, weil sie versucht hatten oder verdächtigt wurden, die Sprengung des Kohlebergwerks und die Verteidigung Penzbergs zu verhindern.

The mining city of Penzberg (Bavaria), around 1936.
On 28 April 1945 in Penzberg, members of Mortar Regiment 22 and of Werewolf murdered a total of 16 residents of the town because they had tried, or were suspected of trying, to prevent the detonation of the coalmine and the defence of Penzberg.

Hans Zöberlein (1895–1964), SA-Oberführer und Befehlshaber des Werwolfkommandos „Hans", um 1944.
Zöberlein wurde mit seinem Kommando am 28. April 1945 vom Gauleiter von München-Oberbayern Paul Giesler nach Penzberg entsandt, um die angeblichen Verräter hinzurichten. Nach seiner Ankunft ließ Zöberlein von der Stadtverwaltung „politisch Unzuverlässige" auflisten.

Hans Zöberlein (1895–1964), senior SA officer and commander of Werewolf commando "Hans", around 1944.
Zöberlein was sent to Penzberg with his commando on 28 April 1945 by Paul Giesler, gauleiter of the Munich-Upper Bavaria area, to execute alleged traitors. On arrival Zöberlein asked the city authority to compile lists of "politically unreliable" people.

Jürgen Hahn-Butry, *Die Mannschaft*, 1938

Abschrift

" DER WERWOLF "
Oberbayern

An allen Orten, den 25.4.1945

Warnung

an alle Verräter und Liebediener des Feindes.

Der oberbayerische Werwolf warnt vorsorglich alle diejenigen, die dem Feind Vorschub leisten wollen oder Deutsche und deren Angehörige bedrohen oder schikanieren, die Adolf Hitler die Treue hielten.
Wir warnen! Verräter und Verbrecher am Volk büßen mit ihrem Leben und dem Leben ihrer ganzen Sippe.
Dorfgemeinschaften, die sich versündigen am Leben der Unseren, oder die weiße Fahne zeigen, werden ein vernichtendes Haberfeldtreiben früher oder später erleben.

Unsere Rache ist tödlich!

"DER WERWOLF"
Oberbayern

Staatsarchiv München, Staatsanwaltschaften 34877/20

Warnung des Werwolfs „an alle Verräter", 25. April 1945.
Zur Abschreckung verteilte das Werwolfkommando diese Zettel in Penzberg. „Verräter und Liebediener des Feindes" wurden mit dem Tod bedroht.

Werewolf flyer with warning "to all traitors", 25 April 1945.
The Werewolf commando force distributed the flyer in Penzberg as a deterrent. It threatened "traitors and bootlickers of the enemy" with death.

Staatsarchiv München

Die Opfer der „Penzberger Mordnacht" (von oben nach unten): Paul Badlehner, Franz Biersack, Rupert Höck, Sebastian Tauschinger, Michael Boos, Johann Dreher, Albert Grauvogel, Gottlieb Belohlawek, Ludwig März, Hans Rummer, Johann und Therese Zenk. Es fehlen Michael Schwertl und Johann Summerdinger. Sie wurden ebenfalls ermordet.

The victims murdered in the "Penzberg night of killing" (from top downwards): Paul Badlehner, Franz Biersack, Rupert Höck, Sebastian Tauschinger, Michael Boos, Johann Dreher, Albert Grauvogel, Gottlieb Belohlawek, Ludwig März, Hans Rummer, Johann und Therese Zenk. Two of the murder victims, Michael Schwertl and Johann Summerdinger, are not pictured here.

Staatsarchiv München, Staatsanwaltschaften 34877/20

Das Ehepaar Fleißner, undatiert.
Der Bergmann und seine Frau gehörten ebenfalls zu den Opfern des Werwolftrupps „Hans". Sie wurden am 28. April 1945 verhaftet, gehängt und die Leichen anschließend im Stadtzentrum zur Schau gestellt. Am folgenden Tag rückten die Amerikaner kampflos in Penzberg ein.

Mr. and Mrs. Fleißner, undated.
The miner and his wife were victims of Werewolf troop "Hans" as well. Arrested on 28 April 1945, they were hanged and their corpses publicly displayed in the city centre. The following day US troops moved into Penzberg without a battle.

MARIA BIERGANZ ALIAS MARIA VON MONSCHAU
MARIA BIERGANZ ALIAS MARIA OF MONSCHAU

ullstein bild (01065798)

Junge Mädchen, die verdächtigt werden, als „Werwölfe" einen Partisanenkrieg zu führen, werden von Angehörigen der US-Armee festgenommen, 1. April 1945.
Am 6. Januar 1945 verhafteten die Amerikaner in der Stadt Monschau das 17-jährige BDM-Mädel Maria Bierganz. Sie wurde beschuldigt, sich den Werwölfen angeschlossen zu haben. Der Vorwurf erwies sich als haltlos. Am 4. März 1945 wurde sie freigelassen, nachdem sie im Rundfunk der Alliierten deutsche Jugendliche aufgerufen hatte, sich zu ergeben.

Members of the US army arresting young girls suspected of engaging in partisan warfare as "Werewolves", 1 April 1945.
On 6 January 1945 US military police arrested 17-year-old Maria Bierganz, a member of the Nazi League of German Girls, in the town of Monschau. She was accused of having joined the Werewolves, but the allegation was groundless. She was released on 4 March 1945 after she had broadcast on Allied radio calling on young Germans to surrender.

„… ich fühle ganz deutlich, daß wir, eine schlimm geprüfte, aber gestählte Jugend, hart wie Eisen, dazu bestimmt sind, für die Ideale unseres unersetzlichen Führers weiterzukämpfen…"

Maria Bierganz, Tagebuch, 8. Oktober 1944

"… I feel clearly that we young people, sorely tested but steeled, and hard as iron, are destined to continue fighting for the ideals of our irreplaceable Führer…"

Maria Bierganz, diary, 8 October 1944

dhm

„Ein deutsches Mädchen!", Propagandaplakat, März 1945.
Propagandaminister Joseph Goebbels erfuhr aus der britischen Presse von der Verhaftung der Maria Bierganz. Er erklärte sie unter dem Namen Maria Schultz in den NS-Medien zur Heldin, um die eigene Bevölkerung aber auch die Gegner von der Kampfbereitschaft der Jugend zu überzeugen.

"A german girl!", propaganda poster, March 1945.
Propaganda minister Joseph Goebbels learned of Maria Bierganz's arrest from the British press. Dubbing her "Maria Schultz", he proclaimed her a heroine in the Nazi media to convince the German population, but also the enemy, that Germany's youth were willing to fight.

Berliner Ausgabe „Freiheit und Brot" Berliner Ausgab

VÖLKISCHER BEOBACHTER

Kampfblatt der nationalsozialistischen Bewegung Großdeutschlands

Das ist der Geist der deutschen Jugend:

Unnachgiebig bis zum Äußersten

Deutsche Mädchen vor dem amerikanischen Kriegsgericht

Panamerikanische Torschlußpanik

Wer mit Moskau paktiert... | **Die Haltung der 17jährigen Maria Schultz**

Staatsbibliothek zu Berlin – Preußischer Kulturbesitz

„Unnachgiebig bis zum Äußersten", Titelzeile, *Völkischer Beobachter*, 21. Februar 1945.
Die NS-Presse überschlug sich in der Darstellung der heldenhaften Haltung von Maria Bierganz alias Schultz vor einem angeblichen US-Kriegsgericht.

"Unflinching to the utmost", front-page headline, *Völkischer Beobachter*, 21 February 1945.
The Nazi press outdid itself with its portrayal of the heroic appearance of Maria Bierganz alias Schultz before an alleged US military court.

ZUSAMMENARBEIT MIT DEN ALLIIERTEN
COOPERATING WITH THE ALLIES

ullstein bild (00729302)

Deutsche warten vor dem Gebäude der amerikanischen Militärverwaltung in Homburg, um sich als Arbeitskräfte registrieren zu lassen, Frühjahr 1945.
Wichtigste Aufgabe der Militärverwaltungen in den eroberten Städten und Gemeinden war der Aufbau funktionierender Zivilverwaltungen. Dies konnte nicht ohne die Mithilfe der Bürger geschehen. In den Augen der NS-Führung waren sie Verräter.

Germans waiting to register for employment outside the US military administration building in Homburg, spring 1945.
The most important task of the military administrations in the occupied cities and municipalities was to create functioning civilian administrations. This could only be done with the help of German citizens. The Nazi leadership regarded them as traitors.

Privatbesitz/ Private collection

Franz Oppenhoff (1902–1945), undatiert.
Am 31. Oktober 1944, zehn Tage nach der Einnahme Aachens durch die Amerikaner, wurde der als „politisch unbelastet" eingestufte Oppenhoff zum Bürgermeister ernannt und mit dem Wiederaufbau der Stadtverwaltung betraut. Für die deutsche Führung war Oppenhoff ein „Volksverräter". Der Reichsführer SS Heinrich Himmler befahl seine Ermordung.

Franz Oppenhoff (1902–1945), undated.
On 31 October 1944, ten days after US troops captured Aachen, the Americans, who classified Oppenhoff as "exonerated", appointed him mayor and put him in charge of rebuilding the city administration. The German leaders regarded Oppenhoff as a "traitor to the nation". Reich SS leader Heinrich Himmler ordered his murder.

†

Oberbürgermeister

Franz Oppenhoff

fiel am Spätabend des 25. März 1945 feigen Meuchelmördern zum Opfer.

Der Verstorbene hat das Verdienst, in bitterster Kriegszeit unter Hintansetzung aller persönlichen Interessen den Verwaltungsaufbau in der schwer zerstörten Stadt Aachen in Angriff genommen zu haben. Die Stadt Aachen dankt ihm dies über das Grab hinaus.

Die feierlichen Exequien finden am Mittwoch, dem 28. März 1945, um 9,30 Uhr im Dome statt. Die Beisetzung erfolgt am gleichen Tage um 11,30 Uhr auf dem Ost-Friedhof (Adalbertsteinweg).

Die Bevölkerung wird dem Verstorbenen die letzte Ehre erweisen und an den Trauerfeierlichkeiten teilnehmen.

Aachen, den 26. März 1945.

Die Stadtverwaltung

Stadtarchiv Aachen

Todesanzeige für Franz Oppenhoff, 26. März 1945.
Ein eigens gebildetes Sonderkommando aus Angehörigen von Hitlerjugend, Bund Deutscher Mädel (BDM), Werwolf und SS wurde nach Aachen befohlen, um Oppenhoff zu töten. Er wurde am 25. März 1945 im Garten seines Hauses ermordet.

Death notice for Franz Oppenhoff, 26 March 1945.
The Nazis sent a specially formed commando consisting of members of the Hitler Youth, the League of German Girls, the Werewolf organisation and SS to Aachen to kill Oppenhoff. He was murdered in the garden of his house on 25 March 1945.

„Erfreulich ist die Meldung, dass der von den Angloamerikanern in Aachen eingesetzte Bürgermeister Oppenhoff in der Nacht vom Dienstag zum Mittwoch von drei deutschen Partisanen erschossen worden ist."

Joseph Goebbels, 29. März 1945

"We are delighted to hear that Mayor Oppenhoff, whom the Anglo-Americans appointed in Aachen, was shot dead by three German partisans in the night between Tuesday and Wednesday."

Joseph Goebbels, 29 March 1945

ullstein bild (00749262)

Einmarsch von Soldaten der 9. US-Armee in Rheydt, Anfang März 1945.
Am 2. März wurde Heinrich Vogelsang kommissarischer Bürgermeister der Stadt. Vogelsang, der herzkrank war, übernahm das Amt nur vorübergehend. Am 26. April 1945 wurde er von August Brocher abgelöst.

Soldiers of the Ninth US Army marching into Rheydt, beginning of March 1945.
On 2 March Heinrich Vogelsang became acting mayor of the city. Vogelsang, who suffered from heart disease, held office only briefly, and was replaced by August Brocher on 26 April 1945.

„Nach einer kurzen Besprechung mit dem Verwaltungsoffizier Herrn Leutnant Gill eröffnete mir der [amerikanische] Kommandant, dass ich vorübergehend als Bürgermeister der Stadt Rheydt eingesetzt werden solle."

Heinrich Vogelsang, 3. März 1945

"After a short talk with the administrative officer, Mr. Lieutenant Gill, the [American] commander informed me I was to be appointed temporary mayor of the city of Rheydt."

Heinrich Vogelsang, 3 March 1945

ullstein bild (00749244)

Umbenennung von Straßen, Krefeld, März 1945.
Auch zu Vogelsangs ersten Amtshandlungen gehörte die Entfernung von NS-Parolen und anderen Zeugnissen nationalsozialistischer Herrschaft. Vergeblich hoffte der in Rheydt geborene Propagandaminister Joseph Goebbels auf die Ermordung Vogelsangs.

Renaming streets, Krefeld, March 1945.
One of Vogelsang's first acts in office was to remove Nazi slogans and other signs of National Socialist rule. Nazi propaganda minister Joseph Goebbels, who was born in Rheydt, hoped in vain for Vogelsang to be murdered.

„Ich glaube, daß den Bürgermeister Vogelsang in Rheydt in den nächsten Tagen dasselbe Schicksal [wie Oppenhoff] treffen wird."

Joseph Goebbels, 29. März 1945

"I think Mayor Vogelsang in Rheydt will meet the same fate [as Oppenhoff] within a few days."

Joseph Goebbels, 29 March 1945

FLUCHT, VERTREIBUNG, KRIEGSGEFANGENSCHAFT
FLIGHT, EXPULSION, WARTIME CAPTIVITY

ZIVILBEVÖLKERUNG IM OSTEN
THE CIVILIAN POPULATION IN EASTERN EUROPE

Zivilbevölkerung auf der Flucht vor der herannahenden Roten Armee, Ostfront, Anfang 1945.
Millionen Deutsche flohen bei Temperaturen weit unter Null auf vereisten Straßen, über das gefrorene Frische Haff oder die Kurische Nehrung ins Reichsinnere. Zehntausende starben.

Civilians on the eastern front fleeing as the Soviet Army approaches, beginning of 1945.
Millions of Germans fled to the interior of the German Reich across the frozen Curonian lagoon or the Vistula Spit. Temperatures were well below zero. Tens of thousands died.

bpk (50070060)

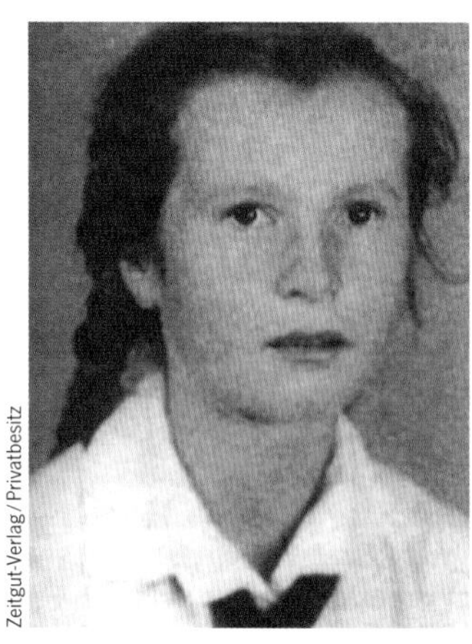

Zeitgut-Verlag / Privatbesitz

Eleonore Naujoks, um 1945.
Die 15-jährige floh mit ihrer Familie von Preußisch Eylau in einem Pferdewagen bis Heiligenbeil und von dort über das zugefrorene Frische Haff nach Danzig. Von Hela aus entkam die Familie mit einem Schiff nach Kopenhagen.

Eleonore Naujoks, around 1945.
15-year-old Eleonore fled with her family in a horse-drawn cart from Eylau in Prussia to Heiligenbeil and from there across the frozen Curonian lagoon to Danzig. At Hela the family boarded a ship to Copenhagen.

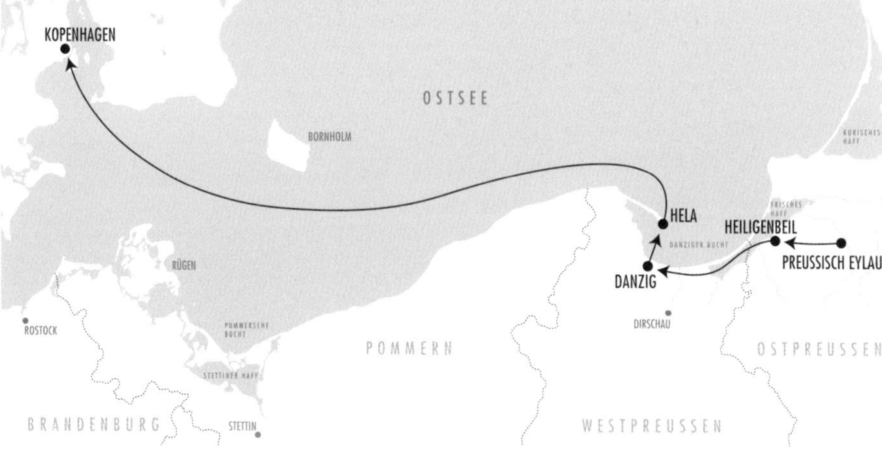

Karte, um 1945. Fluchtweg der Familie Naujoks von Preußisch Eylau über Heiligenbeil, Danzig, Hela nach Kopenhagen.
Seit Januar 1945 wurden etwa zwei Millionen Flüchtlinge von Pillau, Danzig und anderen Städten mit Schiffen über die Ostsee evakuiert. Am 30. Januar 1945 versenkte ein sowjetisches U-Boot das mit etwa 10.000 Flüchtlingen und Verwundeten überfüllte frühere Kreuzfahrtschiff Wilhelm Gustloff. Mehr als 9.000 Menschen starben.

Map, around 1945. The Naujoks family's escape route from Eylau in Prussia via Heiligenbeil, Danzig and Hela to Copenhagen.
From January 1945 around 2 million refugees were evacuated from Pillau, Danzig and other cities to safety over the Baltic Sea. On 30 January 1945 a Soviet submarine sank the cruise ship Wilhelm Gustloff, which was over-crowded with around 10,000 refugees and injured persons. More than 9,000 people died.

Hermine und Wendelin Tippelt, Böhmen, ca. 1941.
Das deutschstämmige Paar lebte mit seiner Tochter Christa in Grünwald bei Gablonz, Sudetenland. Seit 1943 diente Wendelin in der Wehrmacht. Nach der Übernahme der Region durch die Tschechen am 8. Mai 1945 entschied sich Hermine zum Bleiben. Sie wollte ihren Besitz nicht aufgeben.

Hermine and Wendelin Tippelt, Bohemia, around 1941.
The married couple of German origin lived with their daughter Christa in Grünwald near Gablonz, Sudetenland. Wendelin served in the Wehrmacht from 1943. When the Czechs took over the region on 8 May 1945, Hermine decided to stay. She did not want to give up her property.

Die zweijährige Christa Tippelt, 1942.
Sie und ihre Mutter waren in den folgenden Jahren diversen Diskriminierungen und Schikanen seitens der tschechischen Behörden ausgesetzt.

Two-year-old Christa Tippelt, 1942.
In the following years the Czech authorities subjected her and her mother to discrimination and harassment.

Sudetenland und Protektorat Böhmen und Mähren, Kartenausschnitt, um 1945.
Dunkel markiert die Stadt Gablonz. Bei Gablonz liegt Grünwald, der Wohnort der Familie Tippelt.

Detail map of Sudetenland and the protectorate of Bohemia and Moravia, around 1945.
The city of Gablonz is marked in dark colour. Nearby Gablonz is Grünwald, where the Tippelt family lived.

VERTREIBUNG UND ANSIEDLUNG
EXPULSION AND SETTLEMENT

Privatbesitz / Private collection

„Die Nazis haben der ganzen Welt gezeigt, dass ihr Zusammenleben mit irgendeiner anderen Nation unmöglich ist, deswegen hat die auf diesen wiedergewonnenen Gebieten verbliebene deutsche Bevölkerung sie zu verlassen."

Stanisław Piaskowski, Regierungsbeauftragter der Republik Polen für den Verwaltungsbezirk Niederschlesien, 2. April 1945

"The Nazis have shown the whole world that it is impossible for them to coexist with any other nation. Therefore the remaining German population in these recaptured territories has to leave."

Stanisław Piaskowski, government commissioner of the Republic of Poland for the administrative district of Lower Silesia, 2 April 1945

Albin Vorndran, 1945.
Der in Römerstadt im Ostsudetenland lebende Vorndran musste seit Ende April/Anfang Mai 1945 ein großes „N" (tschechisch: němec) auf seiner Kleidung tragen. Es kennzeichnete ihn als Deutschen, der ausgewiesen werden sollte.

Albin Vorndran, 1945.
Vorndran lived in Römerstadt in eastern Sudetenland. From the end of April/beginning of May 1945, he had to wear a large letter "N" on his clothing, identifying him as a German due for expulsion. The "N" stood for "němec", the Czech word for German.

dhm

Ankunft eines überfüllten Zuges aus Ostpreußen auf dem Bahnhof Lichterfelde-Süd in Berlin, 1945.

An overcrowded train from East Prussia arriving at Lichterfelde-Süd station in Berlin, 1945.

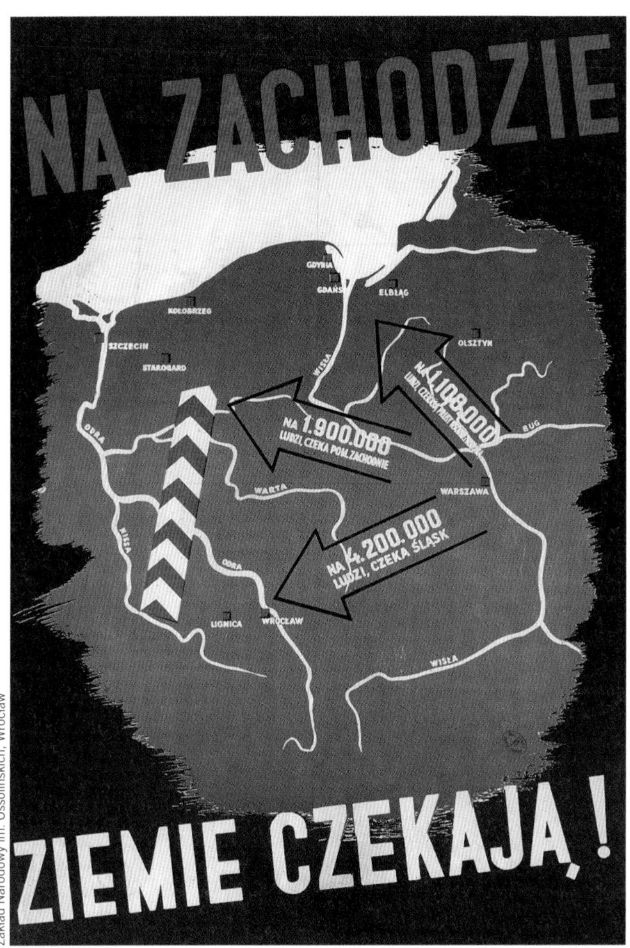

Zakład Narodowy im. Ossolińskich, Wrocław

„Im Westen wartet das Land!“, Werbeplakat, 1945.
Polen sollten für die Ansiedlung in den ehemals deutschen Ostgebieten gewonnen werden. Fanden sich nicht genug Freiwillige, schreckte man auch vor Zwangsumsiedlung nicht zurück.

"Land is waiting out west!", poster, 1945.
The intention was to persuade Poles to settle in the areas formerly part of eastern Germany. If volunteers were lacking the authorities did not shrink from enforced settlement.

Bpb, Atlas zur Geschichte Ostmitteleuropas, 2010

Ankunft polnischer Siedler, 1945.
Arrival of Polish settlers, 1945.

KRIEGSGEFANGENE
PRISONERS OF WAR

ullstein bild (00197907)

Kriegsgefangenenlager der Alliierten in den Rheinwiesen bei Remagen, April 1945.
Millionen deutsche Kriegsgefangene wurden bis Herbst 1945 zwischen Büderich und Bad Kreuznach in den „Rheinwiesenlagern" festgehalten. Die Lager wurden zunächst von der US-Armee verwaltet und später teilweise an die britische und die französische Besatzungsmacht übergeben.

Allied prisoner of war camp in the Rhine meadows near Remagen, April 1945.
Millions of German prisoners of war were detained in the Rhine meadow camps between Büderich and Bad Kreuznach until autumn 1945. Initially run by the US Army, some of the camps were later handed over to the British and French occupying forces.

SZ Photo (00020377)

Kriegsgefangenenlager Bad Kreuznach, 1945.
Die Gefangenen hatten in den ersten Wochen keine Unterkünfte. Viele hausten unter freiem Himmel in Erdlöchern. Die Versorgung war mangelhaft, die hygienischen Zustände katastrophal. Tausende starben unter diesen Bedingungen.

Bad Kreuznach prisoner of war camp, 1945.
Prisoners had no accommodation in the first weeks there. Many lived outdoors in dugouts. Supplies were scarce and the hygiene situation was disastrous. Thousands died under those conditions.

„Die Nächte waren kalt und regnerisch. Ohne jeden Schutz waren wir den Unbilden der Witterung ausgesetzt. So gut es ging, gruben wir uns sargähnliche Vertiefungen, um so besser der Nässe und der Kälte zu trotzen. Manch einem wurde es zu einem selbstgeschaufelten Grab."

Rudolf Nollmann, 1945

"The nights were cold and rainy. We were exposed to the weather without any protection. As far as we could, we dug out coffin-shaped hollows to combat the damp and cold. For some this became a self-made grave."

Rudolf Nollmann, 1945

ullstein bild – TopFoto (80159203)

Das Lager Workuta, um 1945.
Wie in allen anderen sowjetischen Lagern waren die in Workuta herrschenden Lebensbedingungen völlig unzureichend. Die Sterblichkeitsrate im Lager war aufgrund der harten Arbeit, der Kälte, der kargen Ernährung sowie der mangelnden hygienischen Verhältnisse hoch.

Workuta camp, around 1945.
Living conditions in Workuta, as in all the Soviet camps, were very poor. The death rate in the camp was high on account of the hard labour, the cold, the meagre rations and lack of adequate hygiene.

Vorlage: Eva Berthold, Kriegsgefangene im Osten

Sowjetische Kriegsgefangenenlager, Karte, Stand 1944/45.
Rund drei Millionen deutsche Kriegsgefangene wurden in Lagern in der Sowjetunion interniert. Auch ca. 400.000 Zivilisten aus den ehemals deutschen Ostgebieten wurden in sowjetische Arbeitslager verschleppt. Die Arbeit – meist im Bergbau – war hart, die Versorgung karg. Über eine Million Menschen starben. 1956 wurden die letzten Gefangenen entlassen.

Map of Soviet prisoner of war camp, as of 1944/45.
Around three million German prisoners of war were interned in camps in the Soviet Union and around 400,000 civilians from the former eastern territories of Germany were deported to Soviet labour camps. The work – mainly in mining – was hard, and rations were meagre. Over a million people died. The last prisoners were released in 1956.

Kurt Elfering, um 1942.
Der Flieger geriet am 17. März 1945 in Ostpreußen in sowjetische Kriegsgefangenschaft und wurde im Kriegsgefangenenlager Borowitschi interniert. Im Mai 1948 kehrte er nach Deutschland zurück.

Kurt Elfering, around 1942.
Elfering, a German pilot, was captured by the Soviets in East Prussia on 17 March 1945 and was interned in Borovichi prisoner of war camp. He returned to Germany in May 1948.

Privatbesitz / Private collection

„Das wichtigste zur damaligen Zeit waren ein Essgeschirr (Konservendose) und der dazugehörige Löffel."

Kurt Elfering, um 1948

"The most important thing back then was a mess kit (a tin can) and the matching spoon."

Kurt Elfering, around 1948

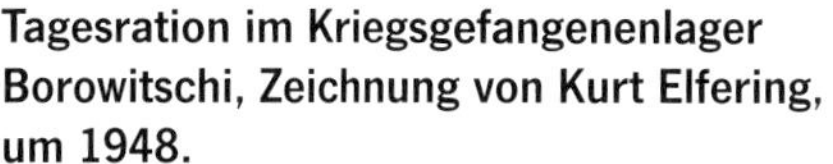

Tagesration im Kriegsgefangenenlager Borowitschi, Zeichnung von Kurt Elfering, um 1948.

Daily ration in Borovichi prisoner of war camp, sketch by Kurt Elfering, around 1948.

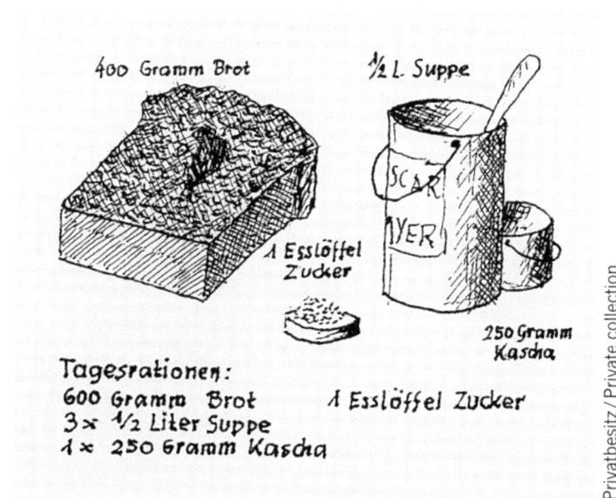

Privatbesitz / Private collection

US Army Photo

Ein US-Truppentransporter bringt deutsche Kriegsgefangene nach Amerika, November 1944.

A US troop transporter taking German prisoners of war to America, November 1944.

Lager für deutsche Kriegsgefangene in den USA, Karte, Stand 1945.
Die Behandlung der in amerikanische Kriegsgefangenschaft geratenen deutschen Soldaten war ungleich besser als die der in sowjetische Gefangenschaft geratenen Deutschen. Die Arbeit war leichter, ihre Verpflegung und Unterbringung gut und ihre Behandlung seitens des Wachpersonals und der Arbeitgeber zuvorkommend. Es gab nur wenige Todesfälle.

Camps for German prisoners of war in the USA, as of 1945.
The German soldiers who became US prisoners of war were incomparably better treated than those in Soviet captivity. The work was easier, they received good food and accommodation, and the guards and their employers behaved civilly towards them. There were very few deaths.

Rüdiger Overmans, Soldaten hinter Stacheldraht.

WASHINGTON
OREGON
CALIFORNIA
IDAHO
NEVADA
UTAH
ARIZONA
MONTANA
WYOMING
COLORADO
NEW MEXICO
NORTH DAKOTA
SOUTH DAKOTA
NEBRASKA
KANSAS
OKLAHOMA
TEXAS
MINNESOTA
IOWA
MISSOURI
ARKANSAS
LOUISIANA
WISCONSIN
ILLINOIS
MISSISSIPPI
MICHIGAN
INDIANA
KENTUCKY
TENNESSEE
ALABAMA
OHIO
WEST VIRGINIA
VIRGINIA
NORTH CAROLINA
SOUTH CAROLINA
GEORGIA
FLORIDA
PENNSYLVANIA
NEW YORK
VERMONT
MAINE
NEW HAMPSHIRE
MASSACHUSETTS
RHODE ISLAND
CONNECTICUT
NEW JERSEY
DELAWARE
WASHINGTON DISTRICT
MARYLAND

Hauptlager
Main camp
Nebenlager
Subcamp

Special Collections Department, Stewart Library, Weber State University

Im Lager „Defense Depot Ogden" internierte deutsche Kriegsgefangene bei der Arbeit auf einer Truthahnfarm in Utah, um 1945.
Das Lager bestand von 1943 bis 1946.

Interned German prisoners of war from Defense Depot Ogden camp working on a turkey farm in Utah, around 1945.
The camp existed from 1943 to 1946.

National Archives Washington

Kriegsgefangene bei der Orangenernte in Leesburg, Florida, 1945.
Ab 1942 wurden etwa 378.000 deutsche Soldaten in die USA gebracht und auf 550 Lager verteilt. Ca. 10.000 Soldaten kamen nach Florida in die Camps Blanding, Gordon Johnston und kleinere Nebenlager wie Leesburg. Sie wurden als Erntearbeiter auf Obst- oder Zuckerrohrplantagen eingesetzt.

Prisoners of war picking oranges in Leesburg, Florida, 1945.
From 1942 around 378,000 German soldiers were taken to the USA and distributed among a total of 550 camps. Around 10,000 were sent to Florida to Blanding and Gordon Johnston camps and smaller subcamps such as Leesburg. They were set to work picking fruit or harvesting sugar cane on plantations.

SZ Photo (00028160)

Deutsche Gefangene erhalten in einem amerikanischen Kriegsgefangenenlager Geschichtsunterricht, USA, 1944/1945.
Die Gefangenen, hier in amerikanischen Uniformen, erhielten regelmäßigen Unterricht. Sie sollten zu Demokraten erzogen und auf ein Leben nach der Gefangenschaft vorbereitet werden.

History lesson for German prisoners in an American POW camp, USA, 1944/45.
The prisoners, shown here wearing US uniforms, had regular lessons. The aim was to teach them to be democrats and prepare them for life after their release.

TERROR GEGEN VERFOLGTE GRUPPEN
TERROR AGAINST PERSECUTED GROUPS

VERNICHTUNGS- UND KONZENTRATIONSLAGER
EXTERMINATION CAMPS AND CONCENTRATION CAMPS

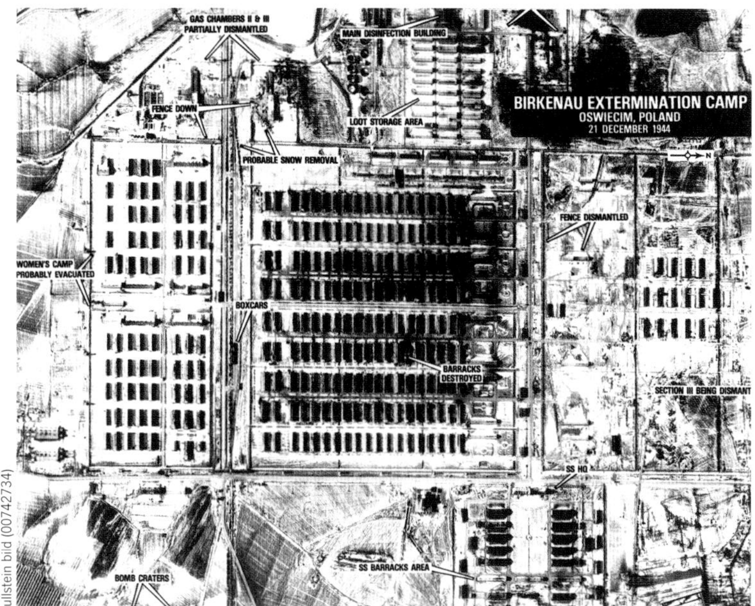

ullstein bild (00742734)

Das Vernichtungslager Auschwitz-Birkenau, amerikanisches Luftbild, Dezember 1944.
Als die Rote Armee heranrückte, räumten die Deutschen die im Osten liegenden Konzentrations- und Vernichtungslager. Die Häftlinge wurden meist zu Fuß in die im Reichsinneren liegenden Konzentrationslager verlegt. Sehr viele überlebten diese „Todesmärsche" nicht. Am 27. Januar 1945 befreite die Rote Armee ca. 7.600 noch im Lagerkomplex Auschwitz verbliebene marschunfähige Häftlinge.

Auschwitz-Birkenau extermination camp, US aerial photo, December 1944.
As the Red Army approached, the Germans evacuated the concentration and extermination camps in Eastern Europe. The prisoners were mostly sent by foot march to concentration camps in the German Reich territory. Large numbers of prisoners did not survive these death marches. On 27 January 1945 the Red Army liberated the 7,600 prisoners who had been unfit to march and had remained in the Auschwitz camp complex.

ullstein bild (00290390)

Überlebende des Stammlagers Auschwitz nach der Befreiung durch die Rote Armee, 1. Februar 1945.
Zwischen dem 17. und dem 23. Januar 1945 hatten die Deutschen den gesamten Lagerkomplex evakuiert. Die Krematorien wurden gesprengt und die Lagerakten vernichtet. Mehr als 58.000 Häftlinge wurden bei eisiger Kälte zu Fuß oder per Bahn in Lager im Reichsinneren gebracht.

Survivors of Auschwitz main camp after liberation by the Soviet Army, 1 February 1945.
Between 17 and 23 January 1945 the Germans evacuated the whole camp complex, blew up the crematorium and destroyed the camp records. They forced more than 58,000 prisoners to walk or go by open train in the freezing cold to camps in the interior of the German Reich.

„Die Russen sind da, unsere Qualen beendet. Du bist da, Freiheit!"

Mira Honel, 27. Januar 1945

"The Russians are here. Our torture is over. Freedom, you're here!"

Mira Honel, 27 January 1945

Privatbesitz / Private collection

Georg Heller (1923 geb.), 1941.
Der ungarische Jude war 1944 nach Auschwitz deportiert worden. Am 18. Januar 1945 wurde er mit anderen Häftlingen auf „Todesmarsch“ geschickt. Nach tagelangen Fußmärschen wurde er bei Gleiwitz auf einen offenen Güterwaggon verladen. Über das Konzentrationslager (KZ) Groß-Rosen kam er in das bayerische KZ Dachau. Bis zu seiner Flucht im April 1945 musste Heller in einem Außenlager von Dachau Zwangsarbeit leisten.

Georg Heller (born 1923), 1941.
Heller, a Hungarian Jew, was deported to Auschwitz in 1944. He was sent on a death march with other prisoners on 18 January 1945. After days of marching he was put on an open goods waggon near Gleiwitz. Via Groß-Rosen concentration camp he arrived at Dachau concentration camp in Bavaria. Heller had to do forced labour in a satellite camp of Dachau until he escaped in April 1945.

„Wir liefen in der rabenschwarzen Nacht weiter, Denkfunktionen total abgeschaltet, wie aneinandergekettet. Man brauchte uns nicht anzutreiben, die menschliche Maschine ratterte immer weiter.“

Georg Heller, Januar 1945

„We walked through the pitch-black night, our minds totally shut off, as if chained to each other. We didn't need to be urged forward – the human machine kept juddering on.“

Georg Heller, January 1945

Ehemalige Konzentrations- und Vernichtungslager, eingezeichnet in einen aktuellen Kartenausschnitt.
Markiert ist Georg Hellers Weg vom KZ Auschwitz über das KZ Groß-Rosen ins KZ Dachau.

Sites of former concentration camps and extermination camps shown in a present-day map section.
The line shows Georg Heller's route from Auschwitz concentration camp via Groß-Rosen to Dachau concentration camp.

akg-images (423943)

Todesmarsch. Häftlinge des Konzentrationslagers Dachau werden durch Percha am Starnberger See getrieben, Ende April 1945. Heimlich aufgenommenes Foto.
Am 14. April hatte der Reichsführer SS Heinrich Himmler die Evakuierung des KZ Dachau angeordnet. Zwischen dem 23. und 26. April wurden mehr als 7.000 Häftlinge in Richtung Tirol verlegt. Häftlinge, die den Marsch nicht bewältigten, wurden vielfach erschossen.

Death march. Prisoners from Dachau concentration camp being forced to walk through the bathing resort of Percha at the Starnberger See at the end of April 1945. The photo was taken secretly.
On 14 April 1945, SS leader Heinrich Himmler ordered the evacuation of Dachau concentration camp. Between 23 and 26 April more than 7,000 prisoners were transferred towards the Tyrol region. Many prisoners no longer able to march were shot dead.

„Und wir, die am Schluß des Elendszuges marschierten, mußten miterleben, daß viele Kameraden nicht mehr mitgehen konnten, weil sie zu schwach waren. Hinter uns ging ein Trupp der SS mit Bluthunden und mit Maschinengewehren. Immer wieder krachte ein Schuß nach dem anderen. Wer nicht mitkam, der ist gnadenlos abgeknallt worden."

Karl Weber

"Those of us marching at the end of the pitiful procession had to witness how many comrades could not go on because they were too weak. A troop of SS with bloodhounds and machine guns walked behind us. We kept hearing one shot fired after another. Anybody who couldn't keep up was gunned down mercilessly."

Karl Weber

bpk (30014989)

Überlebende des Konzentrationslagers Dachau nach ihrer Befreiung durch amerikanische Truppen, 29. April 1945.
Das KZ Dachau, in dem sich zuletzt noch 32.000 Häftlinge befanden, gehörte zu den letzten Lagern, die von alliierten Truppen befreit wurden.

Survivors of Dachau concentration camp after their liberation by US troops, 29 April 1945.
At the time of liberation there were still 32,000 prisoners in Dachau concentration camp. It was one of the last camps the Allied troops liberated.

TODESMÄRSCHE – HALTUNG DER ZIVILBEVÖLKERUNG
THE DEATH MARCHES – THE CIVILIAN POPULATION

Maria Blitz, um 1942.
Mit der Auflösung des Konzentrationslagers Stutthof am 25. Januar 1945 begann für die Jüdin Maria Blitz der „Todesmarsch". Sie wurde mit mehr als 11.000 Häftlingen nach Osten in Richtung Königsberg und von dort an die Bernsteinküste gebracht. Bei Palmnicken trieb die SS Tausende von ihnen an die Küste und erschoß sie. Maria konnte entkommen und wurde von Familie Hoppe in Kirpehnen versteckt.

Maria Blitz, around 1942.
The death march began for Maria Blitz, a Jewish prisoner, when Stutthof concentration camp was closed down on 25 January 1945. She was sent towards Königsberg (now Kaliningrad) with 11,000 other prisoners, and from there to the Amber Coast. At Palmnicken the SS forced thousands of the prisoners to the coast, and shot them. Maria managed to escape and was hidden in Kirpehnen by a family called Hoppe.

Archiv Maria Blitz

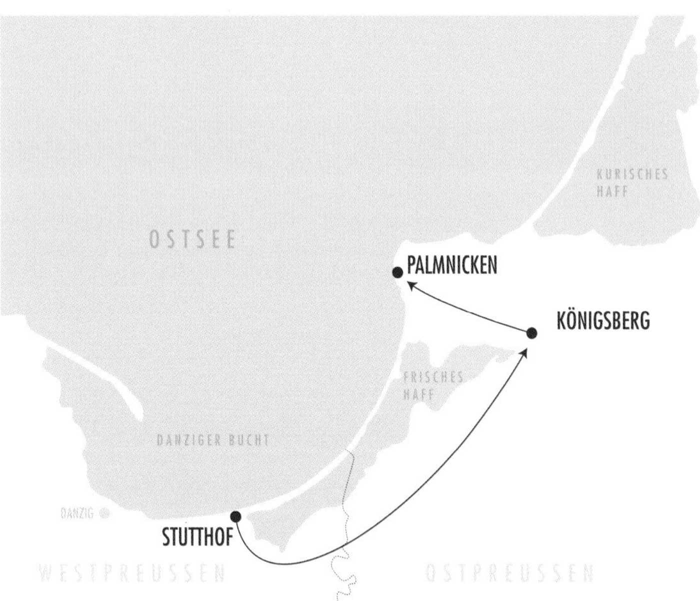

Karte, um 1945.
Eingezeichnet ist die Marschroute der Häftlinge aus dem Konzentrationslager Stutthof über Königsberg bis Palmnicken.

Map, around 1945.
The line indicates the route the prisoners marched from Stutthof concentration camp via Königsberg to Palmnicken.

„In der ganzen Danziger Region Westpreußen wurde bekannt, daß „Stutthof vorbeikommt", die polnische Bevölkerung kam in Bewegung, um den Häftlingen mit Lebensmitteln, Kleidung und bei Fluchtversuchen zu helfen."

Krzystof Dunin-Wąsowicz, 1946

"The whole Danzig region of West Prussia heard that prisoners from Stutthof were marching through. The Polish population started organizing to provide food and clothing, and assistance for escape attempts."

Krzystof Dunin-Wąsowicz, 1946

Die Isenschnibber Feldscheune bei Gardelegen, 1945.
Am 13. April 1945 verbrannten Angehörige der SS-Wachmannschaften, des Volkssturms und der Wehrmacht in der Scheune mehr als 1.000 Häftlinge der Konzentrationslager Mittelbau-Dora und Neuengamme. Nur wenige überlebten.

The Isenschnibbe estate barn near Gardelegen, 1945.
On 13 April 1945, members of the SS guards, the People's Storm and the Wehrmacht locked over 1,000 prisoners from Mittelbau-Dora and Neuengamme concentration camps in the barn and set fire to it. Only a few survived.

Yad Vashem Archive

Yad Vashem Archive

Leichen der ermordeten KZ-Häftlinge in der Isenschnibber Feldscheune, 1945.
Auf Befehl des NSDAP-Kreisleiters mussten Angehörige der örtlichen Feuerwehr, des Volkssturms und der Technischen Nothilfe die Spuren dieses Massenmordes vor dem Eintreffen der Amerikaner in Gardelegen am Abend des 14. April 1945 beseitigen.

Bodies of the murdered concentration camp prisoners in the Isenschnibbe barn, 1945.
The district Nazi Party leader ordered members of the local fire brigade, the People's Storm and the Technical Emergency Service to clear away traces of the mass murder before the US troops arrived in Gardelegen on the evening of 14 April 1945.

„Der Boden war mit benzingetränktem Stroh bedeckt. Um 18.00 Uhr wurde das Stroh in Brand gesteckt. Diejenigen, die versuchten, aus dem Gebäude zu kommen, wurden erschossen und andere Flüchtlinge durch Handgranaten zerfetzt."

Edward Antoniak, Überlebender, 15. April 1945

"The floor was covered with straw drenched in petrol. At around 6 p.m. the straw was set on fire. Those who tried to get out of the building were shot, and other escapees were blown up with hand grenades."

Edward Antoniak, survivor, 15 April 1945

„Was ich getan habe, erfolgte im Rahmen meiner Pflicht, als Soldat Befehlen zu gehorchen. Mit dem Mord habe ich nichts zu schaffen."

Hermann Holtz, Chef einer Volkssturmkompanie, 10. Mai 1945

"What I did was done in the course of my duty as a soldier to obey orders. I have nothing to do with murder."

Hermann Holtz, chief of a People's Storm company, 10 May 1945

National Archives Washington

Rathausplatz Gardelegen, 18. April 1945.
Auf Anweisung der Amerikaner musste die männliche Bevölkerung der Stadt die 1.016 Opfer des Massakers auf dem Friedhof begraben.

Town Hall square, Gardelegen, 18 April 1945.
The US troops ordered the male citizens of the town to bury the 1,016 massacre victims in the cemetery.

ZWANGSARBEIT IN DER STADT UND AUF DEM LAND
FORCED LABOUR IN THE CITY AND COUNTRYSIDE

ullstein bild – SZ Photo (6901511102)

„Ostarbeiterinnen" in einem Instandsetzungswerk der Wehrmacht für Kraftfahrzeuge, 17. März 1945.
Mehr als 7,5 Millionen Zwangsarbeiter und Zwangsarbeiterinnen lebten bis in die letzten Kriegstage unter teils erbärmlichen Umständen in Deutschland. Sie wurden in der Industrie, in der Landwirtschaft und im Straßenbau eingesetzt. Ohne sie war eine funktionierende Kriegswirtschaft in Deutschland undenkbar.

Female labourers from Eastern Europe in a Wehrmacht automobile maintenance factory, 17 March 1945.
Over 7.5 million forced labourers lived in Germany until the last days of the war, sometimes in terrible conditions. They worked in industry, agriculture and road construction and were indispensable for the war economy in Germany.

ullstein bild – H. Schmidt-Luchs (00868476)

Hessisches Staatsarchiv Marburg

Sowjetische Kriegsgefangene in Hamburg bei Räumarbeiten, Steinstraße/Ecke Burchardstraße, 20. März 1945.
Zwangsarbeiter und Kriegsgefangene waren aus dem Stadtbild kaum wegzudenken. Sie hielten die Kriegswirtschaft aufrecht, wurden aber auch zum Bau von Barrikaden, zur Beseitigung von Bombenschäden oder zur Entschärfung von Bomben eingesetzt. In den letzten Kriegswochen ermordeten Angehörige der SS Tausende von ihnen wegen „Plünderung" oder anderer angeblicher Vergehen.

Soviet prisoners of war clearing up in Hamburg, corner of Steinstraße and Burchardstraße, 20 March 1945.
Forced labourers and prisoners of war were an integral part of city life. They kept the war economy going, and were also used to build barricades, clear away bomb damage, and defuse bombs. In the final weeks of the war SS members murdered thousands of them for "looting" or other alleged offences.

Exhumierung von 78 erschossenen italienischen Zwangsarbeitern in Kassel, Mai 1945.
Die Zwangsarbeiter waren bei Aufräumarbeiten auf dem Bahnhofsgelände Kassel-Wilhelmshöhe eingesetzt, als am 31. März 1945 deutsche Zivilisten einen Verpflegungszug der Wehrmacht plünderten. Die ausgehungerten Zwangsarbeiter beteiligten sich. Während die Deutschen nicht bestraft wurden, ließ der Leiter der Stapostelle Kassel Franz Marmon die Zwangsarbeiter als Plünderer erschießen.

Exhumation of the bodies of 78 Italian forced labourers in Kassel, May 1945.
The forced labourers were cleaning up on the railway grounds of Kassel-Wilhelmshöhe on 31 March 1945 when German civilians looted a Wehrmacht supply train. The labourers, who were starving, joined in. The Germans went unpunished, while the director of Kassel's State Police office, Franz Marmon, had the forced labourers shot.

Ausländische Zwangsarbeiter und Zwangsarbeiterinnen bei der Feldarbeit in Buch bei Berlin, um 1944.
Sie stellten gegen Ende des Krieges fast die Hälfte aller landwirtschaftlichen Arbeitskräfte und sicherten mit ihrer Arbeit die Versorgung der Deutschen.

Foreign forced labourers working in the fields, Buch near Berlin, around 1944.
Towards the end of the war forced labourers comprised almost half of the total agricultural labour force. Their work ensured adequate provisions for the Germans.

Berliner Geschichtswerkstatt e.V.

Universitätsbibliothek Wien

„Schaubild der Woche“, *Amstettner Anzeiger*, 18. April 1943.
Immer wieder wurde durch solche und ähnliche Schaubilder vor zu großer Nähe zwischen deutschen Bauernfamilien und Zwangsarbeitern gewarnt.

“Sketch of the week”, *Amstettner Anzeiger*, 18 April 1943.
Cartoons like this continually admonished German farming families not to be too friendly to forced labourers.

Stadtarchiv Göttingen

Xenia Gerassimowna S., um 1942.
Die 14-jährige Xenia wurde 1942 von Simferopol ins Deutsche Reich deportiert und bis 1945 auf verschiedenen Bauernhöfen in Niedersachsen als Zwangsarbeiterin eingesetzt. Sie war für den Haushalt und das Vieh zuständig und leistete Feldarbeit.

Xenia Gerassimowna S., around 1942.
14-year-old Xenia was deported from Simferopol to the German Reich in 1942 and had to work as a forced labourer on various German farms in Lower Saxony until 1945. She looked after the household and cattle and worked in the fields.

„Ich wurde wie ein Dienstmädchen behandelt, manchmal gut, manchmal wurde ich beschimpft, das hing von der Laune der Bäuerin ab. Aber ich wurde immer satt. Sie schenkten mir auch Kleidung. Nur fühlte ich mich wie ein Untermensch, nicht gleichwertig.“

Xenia Gerassimowna S.

“I was treated like a servant girl, sometimes kindly and sometimes scolded – it depended on the mood of the farmer's wife. But I was always well fed. They also gave me clothing. Still, I felt inferior, not like an equal.”

Xenia Gerassimowna S.

Zwei Soldaten der US-Armee präsentieren Granaten mit der Aufschrift „Happy Easter Adolph“ als Ostereier für Hitler, Propagandafoto, 12. März 1945.

Two US Army soldiers presenting grenades decorated with the words “Happy Easter Adolph“ as Easter eggs for Hitler, propaganda photo, 12 March 1945.

ZIVILBEVÖLKERUNG
CIVILIAN POPULATION

ÜBERLEBEN IM BOMBENKRIEG – DRESDEN
SURVIVING THE BOMB WAR – DRESDEN

Dresden, 1. März 1945.
Aus drei Fotos zusammengesetztes Bild. In der Bildmitte der Neumarkt und die Ruine der Frauenkirche. Die in der Nacht vom 13. zum 14. Februar von alliierten Bombern nahezu vollständig zerstörte Innenstadt wurde zum Symbol des Bombenkriegs. In der Endphase des Krieges verstärkten die Westalliierten ihre seit 1942 verfolgte Strategie des „area bombing“ gegen deutsche Städte noch einmal. Den Tod der Zivilbevölkerung nahmen sie dabei in Kauf.

Dresden, 1 March 1945.
Composite of three photos. In the centre, Neumarkt and the ruins of the Frauenkirche (Church of Our Lady). Allied bombs almost totally destroyed the inner city on the night of 13/14 February, making it a symbol of wasteful bomb warfare. In the final phase of the war the Allies stepped up their strategy, begun in 1942, of "area bombing" of German cities. They were aware it would inevitably cause civilian deaths.

ullstein bild, Berlin – Erich Andres (01082126)

Aus den Trümmern geborgene Leichen werden auf den Dresdener Altmarkt gebracht und verbrannt, Februar 1945.
Rund 650.000 Bomben gingen am 13./14. Februar auf die mit Flüchtlingen überfüllte Stadt nieder. Etwa 25.000 Menschen starben. Die NS-Presse sprach von mehr als 200.000 Opfern. Diese Zahl wird bis in die Gegenwart vorwiegend von rechtsradikalen Kreisen kolportiert.

Corpses dug out of the bomb rubble were taken to Dresden's Altmarkt and burned. February 1945.
On 13/14 February 1945, approximately 650,000 bombs rained down on the city, which was crowded with refugees. Around 25,000 people died. The Nazi press spoke of over 200,000 victims. This figure is still bandied about today, mostly in far right-wing circles.

bpk – Walter Hahn (30003988)

„Du kannst Dir das nicht vorstellen, es ist einfach alles weg, in Leipzig standen doch selbst im Zentrum immer noch Straßen oder dazwischen Häuser, aber bei uns ist ratzekahl alles weg.“

Dora B., 14. März 1945

"You can't imagine it, everything is just gone. In Leipzig, even in the city centre, there were still streets, or houses in between, but here in our city everything is wiped away, gone."

Dora B., 14 March 1945

ullstein bild, Berlin – Keystone (01082128)

Die Stadtmitte von Dresden, 1. März 1945. Bereits eine Woche nach den Luftangriffen wurden einzelne Straßenbahnlinien wieder in Betrieb genommen.

Dresden city centre, 1 March 1945. Just a week after the bombing some tramlines were already operating again.

„Der Einsatz einer Baubrigade der SS ist sehr zu begrüßen." [gemeint sind KZ-Häftlinge]

Stadtverwaltung Dresden, 8. März 1945

"We are very pleased that an SS construction brigade has set to work." [This was actually a labour detail of concentration camp prisoners.]

Dresden city authority, 8 March 1945

Essensausgabe für Bombengeschädigte, Magdeburg, Februar/März 1945. Um die Versorgung der ausgebombten Bevölkerung sicherzustellen, richteten NS-Frauenschaften lokale Essensausgabestellen ein. Nach der Bombardierung Dresdens schickte die NS-Volkswohlfahrt mehrere Lebensmitteltransporte in die Stadt. Schon drei Tage nach dem Angriff wurden täglich 600.000 Portionen Essen ausgegeben.

Food distribution for people affected by bombing, Magdeburg, February/March 1945. Nazi women's groups organised local food distribution points to provide meals for bombed-out people. After the bombardment of Dresden the Nazi national welfare organization sent several food convoys to Dresden to provide for the bombed-out civilian population. Three days after the attack, 600,000 hot meals were already being distributed daily.

Stadtarchiv Magdeburg

STAATLICHE HILFE UND SELBSTHILFE
STATE HELP AND SELF HELP

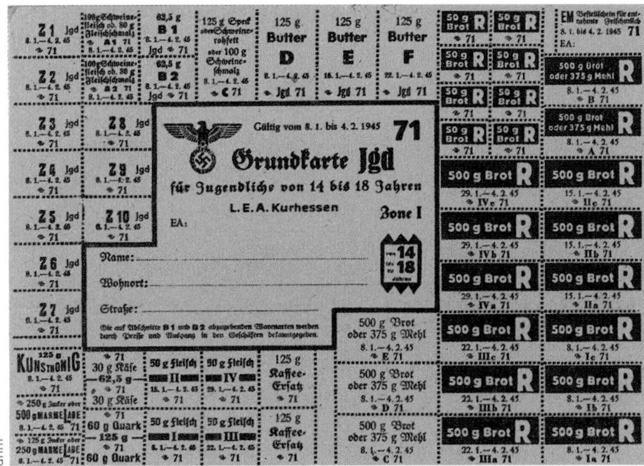

Gültig vom 8. 1. bis 4. 2. 1945 71

Grundkarte Jgd

für Jugendliche von 14 bis 18 Jahren

L. E. A. Kurhessen

Zone I

EA:

von 14 bis 18 Jahren

Name:

Wohnort:

Straße:

Die auf Abschnitte B 1 und B 2 abzugebenden Warenarten werden durch Presse und Aushang in den Geschäften bekanntgegeben.

Z 1 Jgd 8. 1.–4. 2. 45 71
Z 2 Jgd 8. 1.–4. 2. 45 71
Z 3 Jgd 8. 1.–4. 2. 45 71
Z 4 Jgd 8. 1.–4. 2. 45 71
Z 5 Jgd 8. 1.–4. 2. 45 71
Z 6 Jgd 8. 1.–4. 2. 45 71
Z 7 Jgd 8. 1.–4. 2. 45 71
Z 8 Jgd 8. 1.–4. 2. 45 71
Z 9 Jgd 8. 1.–4. 2. 45 71
Z 10 Jgd 8. 1.–4. 2. 45 71

100 g Schweinefleisch od. 80 g Fleischschmalz A 1 71 8. 1.–4. 2. 45
100 g Schweinefleisch od. 80 g Fleischschmalz A 2 71 8. 1.–4. 2. 45
62,5 g B 1 8. 1.–4. 2. 45 Jgd 71
62,5 g B 2 8. 1.–4. 2. 45 Jgd 71
125 g Speck oder Schweinerohfett oder 100 g Schweineschmalz 8. 1.–4. 2. 45 C 71
125 g Butter D 8. 1.–4. 2. 45 Jgd 71
125 g Butter E 15. 1.–4. 2. 45 Jgd 71
125 g Butter F 22. 1.–4. 2. 45 Jgd 71

50 g Brot R 71 (8×)

EM Bestellschein für entrahmte Frischmilch 8. 1. bis 4. 2. 1945 71 EA:

500 g Brot oder 375 g Mehl R 8. 1.–4. 2. 45 B 71
500 g Brot oder 375 g Mehl R 8. 1.–4. 2. 45 A 71
500 g Brot R 29. 1.–4. 2. 45 IVc 71
500 g Brot R 15. 1.–4. 2. 45 IIc 71
500 g Brot R 29. 1.–4. 2. 45 IVb 71
500 g Brot R 15. 1.–4. 2. 45 IIb 71
500 g Brot R 29. 1.–4. 2. 45 IVa 71
500 g Brot R 15. 1.–4. 2. 45 IIa 71
500 g Brot oder 375 g Mehl 8. 1.–4. 2. 45 E 71
500 g Brot R 22. 1.–4. 2. 45 IIIc 71
500 g Brot R 8. 1.–4. 2. 45 Ic 71
500 g Brot oder 375 g Mehl 8. 1.–4. 2. 45 D 71
500 g Brot R 22. 1.–4. 2. 45 IIIb 71
500 g Brot R 8. 1.–4. 2. 45 Ib 71
500 g Brot oder 375 g Mehl 8. 1.–4. 2. 45 C 71
500 g Brot R 22. 1.–4. 2. 45 IIIa 71
500 g Brot R 8. 1.–4. 2. 45 Ia 71

125 g Kunsthonig 8. 1.–4. 2. 45 71
250 g Zucker oder 500 g Marmelade 8. 1.–4. 2. 45 71
125 g Zucker oder 250 g Marmelade 8. 1.–4. 2. 45 71
30 g Käse — 62,5 g — 30 g Käse 71
60 g Quark — 125 g — 60 g Quark 71
50 g Fleisch II 15. 1.–4. 2. 45 71
50 g Fleisch IV 29. 1.–4. 2. 45 71
50 g Fleisch I 8. 1.–4. 2. 45 71
50 g Fleisch III 22. 1.–4. 2. 45 71
125 g Kaffee-Ersatz 71
125 g Kaffee-Ersatz 71

dhm

Lebensmittelkarte für Kinder und Jugendliche, um 1945.
Das NS-Regime legte Wert auf eine ausreichende Versorgung der Volksgenossen und gab bereits bei Kriegsbeginn Lebensmittelkarten aus. Während des Krieges wurden die Lebensmittelrationen mehr und mehr reduziert.

Ration card for children and young people, around 1945.
The Nazi regime placed importance on adequate provisions for the "national comrades" and already issued ration cards at the beginning of the war. Food rations were gradually reduced during the war.

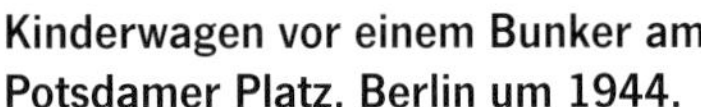

Kinderwagen vor einem Bunker am Potsdamer Platz, Berlin um 1944.
Vorschriften regelten die Nutzung und das Verhalten im Inneren der Bunker.

Prams outside a bunker at Potsdamer Platz, Berlin, around 1944.
Regulations governed the use of the bunker and the conduct of people inside it.

ullstein bild – Arthur Grimm (00011700)

bpk (30023450)

Lange Schlangen an einer Wasserpumpe, Berlin, Februar 1945.
Nachdem Bombenangriffe das Trinkwasserleitungsnetz beschädigt hatten, nahm die Stadt die alten Wasserpumpen wieder in Betrieb.

Queueing at a water pump, Berlin, February 1945.
After bomb attacks damaged the drinking water supply, the city brought the old water pumps back into operation.

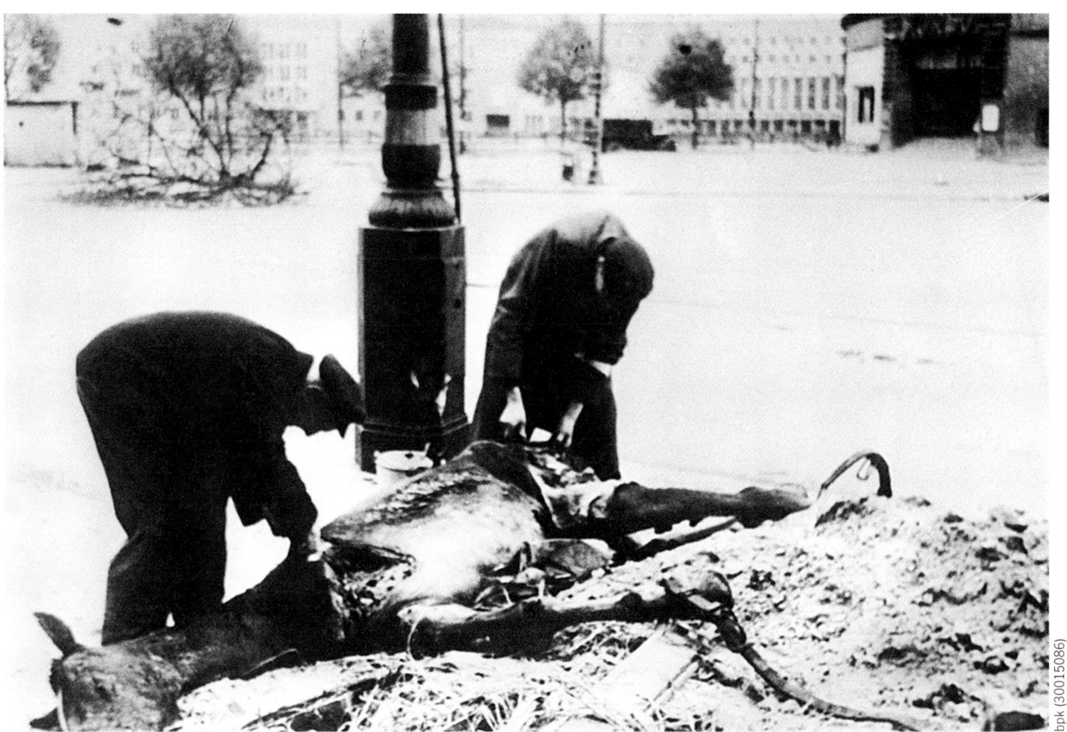

Ausschlachtung eines toten Pferdes, Berlin, Mai 1945.
Die Menschen waren auf Selbsthilfe angewiesen. Sie „organisierten" Essen, wo sie nur konnten. Der Schwarzhandel blühte.

Carving up a dead horse, Berlin, May 1945.
People had to rely on helping themselves. They got hold of food wherever they could. The black market flourished.

„Ich sah indessen an der Straßenecke eine Frau mit einem großen Stück Fleisch [...]. Ich dachte, es werde verteilt, rannte hin und fand ein halbes, noch warmes Pferd auf dem Trottoir und drum herum Männer und Frauen mit Messern und Beilen, die sich Stücke lossäbelten. Ich zog also mein großes Taschenmesser, eroberte mir einen Platz und säbelte auch."

Margret Boveri, 1. Mai 1945

"On the street corner I saw a woman with a big piece of meat [...]. Thinking it was being handed out, I ran there, and found half a horse, still warm, on the pavement, with men and women around it carving off pieces with knives and hatchets. So I took out my big pocketknife, got myself a place and joined in the hacking."

Margret Boveri, 1 May 1945

bpk (30012120)

Provisorische Kochstelle, Nürnberg, um 1944.
In den zerbombten Städten behalfen sich viele Menschen mit solchen provisorischen Kochstellen oder Kochkisten, um etwas Warmes zu sich nehmen zu können.

Temporary cooking area, Nuremberg, around 1944.
In the bombed cities many people set up provisional cooking areas or cooking boxes to be able to eat a hot meal.

bpk – Arthur Grimm (30022659)

Nachrichten für Angehörige und Freunde an einem ausgebombten Haus in Berlin, 1945.
Die Briefzustellung und die Telefonverbindungen wurden bis in die letzten Kriegstage aufrecht erhalten. Nach Bombenangriffen hinterließen viele Menschen überdies Nachrichten an den Ruinen.

Message for family members and friends at a bombed-out house in Berlin, 1945.
Letter delivery and telephone connections were maintained until the last days of the war. Many people left messages at the ruins after bomb attacks.

ullstein bild (00025403)

Privater Gemüseanbau in Berlin, 1945.
Viele Bürger legten zwischen den Trümmern ihrer Häuser kleine Gemüsebeete und Gärten an oder unternahmen „Hamsterfahrten" ins Umland.

Private vegetable gardening in Berlin, 1945.
Many residents planted small vegetable beds and gardens between the rubble of their houses, or went on "supply runs" to the outlying countryside.

SCHRIFTSTELLER ZWISCHEN HEIMATTREUE UND EXIL
WRITERS – HOME LOYALTIES AND EXILE

SZ Photo (00005805)

„Ein Schriftsteller will und muß erleben, wie das Volk, zu dem er gehört, in schlimmen Zeiten sein Schicksal erträgt. Gerade dann ins Ausland zu gehen, rechtfertigt sich nur durch akute Lebensgefahr. Im übrigen ist es seine Berufspflicht, jedes Risiko zu laufen, wenn er dadurch Augenzeuge bleiben und eines Tages schriftlich Zeugnis ablegen kann."

Erich Kästner, um 1946

"A writer wants to, and must, experience how the nation he belongs to endures its fate in hard times. Going abroad at that moment is only justified in situations of acute danger to life. Anyway, it is his professional duty to take on every risk if it means he can remain an eyewitness and give testimony in writing one day."

Erich Kästner, around 1946

Erich Kästner (1899–1974), 1946.
Obwohl der Schriftsteller 1933 in Berlin die Verbrennung seiner Schriften miterlebte, blieb er in Deutschland. Er wurde mehrmals von der Gestapo verhaftet, sein Antrag auf Aufnahme in die Reichsschrifttumskammer abgelehnt, was einem Publikationsverbot gleichkam. Seit 1942 stand sein Name auf der Liste der verbotenen Autoren.

Erich Kästner (1899–1974), 1946.
Although the writer Erich Kästner witnessed the burning of his works in 1933 in Berlin, he stayed in Germany. The Gestapo arrested him several times. He applied for membership of the Reich Chamber of Literature, but was refused, which was equivalent to a publication ban. From 1942 his name was on the Nazis' banned authors list.

BArch Filmarchiv

Filmplakat zum UfA-Film *Münchhausen*, 1942.
Das Drehbuch stammt von Erich Kästner alias „Berthold Bürger". Kästner veröffentlichte bis 1945 unter verschiedenen Pseudonymen unpolitische Theaterstücke und Drehbücher.

Film poster for the Ufa film *Münchhausen*, 1942.
The script was by Erich Kästner, alias Berthold Bürger. Until 1945 Kästner published apolitical theatre plays and scripts under various synonyms.

Library of Congress

Thomas Mann (1875–1955), 1937.
Er gehörte zu den bekanntesten deutschen Schriftstellern. Bereits vor 1933 war er ein scharfer Kritiker der Nationalsozialisten. 1933 emigrierte er in die Schweiz und von dort 1938 in die USA. 1936 entzog ihm das NS-Regime die Staatsbürgerschaft.

Thomas Mann (1875–1955), 1937.
One of Germany's most famous writers, Thomas Mann criticised the Nazis sharply even before 1933. In 1933 he emigrated to Switzerland and from there to the United States in 1938. The Nazi regime cancelled his German citizenship in 1936.

„Es ist schwer zu ertragen. Aber was es leichter macht, ist die Vergegenwärtigung der vergifteten Atmosphäre, die in Deutschland herrscht. Das macht es leichter, weil man in Wirklichkeit nichts verliert. Wo ich bin, ist Deutschland. Ich trage meine deutsche Kultur in mir. Ich lebe im Kontakt mit der Welt und ich betrachte mich selbst nicht als gefallenen Menschen."

Thomas Mann über seine Emigration, 22. Februar 1938

"It is hard to bear. But what makes it easier is the realisation of the poisoned atmosphere in Germany. That makes it easier because it's actually no loss. Where I am, there is Germany. I carry my German culture in me. I have contact with the world and I do not consider myself fallen."

Thomas Mann on his emigration, 22 February 1938

Thomas Mann vor einer Rundfunkansprache, um 1943.
Von Oktober 1940 bis Mai 1945 wandte sich Thomas Mann aus den Vereinigten Staaten an „Deutsche Hörer!". Die fünf- bis achtminütigen Ansprachen wurden nach London übertragen und von dort über die BBC ausgestrahlt. Die letzte Rede wurde am 10. Mai 1945 gesendet.

Thomas Mann before a radio broadcast, around 1943.
From October 1940 to May 1945 Thomas Mann broadcast a series of talks called "Listen Germany!" from the United States. The talks, lasting five to eight minutes, were transmitted to London and broadcast from there by the BBC. The last speech was broadcast on 10 May 1945.

Deutsches Rundfunkarchiv / Hoenisch

ullstein bild, 00218510

„Die zwölf Jahre, die ich außerhalb Deutschlands leben mußte, waren für mich die härtesten Prüfungen meines Lebens; ich möchte beinahe sagen, es war das Fegefeuer, wenn nicht die Hölle. Aber es war eben das, […] daß ich solch ein ganzer Deutscher war, auch mit seinen negativen Eigenschaften, daß ich mich nirgendwo anpassen konnte und eigentlich nur zwölf Jahre lang gewartet habe, um wieder heimkehren zu können."

Johannes R. Becher, 27. Februar 1947

"The twelve years I had to live outside Germany were the hardest test in my life. I could almost call it purgatory, if not hell. The fact is, […] I was so completely German, even with the negative aspects, that I couldn't fit in anywhere and just waited out the twelve years until I could go home again."

Johannes R. Becher, 27 February 1947

Johannes R. Becher (1891–1958), 1940.
Der KPD-nahe Schriftsteller und Dichter floh 1933 zunächst nach Brünn, zwei Jahre später nach Moskau. Bereits 1934 wurde ihm die deutsche Staatsbürgerschaft aberkannt.

Johannes R. Becher (1891–1958), 1940.
The writer, who was close to the German Communist Party, fled first to Brünn, and two years later to Moscow. His German citizenship was already cancelled in 1934.

ullstein bild (00415170)

Johannes R. Becher bei seiner ersten Rundfunkansprache nach Kriegsende, 4. Juli 1945.
Im Juni 1945 kehrte Becher in den sowjetisch besetzten Teil Deutschlands zurück. Er gründete den „Aufbauverlag" und wurde Präsident des „Kulturbundes zur demokratischen Erneuerung Deutschlands". Von ihm stammt der Text zur Nationalhymne der DDR. Von 1954–1958 war er erster Kulturminister der DDR.

Johannes R. Becher making his first radio address after the end of the war, 4 July 1945.
In June 1945 Becher returned to the Soviet-occupied part of Germany. He founded the publisher Aufbau Verlag and became president of the Cultural Federation for the Revival of Democracy in Germany. He wrote the text for the national anthem of the German Democratic Republic, and was the GDR's first minister for culture.

Stiftung Topographie des Terrors

„Radio Moskau“, Funkkarte, undatiert.
Für das deutschsprachige Programm von Radio Moskau verfasste Becher Rundfunkansprachen und Gedichte. Er entwarf aber auch Flugblätter, die sich an deutsche Soldaten richteten.

Radio Moscow card, undated.
Becher wrote radio talks and poems for Radio Moscow's German-language programme. He also drafted leaflets aimed at German soldiers.

MITGLIEDER DES SOLF-KREISES
MEMBERS OF THE SOLF CIRCLE

Gedenkstätte Deutscher Widerstand

Johanna Solf (1887–1954), um 1942.
Mitte der 1930er Jahre bildete sich um Johanna Solf eine Widerstandsgruppe, die Verfolgten des NS-Regimes zur Flucht ins Ausland verhalf. Am 12. Januar 1944 wurde Johanna von der Gestapo verhaftet. Zu einem für den 5. Februar 1945 vor dem Volksgerichtshof gegen sie angesetzten Verfahren wegen Wehrkraftzersetzung, Hoch- und Landesverrat, kam es nicht mehr. Der Präsident des Gerichtshofs, Roland Freisler, war wenige Tage zuvor bei einem Bombenangriff ums Leben gekommen. Johanna wurde Ende April 1945 von Freunden aus dem Untersuchungsgefängnis Moabit befreit und überlebte das Kriegsende.

Johanna Solf (1887–1954), around 1942.
In the mid-thirties a resistance group formed around Johanna Solf to help victims of Nazi persecution to flee abroad. The Gestapo arrested Johanna Solf on 12 January 1944. She was charged with demoralizing the armed forces and committing high treason, but the trial before the People's Court set for 5 February 1945 never took place. The court's presiding judge, Roland Freisler, was killed in an air raid a few days earlier. Friends liberated Johanna Solf from Moabit remand prison at the end of April 1945. She survived the war.

„Dr. Heuss hatte dem letzten anwesenden Justizbeamten, Min. Dirigent Herr, der im Gefängnis vorfuhr, um Brot zu erbetteln, die Erlaubnis abgerungen, uns frei zu lassen. Eine Stunde später erfuhr Goebbels davon, er war Reichsverteidigungskommissar, der zwar einverstanden war, die kriminellen Verbrecher zu entlassen, nicht aber die politischen, da sie ‚Unruhe in die Bevölkerung tragen würden'. Im Chaos der Strassenkämpfe, der Bomben und Schrapnelle konnte man uns jedoch nicht mehr finden."

Johanna Solf, 1947

"Dr. Heuss persuaded the last judicial officer, permanent secretary Herr, who drove up to the prison to scrounge bread, to permit our release. Goebbels, who was Reich minister of defence, learned of this an hour later. He agreed about releasing the criminal offenders, but not the political ones because, he said, they would 'stir up the population'. But they couldn't find us any more amid the chaos of street-fighting, bombs and shrapnel."

Johanna Solf, 1947

ullstein bild (00134696)

Albrecht Graf von Bernstorff (1890–1945), 1933.
Der Jurist war seit 1923 an der Deutschen Botschaft in London tätig. 1933 wurde er von den Nationalsozialisten in den einstweiligen Ruhestand versetzt. Er stand in engem Kontakt zu mehreren Widerstandsgruppen, insbesondere zum Solf-Kreis. 1940 war er kurzzeitig im Konzentrationslager Dachau inhaftiert. Im Juli 1943 verhaftete ihn die Gestapo erneut und brachte ihn ins Hausgefängnis in der Prinz-Albrecht-Straße in Berlin. Kurz vor Kriegsende wurde er am 23./24. April 1945 gemeinsam mit Richard Kuenzer von einem Sonderkommando des Reichssicherheitshauptamtes in der Nähe des Gefängnisses Lehrter Straße in Berlin ermordet.

Albrecht Graf von Bernstorff (1890–1945), 1933.
The jurist worked at the German Embassy in London from 1923 until 1933, when the Nazis sent him into temporary retirement. He was in contact with several resistance groups, particularly the Solf circle, and was briefly detained in Dachau concentration camp in 1940. The Gestapo re-arrested him in July 1943 and took him to the Gestapo house prison in Prinz-Albrecht-Straße in Berlin. Just before the end of the war, on 23/24 April 1945, he was shot dead together with Richard Kuenzer by a special squad from the Reich Security Main Office near Lehrter Straße prison in Berlin.

„Intellektuelle Aufrichtigkeit ist für mich wichtiger, als Karriere zu machen. Der Nationalsozialismus richtet sich gegen alles, wofür ich oder meine Vorfahren immer eingetreten sind: ‚Geist', Toleranz, staatsmännisches Handeln, Einsicht und Menschlichkeit."

Albrecht Graf von Bernstorff, 1933

"Intellectual integrity is more important to me than building a career. Nazism is against anything that I or my ancestors have ever stood for: the 'spirit', tolerance, statesmanship, wisdom and humanity."

Albrecht Graf von Bernstorff, 1933

Gedenkstätte Deutscher Widerstand

Richard Kuenzer (1875–1945), um 1940.
Der Jurist gehörte von 1904 bis 1923 dem Auswärtigen Amt an. Nach seiner Versetzung in den Ruhestand engagierte sich der überzeugte Katholik im „Friedensbund Deutscher Katholiken" und im Widerstandskreis um Johanna Solf. Kuenzer wurde am 5. Juli 1943 festgenommen und noch kurz vor Kriegsende, am 23./24. April 1945 von einem Sonderkommando des Reichssicherheitshauptamtes in der Nähe des Gefängnisses Lehrter Straße in Berlin erschossen.

Richard Kuenzer (1875–1945), around 1940.
A jurist and devout Catholic, Kuenzer was on the staff of the German Foreign Ministry from 1904 to 1923. After retirement he was involved in the German Catholics' Peace Association and in the resistance circle around Johanna Solf. Kuenzer was arrested on 5 July 1943. Just before the end of the war, on 23/24 April 1945, a special squad from the Reich Security Main Office shot him dead near Lehrter Straße prison in Berlin.

SZ Photo (00095206)

„Plünderer werden erschossen“, Warnschild, um 1945.

“Looters will be shot”, warning sign, around 1945.

TERROR GEGEN VOLKSGENOSSEN
TERROR AGAINST ORDINARY GERMANS

RADIKALISIERUNG DES TERRORS
STEPPING UP THE TERROR

„Wer plündert, ist unverzüglich zu erschießen."

Heinrich Himmler, 14. April 1945

"Looters shall be shot immediately."

Heinrich Himmler, 14 April 1945

bpk (00015196)

„Der Feind sieht Dein Licht! – Verdunkeln!", Plakat, um 1945.
Wer die Verdunklungsvorschriften missachtete, riskierte verhaftet und in den letzten Kriegsmonaten auch erschossen zu werden.

"The enemy can see your light! – black out!", poster, around 1945.
People who failed to obey the blackout regulations risked arrest and, in the last months of the war, could actually be shot.

BSB (hoff-54558)

Wegen angeblicher Plünderung ermordeter Soldat, Lauban, März 1945.
Hinter dem Toten ein Schild mit der Aufschrift: „Hingerichtet vom Volkszorn! Der ehemalige Gren. Dittmar hat geplündert. Er wurde standgerichtlich erschossen."

Soldier murdered for alleged looting, Lauban, March 1945.
The sign behind the dead man says, "Executed by the people's fury! Former Gren. Dittmar looted. He was shot dead by order of a summary court martial."

Frauen und Kinder in einem Luftschutzkeller vor dem Radio, Propagandafoto, 1944/1945.
Obwohl das Hören von Feindsendern überaus hart bestraft wurde, nutzten viele diese Sender als Informationsquelle.

Women and children in front of a radio in an air raid shelter, propaganda photo, 1944/1945.
Although listening to enemy stations was very severely punished, many people used these stations to get information.

BArch (146-1981-076-29A)

„Wir alle hingen ständig am Radio, […] vor allem wegen der ‚Fliegermeldungen' und wegen der deutschsprachigen BBC-Meldungen. Letzteres war allerdings lebensgefährlich!"

Erich Renfordt

"We all had our ears glued to the radio constantly, […] especially for the aerial reconnaissance reports. And for the BBC announcements in German – but that was extremely dangerous!"

Erich Renfordt

ullstein bild (00207743)

Generaloberst Ferdinand Schörner, (1892–1973), 1944.
Am 17. Januar 1945 übernahm der überzeugte Nationalsozialist die Führung über die „Heeresgruppe Mitte", die zwischen Weichsel und Oder operierte. Schörner ging brutal gegen angebliche Deserteure vor und bekannte sich bis zuletzt zu Hitler. Dieser bestimmte Schörner am 30. April in seinem politischen Testament zum Oberbefehlshaber des Heeres.

Colonel-General Ferdinand Schörner (1892–1973), 1944.
On 17 January 1945 Schörner, a staunch Nazi, became head of Army Group Mitte, which operated between the Weichsel and Oder rivers. Schörner treated alleged deserters brutally and stayed loyal to Hitler right to the very end. On 30 April 1945, in his political testament, Hitler named Schörner as commander-in-chief of the Army.

„Der Führer ist auch der Meinung, daß Schörner einer unserer hervorragendsten Heerführer ist. […] Deserteure finden bei ihm keine Gnade. Sie werden am nächsten Baum aufgeknüpft, und ihnen wird ein Schild um den Hals gehängt mit der Aufschrift: ‚Ich bin ein Deserteur. Ich habe mich geweigert, deutsche Frauen und Kinder zu beschützen, und bin deshalb aufgehängt worden.' Solche Methoden wirken natürlich."

Joseph Goebbels, 12. März 1945

"The Führer agrees that Schörner is one of our most outstanding military leaders. […] He shows deserters no mercy. They are strung up on the nearest tree with a sign around their necks saying, 'I am a deserter. I have refused to protect German women and children and have been hanged as a result.' Such methods are effective, of course."

Joseph Goebbels, 12 March 1945

Alfred Gail (1925–1945), 1944.
Der in Dänemark stationierte Marinefunker erfuhr am 5. Mai von der Teilkapitulation der Wehrmacht, die auch für seine Einheit galt. Er verließ die Truppe, um sich mit drei Kameraden nach Deutschland durchzuschlagen. Sie wurden verhaftet und zu ihrer Einheit zurückgebracht. Die Truppe schiffte sich am 7. Mai ein und erreichte am folgenden Tag die Geltinger Bucht bei Flensburg.

Alfred Gail (1925–1945), 1944.
On 5 May 1945, Gail, a naval radio operator stationed in Denmark, heard about the partial surrender of the Wehrmacht, which included his unit. He left the troop to try and make his way back to Germany with three comrades. They were arrested and brought back to their unit. The troop embarked on a ship on 7 May and arrived in Gelting Bay near Flensburg the following day.

Privatbesitz / Private collection

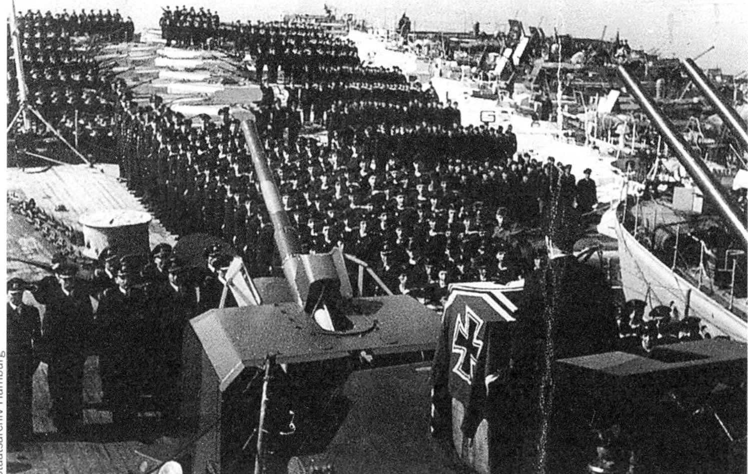

Staatsarchiv Hamburg

Feierliche Einholung der Kriegsflagge auf den in der Geltinger Bucht liegenden Schnellbooten am Tag der Kapitulation Deutschlands, 8. Mai 1945.
Einen Tag später verurteilte ein eigens eingerichtetes Kriegsgericht Alfred Gail und zwei seiner Begleiter wegen Fahnenflucht zum Tode, den Dritten zu einer dreijährigen Zuchthausstrafe. Die Todesurteile wurden am 10. Mai an Bord eines Schiffes vollstreckt.

The Nazi war flags were ceremonially lowered on the speedboats in Gelting Bay on the day of Germany's capitulation, 8 May 1945.
The following day a specially convened military court sentenced Alfred Gail and two of his companions to death for desertion. The third companion received a three-year prison sentence. The death sentences were carried out on board a ship on 10 May.

„Ich bin heute mit noch zwei Kameraden zum Tode verurteilt worden wegen Fahnenflucht. […] Wir werden nun die letzten Opfer dieses Krieges sein, und auch umsonst, wie so viele Gefallene."

Alfred Gail an seine Eltern, 9. Mai 1945

"Today I have been condemned to death for desertion with two other comrades. […] Now we will be the last victims of this war, and all for nothing, like so many who died in action."

Alfred Gail to his parents, 9 May 1945

BRETTHEIM
BRETTHEIM

Archiv Erinnerungsstätte Brettheim

Das Dorf Brettheim (Baden-Württemberg), undatiert.
Am 7. April 1945 erschienen vier mit Panzerfäusten bewaffnete Hitlerjungen in Brettheim, um den Ort gegen die nur wenige Kilometer entfernten amerikanischen Truppen zu verteidigen.

The village of Brettheim (Baden-Württemberg), undated.
On 7 April 1945 four Hitler Youth members armed with anti-tank guns appeared in Brettheim to defend the village against the US troops that were only a few kilometres away.

Archiv Erinnerungsstätte Brettheim

Bauer Friedrich Hanselmann (links) und Gemeindediener Friedrich Uhl, undatiert.
Um das Dorf vor sinnlosen Kämpfen zu bewahren, entwaffneten und vertrieben beide die Hitlerjungen und versenkten deren Waffen im Dorfteich. Die Hitlerjungen zeigten den Vorfall an. Während Uhl die Flucht gelang, wurde Hanselmann verhaftet.

Farmer Friedrich Hanselmann (left) and municipal officer Friedrich Uhl, undated.
To spare the village from wasteful fighting, the two men disarmed the Hitler Youth members, chased them off and sank their weapons in the village pond. The Hitler Youth members reported the incident. Uhl managed to escape, but Hanselmann was arrested.

Archiv Erinnerungsstätte Brettheim

SS-Gruppenführer und Generalleutnant der Waffen-SS Max Simon, seit Oktober 1944 Befehlshaber des XIII. SS-Armeekorps, undatiert.
Als Simon von den Vorfällen erfuhr, entsandte er den SS-Sturmbannführer Friedrich Gottschalk nach Brettheim.

Max Simon, SS group leader and lieutenant-general of the Waffen SS, commander of the XIIIth SS Army Corps from October 1944, undated.
When Simon heard of the incident he despatched SS major Friedrich Gottschalk to Brettheim.

„In Brettheim ist eine Schweinerei passiert, fahren Sie sofort hin und klären Sie die Sache!"

Max Simon, 7. April 1945

"Something outrageous has happened in Brettheim. Go there immediately and sort things out!"

Max Simon, 7 April 1945

Archiv Erinnerungsstätte Brettheim

SS-Sturmbannführer Friedrich Gottschalk, undatiert.
Er setzte in Brettheim ein von ihm selbst geleitetes Standgericht ein. Es verurteilte Hanselmann und den flüchtigen Uhl wegen Wehrkraftzersetzung zum Tode. Hanselmann wurde am 10. April 1945 gehängt. Ihm wurde ein Schild mit der Aufschrift „Ich bin der Verräter Hanselmann" umgehängt.

SS major Friedrich Gottschalk, undated.
Gottschalk convened and personally chaired a summary court martial in Brettheim. It passed death sentences for subversion of the war effort on Hanselmann and on Uhl, who was on the run. Hanselmann was hanged on 10 April 1945. A sign hung around his neck said, "I am the traitor Hanselmann".

„Weil ich Sonntagnacht nicht hart genug war und nicht unterschrieb, darum muß ich sterben."

Leonhard Wolfmeyer an seine Frau, 10. April 1945

"I have to die because I wasn't tough enough on Sunday night and didn't sign [the death sentence]."

Leonhard Wolfmeyer to his wife, 10 April 1945

Archiv Erinnerungsstätte Brettheim

Leonhard Gackstatter (links), seit 1910 Bürgermeister von Brettheim, und Leonhard Wolfmeyer, Ortsgruppenleiter der NSDAP, undatiert.
Sie weigerten sich am 7. April 1945 das Todesurteil gegen Hanselmann und Uhl zu unterschreiben. Beide wurden verhaftet, standgerichtlich zum Tode verurteilt und am 10. April gehängt. Vier Tage hingen ihre Leichen an Bäumen, um den Hals trugen sie Schilder mit der Aufschrift „Ich habe mich schützend vor den Verräter Hanselmann gestellt."

Leonhard Gackstatter (left), mayor of Brettheim from 1910, and Leonhard Wolfmeyer, local Nazi Party group leader, undated.
On 7 April 1945 the two men refused to sign the death sentence passed on Hanselmann and Uhl. They were both arrested, sentenced to death by a summary court martial and hanged on 10 April. Their bodies hung from trees for four days with signs hung around their necks saying, "I shielded the traitor Hanselmann."

Bekanntmachung

Standgerichtlich wurden zum Tode verurteilt

Volkssturmmann Rößler aus Rothenburg o. Tbr.
Volkssturmmann Hanselmann aus Brettheim
Volkssturmmann Uhl aus Brettheim
Bürgermeister Gackstatter aus Brettheim
Ortsgruppenleiter Wolfmeyer aus Brettheim.

Rößler hat, als er vor dem Feinde eingesetzt werden sollte, schon nach wenigen Stunden heimlich die Stellung verlassen und sich unerlaubt nach Rothenburg o. d. Tbr. zurückbegeben. Die Fortführung des Kampfes an der Front überließ er den anständigen Kameraden seiner Volkssturmkompanie.

Hanselmann und Uhl haben vier Hitlerjungen, die als Panzerknacker auf dem Marsch gegen den Feind waren, entwaffnet, geschlagen, fortgejagt und sämtliche Waffen vernichtet.

Gackstatter und Wolfmeyer haben sich schützend vor den Verräter Hanselmann gestellt.

Das Urteil gegen Rößler ist durch Erschießung, gegen Hanselmann, Gackstatter und Wolfmeyer durch Erhängen bereits vollstreckt worden. — Uhl ist flüchtig und wird verfolgt. Wer ihm Unterschlupf und Hilfe gewährt, wird ebenfalls mit dem Tode bestraft.

Das Deutsche Volk ist entschlossen, mit zunehmender Schärfe solche feigen, selbstsüchtigen und pflichtvergessenen Verräter auszumerzen und wird nicht davor zurückschrecken, auch deren Familien aus der Gemeinschaft des in Ehren kämpfenden Deutschen Volkes zu streichen.

Der Kommandierende General
gez. Simon
SS-Gruppenführer und Generalleutnant der Waffen-SS

Archiv Erinnerungsstätte Brettheim

Bekanntmachung der Standgerichtsurteile, April 1945.
Derartige Mitteilungen wurden zur Abschreckung im gesamten Umkreis aufgehängt.

Notice of the summary court martial judgement, April 1945.
Announcements like this were posted up across the entire locality as a deterrent.

Archiv Erinnerungsstätte Brettheim

Das zerstörte Brettheim, April 1945.
In den folgenden Tagen verschanzten sich Angehörige von Wehrmacht und SS in Brettheim, erklärten es zu „einem Eckpfeiler der deutschen Verteidigung" und leisteten den US-Truppen erbitterten Widerstand. Am 17. April nahmen die Amerikaner das Dorf schließlich ein. Brettheim lag in Trümmern.

Brettheim in ruins, April 1945.
In the following days Wehrmacht and SS members entrenched themselves in Brettheim, declared it to be "a cornerstone of the German defence", and bitterly resisted the US troops. The Americans finally captured the village on 17 April. Brettheim lay in ruins.

TORGAU, 25. APRIL 1945
TORGAU, 25 APRIL 1945

Archiv Erinnerungsstätte Brettheim

Symbolischer Handschlag von Soldaten der 1. US-Armee und der sowjetischen 5. Garde-Armee auf der zerstörten Elbbrücke bei Torgau, 26. April 1945.
Die Aufnahme wurde zu Propagandazwecken nachgestellt. Beide Einheiten waren bereits am Abend zuvor aufeinander getroffen.

Symbolic handshake between soldiers of the US First Army and the Soviet 5th Guards Army on the destroyed Elbe bridge near Torgau, 26 April 1945.
The scene was reconstructed for the sake of propaganda. In fact, the two units had already met up the evening before.

DER „ENDKAMPF" UM BERLIN

Am 16. April 1945 begann die Schlacht um Berlin, die Hauptstadt des „Dritten Reiches". Rund 2,5 Millionen Soldaten der Roten Armee standen etwa eine Million Deutsche gegenüber – Soldaten der Wehrmacht, Angehörige der Waffen-SS, der Polizei und des Volkssturms, Hitlerjungen und vereinzelt Frauen.

Trotz der feindlichen Übermacht befahl Hitler, Berlin bis zum letzten Mann zu verteidigen. Noch am 24. April 1945, als die ersten sowjetischen Truppen die Stadtgrenze Berlins bereits überschritten hatten, ernannte er General Helmuth Weidling zum Kampfkommandanten.

Berlin hatte sich so gut wie möglich gegen den Angriff gerüstet. Lebensmittellager für die zu diesem Zeitpunkt noch etwa 2,7 Millionen Einwohner waren angelegt, Barrikaden errichtet und ein Verteidigungsplan ausgearbeitet. Allerdings gab es nicht genug Luftschutzbunker für die den täglichen Luft- und Artillerieangriffen ausgesetzten Berliner. Zehntausende starben. Die noch verbliebenen Regierungs-, Wehrmachts- und SS-Dienststellen wurden evakuiert und die Vernichtung aller amtlichen Dokumente angeordnet. Tatsächliche oder vermeintliche Regimegegner wurden ermordet, Deserteure und Zivilisten, die sich kritisch äußerten, erschossen.

Hitler, der seinen Bunker unterhalb der Reichskanzlei am 20. März letztmals verlassen hatte, beging am 30. April Selbstmord. Als Kampfkommandant Weidling am 2. Mai befahl, die Waffen niederzulegen, lag Berlin in Trümmern. Zwölf Jahre NS-Herrschaft hatten aus der Stadt „das größte zusammenhängende Ruinengebiet Deutschlands und Europas" gemacht.

Mit der Kapitulation Berlins war der Krieg jedoch nicht zu Ende. Hitler hatte Großadmiral Karl Dönitz zu seinem Nachfolger bestimmt. Dieser ließ von Flensburg aus die Kampfhandlungen zunächst fortsetzen. Erst mit der in der Nacht vom 8. zum 9. Mai in Berlin-Karlshorst unterzeichneten deutschen Gesamtkapitulation war der Zweite Weltkrieg in Europa endgültig beendet.

Sowjetische Panzer rollen durch einen Außenbezirk von Berlin, 28. April 1945.
An einer Hauswand die Durchhalteparole „Berlin bleibt deutsch“.

Soviet tanks rolling through a Berlin suburb, 28 April 1945.
The slogan on the wall says, “Berlin will stay German”.

ullstein bild – AKG (00748433)

ullstein bild – Fritz Eschen (00025448)

„Dazu brauchte Hitler 12 Jahre Zeit“, Text an einer Fassade in der Pfalzburger Strasse in Berlin-Wilmersdorf, 1945.

“Hitler took 12 years to do this”, graffiti in Pfalzburger Strasse in Berlin-Wilmersdorf, 1945.

THE BATTLE OF BERLIN

The battle of Berlin, capital of the German Reich, began on 16 April 1945. Around 2.5 million soldiers from the Soviet Army confronted around one million Germans – Wehrmacht soldiers, members of the Waffen SS, the police and the People's Storm, the Hitler Youth, and a scattering of women.

Although greatly outnumbered by the enemy, Hitler ordered Berlin to be defended to the last man. On 24 April 1945, even after the first Soviet troops had already crossed the city boundary, he appointed General Helmuth Weidling as combat commander.

Berlin had prepared for the assault as far as possible. Food supplies were stored for around 2.7 million residents who were still in the city, barricades were erected and a defence plan was drawn up. But there were not enough air raid shelters for the Berliners, who faced daily air and artillery attacks. Tens of thousands died. The remaining government, Wehrmacht and SS offices were evacuated and the authorities ordered all official documents to be destroyed. Real or suspected opponents of the Nazi regime were murdered, deserters and civilians who expressed critical opinions were shot dead.

Hitler went outside his bunker beneath the Reich Chancellery for the last time on 20 March. He committed suicide on 30 April. On 2 May, Commander Weidling ordered the fighting to stop. Berlin lay in ruins. Twelve years of Nazi rule had turned Berlin into the largest single area of ruins in Germany and Europe.

Berlin had surrendered, but the war was still not over. Hitler had named Admiral Karl Dönitz as his successor. At first Dönitz continued the fighting from his base in Flensburg. Finally, on the night of 8/9 May 1945, the document of unconditional surrender for the whole of Germany was signed in Berlin-Karlshorst, and the Second World War came to an end in Europe.

BERLIN UND DIE ROTE ARMEE
BERLIN AND THE SOVIET ARMY

Verteidigungsplan für Berlin, März 1945.
Mit dem „Grundsätzlichen Befehl für die Vorbereitung zur Verteidigung der Reichshauptstadt" vom 9. März 1945 wurde die Stadt in mehrere Verteidigungsringe unterteilt. Der innerste Verteidigungsring umfasste das Regierungsviertel.

Defence plan for Berlin, March 1945.
The "Basic Order for preparing for defence of the Reich capital" of 9 March 1945 divided the city into several defence rings. The innermost ring contained the government quarter.

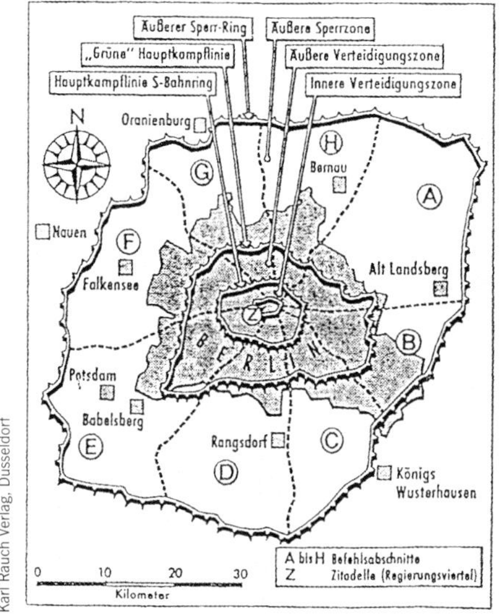

Karl Rauch Verlag, Düsseldorf

„Die Reichshauptstadt wird bis zum letzten Mann und bis zur letzten Patrone verteidigt."

Generalleutnant Hellmuth Reymann, 9. März 1945

"The Reich capital will be defended to the last man and the last ammunition round."

Lieutenant General Hellmuth Reymann, 9 March 1945

Panzersperren aus Straßenbahnen am „Knie" (heute: Ernst-Reuter Platz), April 1945.
Um den Einmarsch der Roten Armee aufzuhalten, wurden in ganz Berlin Verkehrsknotenpunkte blockiert.

Anti-tank barriers made of trams were erected at the "Knee" junction (now Ernst-Reuter Platz), April 1945.
Traffic junctions throughout Berlin were blocked to prevent the advance of the Red Army.

Landesarchiv Berlin (0020185)

ullstein bild – Arthur Grimm (00110840)

Zwangsarbeiter und Angehörige des Volkssturms heben im Schlosspark Friedrichsfelde Schützengräben aus, März 1945.

Forced labourers and People's Storm members digging trenches in Schlosspark Friedrichsfelde, March 1945.

Ausbildung von Angehörigen des Volkssturms an der Panzerfaust, Berlin, Februar 1945.
Zur Verteidigung Berlins standen etwa eine Million Männer bereit, eine bunte Mischung aus Soldaten der Wehrmacht, der Waffen-SS, schlecht ausgebildeten Volkssturmmännern und Hitlerjungen.

Training People's Storm members to use anti-tank guns, Berlin, February 1945.
Around one million men were assembled to defend Berlin, a motley crowd composed of soldiers from the Wehrmacht and Waffen SS, poorly trained men from the People's Storm, and Hitler Youth members.

BArch (183-J31391)

BArch (183-E0406-0022-012)

Sowjetische Artillerie im Umland von Berlin, April 1945.
Am 16. April eröffnete die Rote Armee ihre Offensive auf Berlin. Am 25. April war die Stadt eingekesselt. Vier Tage später durchbrachen sowjetische Soldaten den innersten Verteidigungsring Berlins und eroberten das Regierungsviertel.

Soviet artillery on the outskirts of Berlin, April 1945.
The Red Army launched its offensive against Berlin on 16 April. By 25 April Berlin was encircled. Four days later Soviet soldiers broke through Berlin's innermost defence ring and seized the government quarter.

akg-images (125125)

Sowjetische Panzer passieren die Stadtgrenze von Berlin, April 1945.

Soviet tanks crossing the Berlin city boundary, April 1945.

ullstein bild (00022448)

Soldaten der Roten Armee beschießen vom Rüdesheimer Platz in Friedenau aus die Innenstadt von Berlin, 24. April 1945.

Soviet Army soldiers firing at Berlin's inner city from Rüdesheimer Platz in Friedenau, 24 April 1945.

akg-images (8-1945-4-30-A1-4)

Sturmangriff sowjetischer Soldaten in der Moltkestraße, 1. Mai 1945.
Am 2. Mai befahl der letzte Kampfkommandant Berlins, General Weidling, die Einstellung der Kampfhandlungen und kapitulierte. Die Rote Armee ließ diese Kapitulation über Lautsprecher verbreiten.

Assault by Soviet soldiers in Moltkestraße, 1 May 1945.
The following day Berlin's last commander, General Weidling, ordered the capitulation of the city. The Soviet army broadcast the ceasefire order over loudspeakers.

HITLER – VERFALL EINES MYTHOS
HITLER – THE COLLAPSE OF A MYTH

ullstein bild (00031738)

Adolf Hitler besucht an der Oder stationierte Einheiten der Wehrmacht, März 1945.
Es war sein letzter Aufenthalt an der Front. Seit Januar 1945 hielt sich Hitler fast ununterbrochen in Berlin auf. Da die Reichskanzlei im Februar 1945 bei einem Bombenangriff schwer beschädigt worden war, lebte er im „Führerbunker" der Reichskanzlei.

Adolf Hitler visiting Wehrmacht units stationed at the River Oder, March 1945.
This was his last visit to the front. Hitler stayed in Berlin almost all the time from January 1945 on. As the Reich Chancellery was severely damaged by aerial bombing in February, he lived in the Führer's bunker under the Chancellery.

Letzter öffentlicher Auftritt Hitlers, 20. März 1945.
Im Garten der Reichskanzlei verlieh er zwanzig Hitlerjungen das Eiserne Kreuz. Dritter von rechts: Alfred Czech, rechts daneben Wilhelm Hübner.

Adolf Hitler at his last public appearance, 20 March 1945.
He is awarding the Iron Cross to 20 Hitler Youth members in the Reich Chancellery garden. Third from right: Alfred Czech, second from right, Wilhelm Hübner.

ullstein bild (00020873)

„Wenn der Krieg verloren geht, wird auch das Volk verloren sein."

Adolf Hitler, 18. März 1945

„If the war is lost, the nation will be lost."

Adolf Hitler, 18 March 1945

bpk (30008130)

Hitler mit seinem Adjutanten Julius Schaub in den Ruinen der Neuen Reichskanzlei, 21. April 1945.
Hitler, der sein Volk in den Zweiten Weltkrieg geführt hatte und sich weigerte zu kapitulieren, stahl sich letztlich aus der Verantwortung. Er nahm sich am 30. April 1945 im Führerbunker das Leben, nachdem er in seinem Politischen Testament Wehrmacht und Volksgenossen zum Weiterkämpfen aufgefordert und Großadmiral Karl Dönitz zum Nachfolger bestimmte hatte.

Hitler with his adjutant Julius Schaub in the ruins of the New Reich Chancellery, 21 April 1945.
Hitler, who had led his nation into the Second World War and refused to capitulate, ended by abandoning responsibility. He killed himself on 30 April 1945 in the Führer's bunker, after calling on the Wehrmacht and "national comrades" to continue fighting, and naming Admiral Karl Dönitz as his successor.

Der Panzerbär

Lesen und weitergeben!

24. April 1945

KAMPFBLATT FÜR DIE VERTEIDIGER GROSS-BERLINS

Der Führer in Berlin

Schlacht um Berlin in voller Heftigkeit

Erfolgreiche Abwehr und Gegenangriffe im Süden der Ostfront – Lage im Westen kaum verändert

Aus dem Führerhauptquartier 23. April

Das Oberkommando der Wehrmacht gibt bekannt:

Im ostmärkischen Grenzgebiet gewannen unsere Gegenangriffe im Frontbogen südlich des Semmering weiter Boden.

Südöstlich St. Pölten drückt der Gegner vergeblich gegen den Goelsenabschnitt nach Süden. In den Kampfabschnitten nordwestlich Mistelbach und südlich Brünn scheiterten erneute Durchbuchsversuche der Bolschewisten nach harten Kämpfen. Nordöstlich Mährisch-Ostrau konnte der vorübergehend verlorengegangene Zusammenhang der Front wieder hergestellt werden.

Zwischen den Sudeten und dem Stettiner Haff wird schwer gekämpft. Starke feindliche Kräfte sind durch schwungvoll geführte Gegenangriffe nordwestlich Görlitz von ihren rückwärtigen Verbindungen abgeschnitten und dadurch am weiteren Vordringen nach Westen behindert. Die tapfere Besatzung von Bautzen hielt auch gestern zahlreichen bolschewistischen Angriffen stand. Auch bei Spremberg leisten unsere Kampfgruppen den anstürmenden Sowjets erbitterten Widerstand. Dagegen ging Kottbus nach zäher Verteidigung verloren.

Die Schlacht um die Reichshauptstadt ist in voller Heftigkeit entbrannt. Südlich der Stadt fingen unsere Truppen starke Panzerkräfte der Bolschewisten in der Linie Beelitz – Trebbin – Teltow – Dahlewitz auf. Der verlorengegangene Bahnhof Köpenick wurde im Gegenstoß wieder genommen. Ein feindlicher Einbruch entlang der Prenzlauer Allee wurde abgeriegelt. Nördlich der Stadt drangen sowjetische Angriffsspitzen bis zur Havel vor, die sie vergeblich zu überschreiten suchten.

Im Raum von Frankfurt und an der nördlichen Oderfront dauern wechselvolle Kämpfe an.

Auf der Landzunge von Pillau wurden die mit starker Schlachtfliegerunterstützung gegen unsere Sperrlinie vorgetragenen Angriffe im wesentlichen abgeschlagen; um eine Einbruchsstelle wird noch gekämpft.

Die Besatzung des Atlantikstützpunktes St. Nazaire wies wiederholte Angriffe der Amerikaner zum Teil im Nahkampf ab. Durch unser zusammengefaßtes Abwehrfeuer hatte der Feind hohe blutige Verluste. Mehrere Panzer, Maschinengewehre und Gefangene wurden eingebracht.

In Nordwestdeutschland blieb die Lage trotz fortgesetzter Angriffe des Gegners an den bisherigen Schwerpunkten unverändert.

Zwischen Dessau und Eilenburg haben unsere Truppen nach schweren Kämpfen neue Sicherungslinien auf dem Ostufer der Mulde aufgebaut.

Im sächsischen Kampfraum und im Vogtland beschränkten sich die Amerikaner auch gestern auf örtliche Aufklärungsvorstöße. Dagegen verstärkten sie

Aufruf des Gauleiters: Männer Berlins!

Reichsminister Dr. Goebbels gibt folgendes bekannt:

Der Feind ist in einige Außenbezirke der Reichshauptstadt eingedrungen. Er wird mit äußerster Entschlossenheit und Einsatz aller Mittel bekämpft, und zwar unter dem Befehl des Führers, der in Berlin weilt.

Berlin kämpft!

Wenn anderslautende Parolen auftauchen, wenn insbesondere von irgendeiner Kapitulation die Rede ist, so sind dies Gerüchte, die von feindlichen Agenten, die sogar in deutscher Uniform auftauchen, ausgegeben werden. Ihnen ist mit aller Schärfe entgegenzutreten.

Männer Berlins, Soldaten der Wehrmacht und Kämpfer des Volkssturms! In unserer Hand liegt das Schicksal der Reichshauptstadt. Wir haben in unseren Mauern die Waffen, die notwendig sind, und wir haben auch den Mut, diese Waffen anzuwenden und einzusetzen. Wir kämpfen für unsere Frauen und Kinder. Wir kämpfen in den Trümmern unserer Stadt, die wir einmal wieder aufbauen wollen, schöner als sie war.

Manche Stadt des deutschen Ostens hat uns ein Beispiel gegeben, wie man gegen Bolschewisten kämpft. Am leuchtendsten ist das Beispiel von Breslau, das nun schon so lange alle Angriffe der Bolschewisten abgewehrt hat.

Berlin wird sich von diesem Beispiel nicht beschämen lassen.

Berlin wird den Bolschewisten nicht übergeben.

Die Reichshauptstadt selbst steht jetzt mit ihrer ganzen Kraft in der Lücke der Ostfront, die der Feind riß, dieser Ostfront, deren nördlicher und südlicher Abschnitt allen Angriffen standgehalten hat. Neue Kräfte werden in Kürze in diesen unseren Kampf eingreifen. Vor Berlin muß und wird der bolschewistische Ansturm zerschellen.

Friedrich der Große an den Prinzen Heinrich

Es ist nicht schwer, Leute zu finden, die dem Staate in leichten und glücklichen Zeiten dienen; gute Bürger sind die, die dem Staate in einer Zeit der Gefahr und des Unglücks dienen.

ullstein bild (00011727)

„Der Führer in Berlin", Titelschlagzeile des *Panzerbär* vom 24. April 1945.
Die eigens von Goebbels für Berlin herausgegebene Zeitung erweckt den Eindruck, Hitler stehe an der Spitze seiner Truppen. Dabei verließ Hitler zu dieser Zeit den Führerbunker nicht mehr. Der Mythos des „kämpfenden Führers" wurde auch nach Hitlers Selbstmord aufrecht erhalten.

"The Führer in Berlin," front-page headline of *Panzerbär*, 24 April 1945.
The newspaper Goebbels published especially for Berlin gave the impression Hitler was standing at the head of his troops. In fact, by that time Hitler never left the Führer's bunker again. The myth of the "fighting Führer" was maintained even after Hitler's suicide.

> *„An der Spitze der heldenmütigen Verteidiger der Reichshauptstadt ist der Führer gefallen. Von dem Willen beseelt, sein Volk und Europa vor der Vernichtung durch den Bolschewismus zu erretten, hat er sein Leben geopfert."*
>
> Rundfunkmeldung des OKW, 1. Mai 1945

> *"The Führer has fallen while commanding the heroic defenders of the Reich capital. Inspired by the will to save his people and Europe from annihilation by Bolshevism, he has sacrificed his life."*
>
> Radio announcement by the Wehrmacht High Command, 1 May 1945

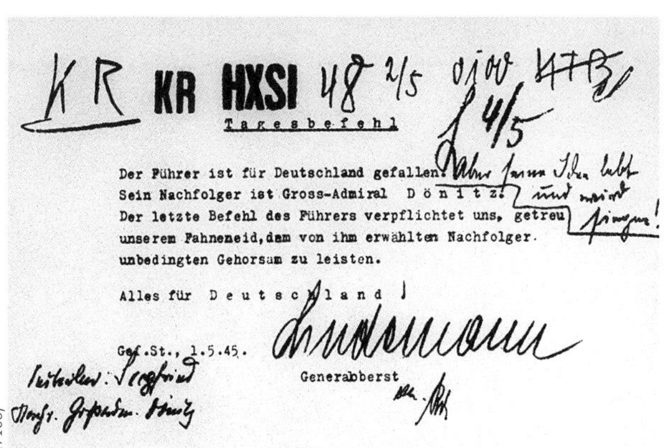

KR HXSI

Tagesbefehl

Der Führer ist für Deutschland gefallen.
Sein Nachfolger ist Gross-Admiral Dönitz.
Der letzte Befehl des Führers verpflichtet uns, getreu unserem Fahneneid, dem von ihm erwählten Nachfolger unbedingten Gehorsam zu leisten.

Alles für Deutschland

Gef.St., 1.5.45.

Lindemann

Generaloberst

bpk (30017105)

Tagesbefehl von Generaloberst Georg Lindemann, Wehrmachtbefehlshaber in Dänemark, an seine Truppen, 1. Mai 1945.
Er befahl ihnen weiterzukämpfen und Hitlers Nachfolger Großadmiral Karl Dönitz unbedingten Gehorsam zu leisten.

Order of the day from Colonel-General Georg Lindemann, Wehrmacht commander in Denmark, 1 May 1945.
He told his troops to keep on fighting and to obey Hitler's successor, Admiral Karl Dönitz, unconditionally.

HITLERS UMFELD – WEITERMACHEN ODER FORTSTEHLEN?
HITLER'S CIRCLE – KEEP GOING OR SNEAK OFF?

ullstein bild (00003899)

Großadmiral Karl Dönitz (1891–1980), um 1943.
Dönitz war von Hitler in seinem Politischen Testament zum Nachfolger ernannt worden. Er amtierte auf dem Marinestützpunkt Mürwik bei Flensburg. Er befahl der Wehrmacht zunächst, die Kämpfe vor allem im Osten fortzusetzen, um möglichst viele Soldaten und Zivilisten aus Ostpreußen und Kurland evakuieren zu können. Zugleich strebte er den Abschluss von Teilkapitulationen mit den Westalliierten an. Nach der Kapitulation Deutschlands am 8. Mai 1945 blieb Dönitz im Amt. Am 23. Mai wurde er verhaftet, im Nürnberger Hauptkriegsverbrecherprozess vor Gericht gestellt und am 1. Oktober 1946 zu zehn Jahren Haft verurteilt.

Admiral Karl Dönitz (1891–1980), around 1943.
Hitler named Dönitz as his successor in his political testament. Dönitz assumed office at the naval base of Mürwik near Flensburg. He began by ordering the Wehrmacht to keep on fighting, particularly in Eastern Europe, to enable evacuation of the maximum number of soldiers and civilians from East Prussia and Courland. At the same time he tried to negotiate a partial surrender with the Western allies. Dönitz remained in office after Germany capitulated on 8 May 1945. He was arrested on 23 May, indicted at the Nuremberg Trial of the Major War Criminals, and sentenced to 10 years' imprisonment on 1 October 1946.

ullstein bild (00060831)

Joseph Goebbels (1897–1945), Reichspropagandaminister und Gauleiter von Berlin, beim Abschreiten einer Kampfgruppe in Lauban, 7. März 1945.
Im Vordergrund der 16-jährige Wilhelm Hübner, der von Goebbels für seine Dienste als Meldegänger mit dem Eisernen Kreuz ausgezeichnet wurde. Goebbels, den Hitler in seinem Politischen Testament noch zum Reichskanzler bestimmte, beging am 1. Mai 1945 – kurz nach Hitlers Tod – Selbstmord.

Joseph Goebbels (1897–1945), Reich propaganda minister and Nazi Party leader of Berlin, inspecting a combat group in Lauban, 7 March 1945.
In the foreground is 16-year-old Wilhelm Hübner, who received the Iron Cross from Goebbels for his services as a despatch runner. Goebbels was appointed Reich chancellor in Hitler's political testament. On 1 May 1945, a day after Hitler's death, he committed suicide in the Führer's bunker.

BArch (183-J28608)

Der Befehlshaber des Ersatzheeres und Chef der deutschen Polizei, Reichsführer SS Heinrich Himmler (1900–1945) zeichnet Scharfschützen aus, Ostfront, Januar 1945.
Himmler, der für die Ermordung von Millionen Menschen mitverantwortlich war, versuchte sich in der Endphase des Krieges zu retten. Er knüpfte insgeheim Kontakte zu den Westalliierten. Am 29. April 1945 enthob Hitler ihn deshalb all seiner Ämter und befahl seine Verhaftung. Himmler setzte sich nach Flensburg ab und hoffte, Innenminister der neuen Regierung Dönitz zu werden. Im Mai 1945 geriet er unerkannt in britische Gefangenschaft. Nach seiner Entdeckung, beging er am 23. Mai 1945 Selbstmord.

Commander of the Reserve Army and chief of the German police, Reich SS Leader Heinrich Himmler (1900–1945), decorating snipers at the eastern front, January 1945.
Himmler, who was responsible for the murder of millions of people, tried to save his own skin in the final phase of the war by secretly contacting the Western allies. Consequently, on 29 April 1945 Hitler dismissed him from all his offices and ordered his arrest. Himmler absconded to Flensburg, hoping to become interior minister in Dönitz's new government. In May 1945 the British accidentally took him prisoner without recognising him. After his discovery he committed suicide on 23 May 1945.

ullstein bild (00046195)

Martin Bormann (1900–1945), Oktober 1943.
Der Leiter der Partei- und der Reichskanzlei gehörte in der Endphase des Krieges zu den mächtigsten Männern in Hitlers Umfeld. Bormann starb Anfang Mai bei dem Versuch, Berlin zu verlassen. Da sein Tod lange ungeklärt war, wurde er im Nürnberger Hauptkriegsverbrecherprozess in Abwesenheit angeklagt und zum Tode verurteilt.

Martin Bormann (1900–1945), October 1943.
The head of the Nazi party chancellery and the Reich Chancellery, he was one of the most influential men around Hitler in the final stage of the war. Bormann died at the beginning of May trying to leave Berlin. As his death remained unconfirmed for a long time, he was indicted in his absence in the Nuremberg Trial of the Major War Criminals and sentenced to death.

SZ Photo (00000292)

Albert Speer (1905–1981, 2ter von links), bei einer Lagebesprechung mit Hitler während der Ardennenoffensive, Januar 1945.
Speer, Hitlers Chefarchitekt und Rüstungsminister, wurde nach Hitlers Tod Reichswirtschaftsminister der Regierung Dönitz. Am 23. Mai 1945 wurde er verhaftet und im Nürnberger Hauptkriegsverbrecherprozess zu 20 Jahren Zuchthaus verurteilt. 1966 wurde er aus dem Alliierten Kriegsverbrechergefängnis in Berlin-Spandau entlassen.

Albert Speer (1905–1981), second from left in photo, at a situation report with Hitler during the Ardennes offensive, January 1945.
Speer, Hitler's chief architect and armaments minister, became Reich minister of economics in Dönitz's government after Hitler's death. He was arrested on 23 May 1945 and sentenced to 20 years' imprisonment in the Nuremberg Trial of the Major War Criminals. He was released from the Allies' prison for war criminals in Berlin-Spandau in 1966.

ullstein bild (00042787)

Hermann Göring (1893–1946) mit seinem Adjutanten Oberst Bernd v. Brauchitsch (rechts) nach seiner Verhaftung, Augsburg, 10. Mai 1945.
Göring, der lange der „zweite Mann" im NS-Staat war, wurde von Hitler gegen Ende des Krieges des Verrats beschuldigt und aller Ämter enthoben. Er floh in den Süden Deutschlands, wo er am 10. Mai 1945 verhaftet und in ein amerikanisches Internierungslager nach Augsburg gebracht wurde. Er wurde im Nürnberger Hauptkriegsverbrecherprozess angeklagt und am 1. Oktober 1946 zum Tode verurteilt. Einen Tag vor der Vollstreckung des Urteils beging er Selbstmord.

Hermann Göring (1893–1946) with his adjutant, Colonel Bernd v. Brauchitsch (right) after his arrest, Augsburg, 10 May 1945.
Göring was long regarded as second in command in the Nazi state. Towards the end of the war Hitler accused him of treachery and stripped him of all his offices. Göring fled to southern Germany where he was arrested on 10 May 1945 and sent to a US internment camp near Augsburg. He was indicted in the Nuremberg Trial of the Major War Criminals and condemned to death on 1 October 1946. Göring killed himself a day before the sentence was due to be carried out.

REICHSHAUPTSTADT BERLIN – SPURENBESEITIGUNG
BERLIN, THE REICH CAPITAL – DESTROYING THE TRACES

„Die meisten Leute haben ihre Fahnen schon verbrannt, auch Parteiabzeichen und dergleichen weggeschmissen. Weil alle Angst vor den Russen haben."

Lilo G., Tagebucheintrag vom 20. April 1945

"Most people have already burned their flags and thrown away Nazi Party emblems and suchlike – because everybody is afraid of the Russians."

Lilo G., diary entry of 20 April 1945

ullstein bild (00026973)

Im Müll entsorgte Wehrmachtuniformen, Berlin, 15. Mai 1945.
Nicht nur der Staat, auch die einzelnen Bürger trennten sich kurz vor Kriegsende von „belastenden" Zeugnissen.

Wehrmacht uniforms thrown into the garbage, Berlin, 15 May 1945.
Not only the state but also individual citizens got rid of "incriminating" evidence just before the end of the war.

ullstein bild (00275600)

Ruinen des Auswärtigen Amtes, Wilhelmstraße 74–76, Mai 1945.
Das entlang der Wilhelmstraße gelegene Regierungsviertel war im Februar 1945 bei Bombenangriffen schwer zerstört worden. Die Ministerien wurden ganz oder teilweise ausgelagert. Am 20. April 1945 wurden alle noch in Berlin verbliebenen Regierungs-, Wehrmachts- und SS-Dienststellen evakuiert. Gleichzeitig erging der Befehl zur Vernichtung aller Akten, Urkunden und Schriftstücke.

Ruins of the Foreign Ministry, Wilhelmstraße 74–76, May 1945.
The government quarter in and around Wilhelmstraße was severely damaged by aerial bombing in February 1945. The ministries were partly or wholly relocated. On 20 April 1945 all the remaining government, Wehrmacht and SS offices in Berlin were evacuated. The order was given to destroy all files, documents and papers.

ullstein bild (00026062)

Kellergang im Geheimen Staatspolizeiamt (Gestapa), Prinz-Albrecht-Straße 8, 1945.
Auch die Zentrale des Reichssicherheitshauptamtes und des Gestapas wurde bei einem Luftangriff im Februar 1945 schwer beschädigt. Ein Teil der im dortigen „Hausgefängnis" Inhaftierten wurde ins Konzentrationslager (KZ) Flossenbürg und von dort über das KZ Dachau nach Südtirol gebracht. Den in Berlin verbliebenen Häftlingen drohte in den letzten Kriegstagen die Ermordung.

Cellar passage in the Secret State Police Office (Gestapa), Prinz-Albrecht-Straße 8, 1945.
The headquarters of the Reich Security Main Office and the Gestapa were badly damaged in an air raid in February 1945. Some of the people held there in the "house prison" were taken to Flossenbürg concentration camp, and then transferred to Dachau concentration camp and South Tyrol. The prisoners left in Berlin were at risk of being murdered in the last days of the war.

Gedenkstätte Deutscher Widerstand

Hans Koch (1893–1945), 1930er Jahre.
Der Jurist war Mitglied der Bekennenden Kirche und unterhielt Kontakte zum Widerstandskreis um Carl Friedrich Goerdeler. Nach dem fehlgeschlagenen Attentat auf Hitler vom 20. Juli 1944 blieb er zunächst unentdeckt. Am 20. Januar 1945 wurde er verhaftet und im Hausgefängnis des Geheimen Staatspolizeiamtes inhaftiert. In der Nacht vom 23. zum 24. April wurde er mit weiteren Häftlingen in die Puttkamerstraße gebracht und von der SS erschossen.

Hans Koch (1893–1945), 1930s.
The jurist was a member of the Confessing Church and had contact with the resistance circle around Carl Friedrich Goerdeler. He was not discovered at first after the failed assassination attempt on Hitler of 20 July 1944. But on 20 January 1945 he was arrested and detained in the house prison of the Secret State Police Office. On the night of 23/24 April he was taken to Puttkamerstraße with other prisoners and shot by the SS.

ullstein bild (00068020)

Albrecht Haushofer (1903–1945), undatiert.
Der Schriftsteller und Diplomat gehörte einer Widerstandsgruppe um den Politiker Johannes Popitz an und unterhielt auch Kontakte zu anderen Widerstandsgruppen. Seit 7. Dezember 1944 war er im Zellengefängnis Berlin-Moabit inhaftiert. Er gehörte zu den Häftlingen, die in der Nacht vom 22. zum 23. April von Angehörigen der SS auf einem nahegelegenen Ruinengelände erschossen wurden. 1946 wurden 80 Gedichte, die er während der Haft verfasst hatte, als *Moabiter Sonette* veröffentlicht.

Albrecht Haushofer (1903–1945), undated.
The writer and diplomat belonged to a resistance group around the politician Johannes Popitz, and had contact with other anti-Nazi groups. He was held in Berlin-Moabit prison from 7 December 1944. He was among the prisoners shot by SS members on a nearby ruined site on the night of 22/23 April 1945. In 1946, 80 poems he wrote during his imprisonment were published under the title *Moabit Sonnets*.

Mitte Museum, Berlin

Das Zellengefängnis Berlin-Moabit in der Lehrterstraße 3, vor 1939.
Auf Anordnung von Gestapochef Heinrich Müller wurden in der Nacht vom 22. zum 23. April 1945 sechzehn Häftlinge – darunter auch der Schriftsteller Albrecht Haushofer – auf ein nahegelegenes Ruinengelände geführt und erschossen. Die Exekutionen wurden durch 30 SS-Männer unter dem Kommando von Kurt Stawizki durchgeführt.

Berlin-Moabit prison at Lehrter Straße 3, before 1939.
By order of Gestapo chief Heinrich Müller, on the night of 22/23 April 1945 sixteen prisoners – including the writer Albrecht Haushofer – were taken to a ruined site near the prison and shot dead. A squad of 30 men under command of Kurt Stawizki carried out the execution.

ÜBERLEBEN IN BERLIN
SURVIVING IN BERLIN

Karte der Berliner Bezirke, undatiert. Vermerkt ist der Zeitpunkt ihrer Einnahme durch die Rote Armee.

Map of Berlin city districts with dates of capture by the Soviet Army.

BEZIRK LICHTENBERG
DISTRICT LICHTENBERG

Stiftung Neue Synagoge – Centrum Judaicum, Berlin

Gerd und Hans Rosenthal, um 1940.
Gerd wurde im Oktober 1942 nach Riga deportiert und ermordet. Hans, der in Berlin Zwangsarbeit leisten musste, lebte seit 1943 im Untergrund.

Gerd and Hans Rosenthal, around 1940.
Gerd was deported to Riga in October 1942 and murdered. Hans, who had to do forced labour in Berlin, lived in hiding from 1943 on.

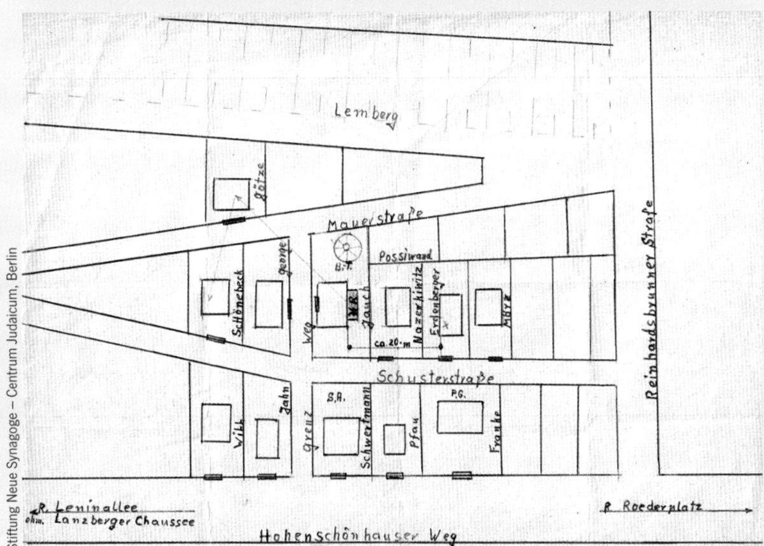

Stiftung Neue Synagoge – Centrum Judaicum, Berlin

Hans Rosenthals Unterschlupf in der Laubenkolonie „Dreieinigkeit“, Zeichnung, undatiert.
Hans versteckte sich drei Jahre lang in dieser Kolonie bis zu seiner Befreiung am 25. April 1945. Er überlebte mit Hilfe der Laubenbesitzerin Frau Jauch und anderer Nachbarn.

Sketch of Hans Rosenthal's hideout in the Trinity allotment garden colony, undated.
He hid there for three years until he was liberated on 25 April 1945. He survived in the garden colony with the help of the allotment owner, Frau Jauch, and other neighbours.

„Sobald die anderen in ihrem Bunker verschwunden waren, ging ich, lief ich, rannte ich hinaus. [...] Für mich bedeuteten sie [die Bomber] das Leben. Ihre Kondensstreifen waren Lichtzeichen aus einer besseren Welt, in der auch ich frei leben durfte.“

Hans Rosenthal

"As soon as the others had disappeared into their bunkers, I walked, ran, raced outside. [...] They [the bomber planes] represented life to me. Their jet trails were light signals from a better world, in which I would also be able to live freely."

Hans Rosenthal

BEZIRK KÖPENICK
DISTRICT KÖPENICK

Berliner Geschichtswerkstatt e.V.

Vera Iwanowna Legintschuk (rechts) mit einer Kameradin in Berlin, um 1943.
Die Urkainerin wurde 1942 im Alter von 23 Jahren als Zwangsarbeiterin ins Deutsche Reich verschleppt. Sie musste in Berlin-Köpenick für die Wäscherei Spindler arbeiten und war mit anderen Zwangsarbeiterinnen in einem zur Wäscherei gehörenden Barackenlager untergebracht. Ende April 1945 wurden sie von Soldaten der Roten Armee befreit.

Vera Ivanovna Leginchuk (right) with a comrade in Berlin, around 1943.
In 1942, at the age of 23, Vera Leginchuk from Ukraine was deported to the German Reich as a forced labourer and was housed with other female forced labourers in a hut camp belonging to the laundry. They were liberated by Soviet soldiers at the end of April 1945.

„Die Russen haben uns befreit. Wir saßen 22 Stunden im Bunker, es war ein schrecklicher Kampf, die Erde bebte; keiner ging hinaus, und alle waren zusammen…"

Vera Iwanowna Legintschuk

"The Russians liberated us. We sat in the bunker for 22 hours. It was a terrible battle, the ground was shaking; nobody went outside, and we were all together…"

Vera Ivanovna Leginchuk

BEZIRK NEUKÖLLN
DISTRICT NEUKÖLLN

ullstein bild (00037445)

Das zerstörte Kaufhaus Karstadt am Hermannplatz, Juni 1945.
Es wurde am 25. April 1945 von Soldaten der Wehrmacht gesprengt. Die dort lagernden Waren und Lebensmittel sollten nicht in die Hände der sowjetischen Truppen fallen.

Bombed-out Karstadt store at Hermannplatz, June 1945.
Wehrmacht soldiers detonated the building on 25 April 1945 to prevent Soviet troops from carrying off the goods and foodstuffs stored there.

BEZIRK STEGLITZ – ZEHLENDORF
DISTRICT STEGLITZ – ZEHLENDORF

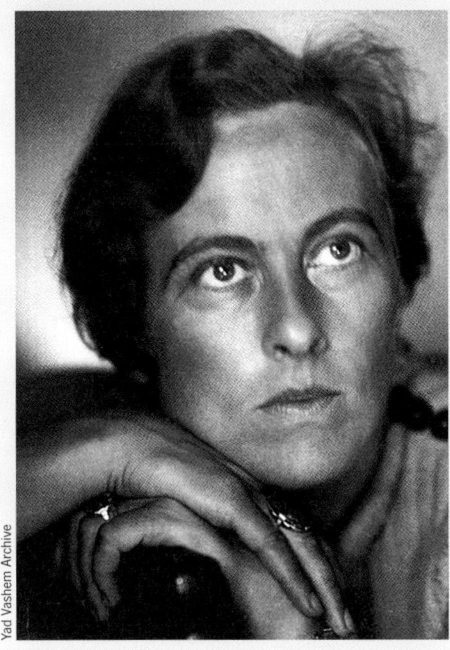

Yad Vashem Archive

Ruth Andreas-Friedrich, 1938.
Ruth und ihre Freunde halfen verfolgten Juden unterzutauchen und so ihr Leben zu retten. Ende April 1945 starteten sie eine Protestaktion. Sie verteilten Flugblätter und protestierten durch ein sichtbares großgeschriebenes „Nein“ an Berliner Hauswänden gegen das sinnlose Blutvergießen.

Ruth Andreas-Friedrich, 1938.
Ruth and her friends helped persecuted Jews to go into hiding and save their lives. At the end of April 1945 they started a protest campaign. They distributed flyers and wrote the word “No” prominently in big letters on house walls to protest against the wasteful bloodshed.

Flugblatt, 1945.
Es wurde von der Gruppe um Ruth Andreas-Friedrich im Zuge der „Nein“–Aktion verteilt.

Flyer, 1945.
It was distribued by the group around Ruth Andreas-Friedrich as part of their „No“ campaign.

B E R L I N E R !
Soldaten, Männer und Frauen!

Ihr kennt den Befehl des Wahn-
sinnigen Hitler und seines Blut-
hundes Himmler, jede Stadt bis
zum Äußersten zu verteidigen.
Wer heute noch die Befehle der
Nazis ausführt, ist ein Idiot
oder ein Lump.
B e r l i n e r !
Folgt dem Beispiel der Wiener!
Durch versteckten und offenen
Widerstand haben die Wiener
Arbeiter und Soldaten ein Blut-
bad in ihrer Stadt verhütet.
Soll Berlin das Schicksal von
Aachen, Köln und Königsberg
erleiden?
N E I N !

Schreibt überall Euer NEIN an!
Bildet Widerstandszellen in Kasernen, Betrieben, Schutzräumen!
Werft alle Bilder von Hitler und
seinen Komplizen auf die Straße!
Organisiert den
bewaffneten Widerstand!

Widerstandsgruppen Berlin
E r n s t

Gedenkstätte Deutscher Widerstand

Privatbesitz / Private collection

Die 4-jährige Vera mit ihrer Mutter Susanne Lis (1898–1960), 1938.
Susanne Lis wurde von den Nationalsozialisten als Jüdin eingestuft. Ihre Tochter Vera galt als „Mischling ersten Grades", da der Vater kein Jude war. Vera und ihre Mutter blieben zwar von der Deportation verschont, litten jedoch unter erheblichen Schikanen seitens der Behörden und der Nachbarn. Nachbarskinder durften nicht mit Vera spielen. Mutter und Tochter wurde bei Bombenangriffen das Betreten des hauseigenen Luftschutzkellers verboten, obwohl sie eine polizeiliche Genehmigung besaßen. Auch wurden sie mehrfach bei den Behörden denunziert, um ihre Verhaftung zu erreichen.

Four-year-old Vera with her mother Susanne Lis (1898-1960), 1938.
The Nazis classified Susanne Lis as a Jew. Her daughter Vera was classified as "first degree of mixed parentage" because her father was not Jewish. Although Vera and her mother were protected from deportation, they had to endure serious harassment from the authorities and their neighbours. The neighbours' children were not allowed to play with Vera, and she and her mother were banned from going to the bomb shelter during air raids, although they had a police permit. They were denounced to the authorities several times to get them arrested.

„Die Denunzianten haben mich auch sonst in jeder Weise verfolgt, insbesondere haben sie mich zu wiederholten Malen während der Terror-Angriffe aus dem allgemeinen Luftschutzraum gewiesen. Sie bedrohten auch alle Hausgenossen, die sich freundschaftlich zu mir stellten, sodass ich bald von allen ängstlich gemieden wurde."

Susanne Lis, 15. Mai 1946

"The informers persecuted me in all kinds of ways, particularly by shutting me out of the communal air raid shelter several times during the terror attacks. They also threatened all the residents living in our building who were friendly to me. Everybody was soon scared off and avoided me."

Susanne Lis, 15 May 1946

BEZIRK WEDDING
DISTRICT WEDDING

bpk (30013808)

Berlinerinnen verlassen nach einem Angriff den Luftschutzkeller, April 1945.

Berliners leaving the shelter after a bomb attack, April 1945.

Landesarchiv Berlin (372754)

Der Flakturm im Bezirk Humboldthain, um 1943.
Er gehörte zu den insgesamt drei Flaktürmen Berlins und bot etwa 15.000 Menschen Platz. In Berlin standen bei weitem nicht genügend Luftschutzräume zur Verfügung. Bunker und Flaktürme waren ständig überbelegt und es herrschte qualvolle Enge.

The flak tower in the Humboldthain district, around 1943.
One of three flak towers in Berlin, it could hold up to 15,000 people. There were far too few air raid shelters for Berlin's population. Bunkers and flak towers were constantly overcrowded and often painfully cramped.

BEZIRK MITTE
DISTRICT MITTE

bpk (30021036)

Sowjetische Soldaten feiern vor dem Brandenburger Tor die Kapitulation Berlins, 2. Mai 1945.

Soviet soldiers celebrating the surrender of Berlin at the Brandenburg Gate, 2 May 1945.

bpk

Improvisierte Siegesfeier sowjetischer Soldaten in der Neuen Reichskanzlei, Mai 1945

Soviet Soldiers at an improvised victory celebration in the New Reich Chancellery, May 1945.

AUF DEM WEG ZUR GESAMTKAPITULATION
THE ROAD TO TOTAL SURRENDER

Geländegewinne der Alliierten bis 6.5.1945
Allied territorial gains until 6.5.1945

 von deutschen Truppen gehalten
Held by German troops

neutraler Staat
neutral state

Karte, Frontverlauf, Mai 1945.
Nach der Kapitulation Berlins am 2. Mai 1945 war der Krieg noch nicht zu Ende. Im Norden und Süden Deutschlands dauerten die Kämpfe an. Erst mit der Unterzeichnung der Kapitulation in Berlin-Karlshorst in der Nacht vom 8. zum 9. Mai schwiegen die Waffen in Europa.

Map of the war front, May 1945.
Berlin surrendered on 2 May 1945, but the war was still not over. Fighting continued in the north and south of Germany. The ceasefire in Europe came with the signing of the document of unconditional surrender in Berlin-Karlshorst on the night of 8/9 May.

ullstein bild (00748444)

Sowjetische Soldaten in Berlin, 2. Mai 1945.
Aus den Fenstern der Gebäude im Hintergrund wehen weiße Bettlaken als Zeichen der Kapitulation. Bis Juli 1945 waren die Sowjets die alleinige Besatzungsmacht in Berlin. Erst danach wurde die Stadt in vier Sektoren geteilt.

Soviet soldiers in Berlin, 2 May 1945.
White sheets as a sign of surrender are waving from the windows of the background buildings. The Soviet Army was the sole occupying force in Berlin until July 1945. After that the city was divided into four sectors.

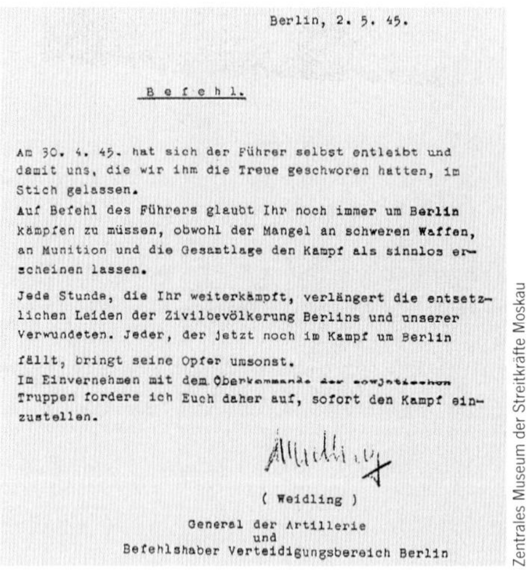

Berlin, 2. 5. 45.

Befehl.

Am 30. 4. 45. hat sich der Führer selbst entleibt und damit uns, die wir ihm die Treue geschworen hatten, im Stich gelassen.
Auf Befehl des Führers glaubt Ihr noch immer um Berlin kämpfen zu müssen, obwohl der Mangel an schweren Waffen, an Munition und die Gesamtlage den Kampf als sinnlos erscheinen lassen.

Jede Stunde, die Ihr weiterkämpft, verlängert die entsetzlichen Leiden der Zivilbevölkerung Berlins und unserer Verwundeten. Jeder, der jetzt noch im Kampf um Berlin fällt, bringt seine Opfer umsonst.
Im Einvernehmen mit dem Oberkommando der sowjetischen Truppen fordere ich Euch daher auf, sofort den Kampf einzustellen.

(Weidling)

General der Artillerie
und
Befehlshaber Verteidigungsbereich Berlin

Zentrales Museum der Streitkräfte Moskau

Befehl des Kampfkommandanten von Berlin, General Helmuth Weidling zur sofortigen Kapitulation, 2. Mai 1945.
Dieser Text wurde noch am selben Tag im Hauptquartier des sowjetischen Generals Wassili Tschuikow, in Berlin-Tempelhof über Lautsprecher an die Berliner Bevölkerung übertragen.

Order by the commander of Berlin, General Helmuth Weidling, for an immediate ceasefire, 2 May 1945.
The text was broadcast to the population of Berlin the same day over loudspeakers at the headquarters of the Soviet general, Vasily Chuikov, in Berlin-Tempelhof.

Generaladmiral Hans-Georg von Friedeburg und Feldmarschall Bernard Montgomery bei der Unterzeichnung der Teilkapitulation für den norddeutschen Raum bei Lüneburg, 4. Mai 1945.
Dies bedeutete das Ende aller Kampfhandlungen in Norddeutschland, Dänemark, Norwegen und den nördlichen Niederlanden. Zwei Tage zuvor hatten die deutschen Truppen in Italien ihre Waffen niedergelegt. Reichspräsident Dönitz strebte mit den Westalliierten Teilkapitulationen an, während die Kampfhandlungen gegen die Rote Armee fortgesetzt werden sollten.

Admiral-General Hans-Georg von Friedeburg and Field Marshal Bernard Montgomery signing the document of partial surrender for the north German territories near Lüneburg, 4 May 1945.
This signalled the end of all military combat in northern Germany, Denmark, Norway, and the northern Netherlands. Two days previously the German troops in Italy had laid down their weapons. Reich President Dönitz planned to negotiate partial surrender to the Western Allies while continuing fighting against the Red Army.

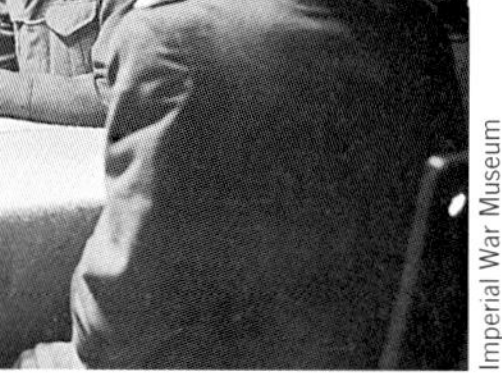

Imperial War Museum

WZ-Bilddienst

Selbstversenkte U-Boote in Wilhelmshaven, 1945.
Am 5. Mai 1945, einen Tag nach der Unterzeichnung der Teilkapitulation für den norddeutschen Raum bei Lüneburg versenkten U-Boot-Kapitäne in Wilhelmshaven und anderen Städten ihre Boote. Sie verstießen damit ausdrücklich gegen die in der Teilkapitulation vereinbarten Bedingungen.

Self-scuttled U-boat in Wilhelmshaven, 1945.
On 5 May 1945, a day after the document of partial surrender for the North German territories was signed near Lüneburg, U-boat captains in Wilhelmshaven and other cities sank their boats. This deliberately contravened the conditions agreed for the partial surrender.

SZ Photo (00109074)

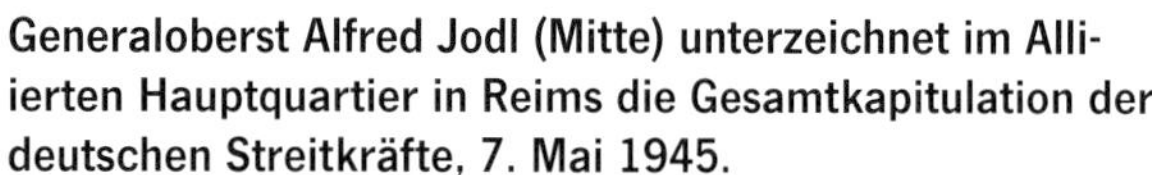

Generaloberst Alfred Jodl (Mitte) unterzeichnet im Alliierten Hauptquartier in Reims die Gesamtkapitulation der deutschen Streitkräfte, 7. Mai 1945.
Links am Tisch General Wilhelm Oxenius, rechts Generaladmiral Hans-Georg von Friedeburg. Einen Tag später wurde die bedingungslose Kapitulation im Sowjetischen Hauptquartier in Berlin-Karlshorst in Anwesenheit des sowjetischen Oberkommandos unter Leitung von Marschall Georgij K. Schukow wiederholt.

Colonel General Alfred Jodl (centre) signing the document of unconditional total surrender of the German armed forces in Rheims, 7 May 1945.
On the left at the table is General Wilhelm Oxenius, on the right Commanding Admiral Hans-Georg von Friedeburg. The following day the signing of the unconditional surrender was repeated at the Soviet military headquarters in Berlin-Karlshorst in the presence of the Soviet high command headed by Marshal Georgy K. Zhukov.

BERLIN-KARLSHORST, 8./9. MAI 1945
BERLIN-KARLSHORST, 8/9 MAY 1945

ullstein bild (00297417)

Wiederholung der Unterzeichnung der bedingungslosen Gesamtkapitulation der deutschen Streitkräfte durch Generalfeldmarschall Wilhelm Keitel im sowjetischen Hauptquartier in Berlin-Karlshorst, 8./9. Mai.

Field Marshal Wilhelm Keitel repeats the signing of the document of unconditional surrender of the German armed forces at the Soviet military headquarters in Berlin-Karlshorst, 8/9 May 1945.

DURCH ALLIIERTE LUFTANGRIFFE ZERSTÖRTE STÄDTE

CITIES DAMAGED BY ALLIED AERIAL BOMBING

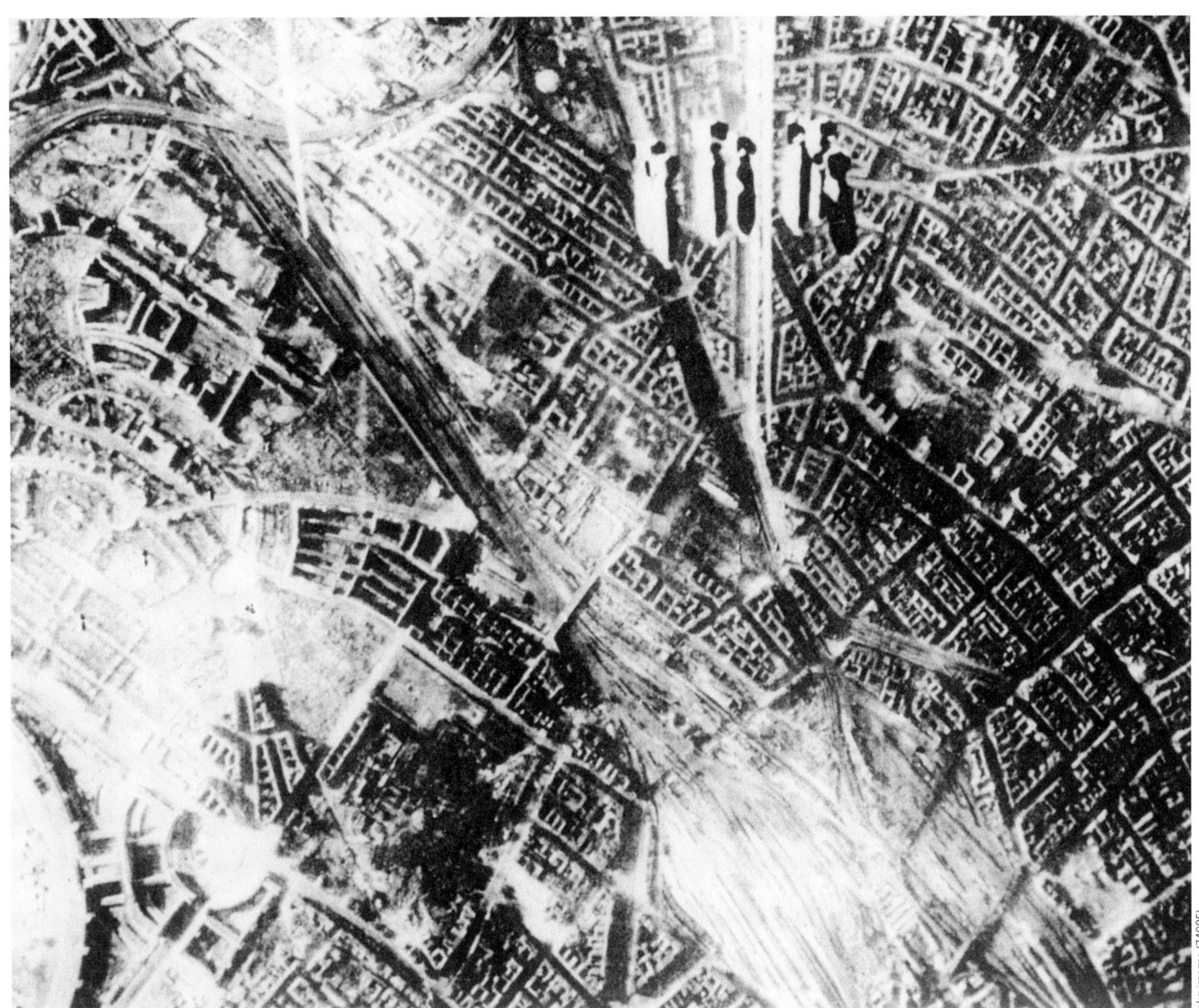

Luftaufnahme von Berlin aus einem amerikanischen Bomber, Februar 1945.

Aerial photo of Berlin from an American bomber, February 1945.

BREMEN

Stadtarchiv Bremen

**Stephaniviertel, Hafenstraße,
Blick Richtung Faulenstraße, 1927.**

Stephanie Quarter, Hafenstraße looking
towards Faulenstraße, 1927.

Stadtarchiv Bremen, Foto: Karl Edmund Schmidt

**Stephaniviertel, Hafenstraße,
Blick Richtung Faulenstraße, 1945.**

Stephanie Quarter, Hafenstraße looking towards Faulenstraße, 1945.

HILDESHEIM

Stadtarchiv Hildesheim, Bestand 951 Nr. 3757-4

Stadtzentrum mit Michaeliskirche, um 1930.

City centre with St. Michael's Church, around 1930.

Stadtarchiv Hildesheim, Bestand 979-1 Nr. 2

Stadtzentrum mit Michaeliskirche, nach 1945.

City centre with St. Michael's Church, after 1945.

KASSEL

Stadtarchiv Kassel (0.004.624)

Blick auf die Schlagd, Altstadt, 1930er Jahre.

View of the Schlagd, old city, 1930s.

Stadtarchiv Kassel (0.004.625)

**Blick auf die Schlagd,
Altstadt, 1945.**

View of the Schlagd,
old city, 1945.

PLAUEN

Stadtarchiv Plauen

Altmarkt, um 1930.

Altmarkt, around 1930.

Stadtarchiv Plauen

Altmarkt, Juni 1948.

Altmarkt, June 1948.

NÜRNBERG
NUREMBERG

Stadtarchiv Nürnberg (A47_KS_71.22), Foto: Ferdinand Schmidt

Das Pellerhaus am Egidienplatz 23, um 1900.

The Pellerhaus at Egidienplatz 23, around 1900.

Stadtarchiv Nürnberg (A65_I_RA_636), Foto: Ray D'Addario

Das Pellerhaus am Egidienplatz 23, nach 1945.

The Pellerhaus at Egidienplatz 23, after 1945.

PIRMASENS

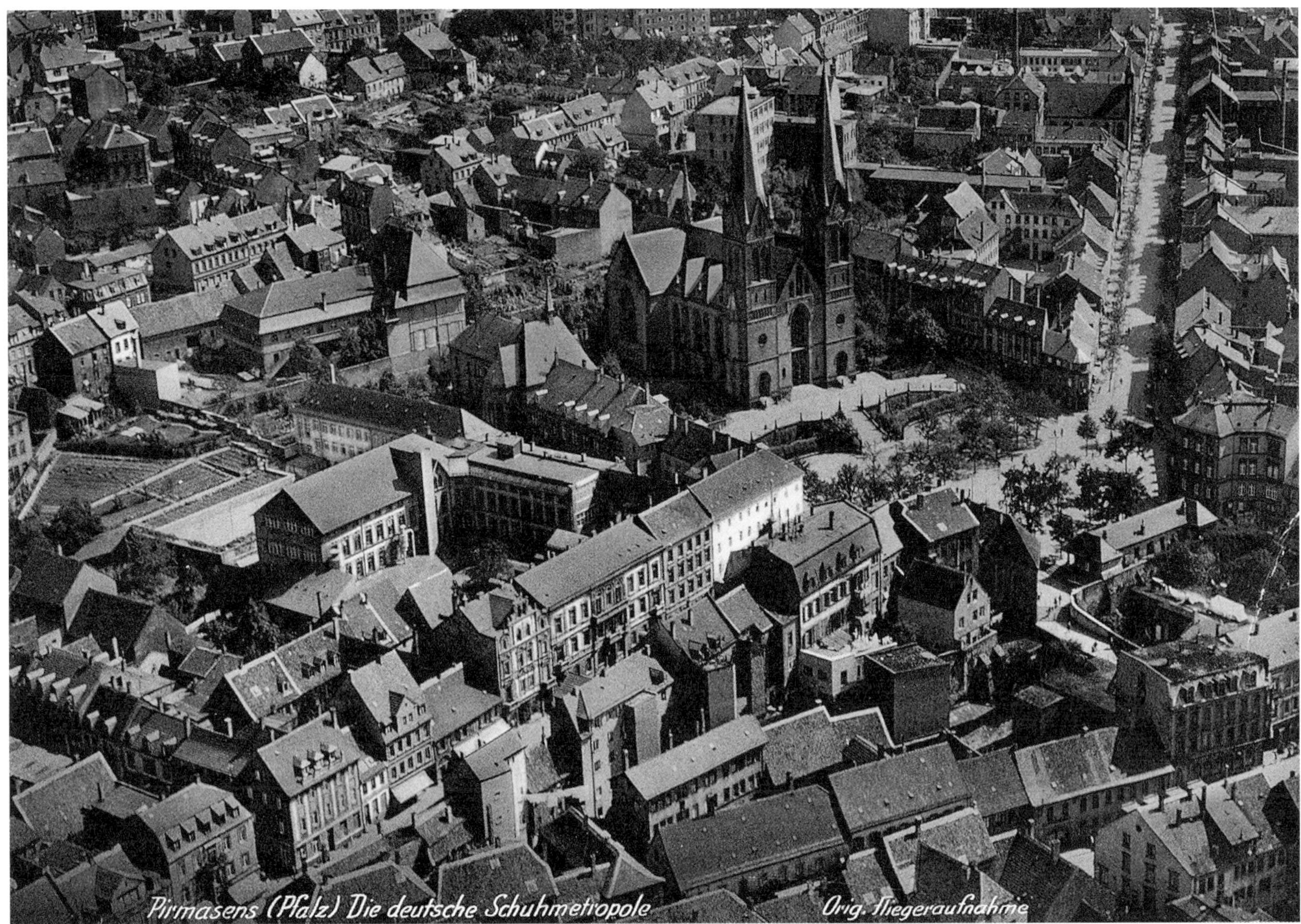

Blick auf die katholische Kirche St. Pirmin, Stadtkern, Schloßstraße, um 1930.

Catholic church of St. Pirmin, old city centre and Schloßstraße, around 1930.

Stadtarchiv Primasens

Blick auf die katholische Kirche St. Pirmin, Stadtkern, Schloßstraße, 1945.

Catholic church of St. Pirmin, old city centre and Schloßstraße, 1945.

PFORZHEIM

Stadtarchiv Pforzheim (S1 9-5-IV-41r)

Marktplatz mit Rathaus (rechts), 1939.

Market Square with town hall (right), 1939.

Stadtarchiv Pforzheim (S1 9-5-4s)

Marktplatz mit Rathaus (rechts), 1945.

Market Square with town hall (right), 1945.

LUFTANGRIFFE AUF DEUTSCHE STÄDTE 1945
AIR RAIDS ON GERMAN CITIES, 1945

Koblenz, Neuwied, Remagen	2.01.1945
Nürnberg Nuremberg	2./3.01.1945
Aschaffenburg, Fulda	3.01.1945
Ludwigshafen	5.01.1945
Hannover	6.01.1945
Köln-Kalk Cologne-Kalk	6.01.1945
Hanau	7.01.1945
München Munich	8.01.1945
Leuna-Werke	15.01.1945
Magdeburg	16.01.1945
Paderborn	17.01.1945
Moosbirnbaum	31.01.1945
Wiesbaden	2./3.02.1945
Berlin	3.02.1945
Magdeburg	3.02.1945
Bonn	5.02.1945
Regensburg	5.02.1945
Chemnitz	6.02.1945
Xanten	10.02.1945
Wien Vienna	13.02.1945
Dresden	13.–15.02.1945
Chemnitz	14./15.02.1945
Magdeburg	14.02.1945
Cottbus	15.02.1945
Regensburg	16.02.1945
Wesel / Rees	16.02.1945
Nürnberg Nuremberg	20.02.1945
Worms	21.02.1945
Duisburg	22.02.1945
Meiningen	23.02.1945
Pforzheim	23.02.1945
Erfurt	25.02.1945
Mainz Mayence	27.02.1945
Halle	27.02.1945
Bruchsal	1.03.1945
Dresden	2.03.1945
Chemnitz	5.03.1945
Dessau	7.03.2945
Scholven	10.03.1945
Essen	11.03.1945
Wien Vienna	12.03.1945
Dortmund	12.03.1945
Swinemünde	12.03. 1945
Homburg	14.03.1945
Zweibrücken	14.03.1945
Oranienburg	15.03.1945
Hagen	15.03.1945
Pirmasens	15.03.1945
Würzburg	16.03.1945
Worms	18.03.1945
Berlin	18.03.1945
Hanau	19.03.1945
Landshut	19.03. 1945
Dorsten	22.03.1945
Hildesheim	22.03. 1945
Paderborn	23.03.1945
Osnabrück Münster, Hannover	25.03.1945
Paderborn	27.03.1945
Hamburg Bremen Wilhelmshaven	30.03.1945
Brandenburg an der Havel	31.03.1945
Halle (Saale)	31.03.1945
Rothenburg ob der Tauber	31.03.1945
Kiel	3.04.1945
Nordhausen	3./4.04.1945
Göttingen	7.04.1945
Halberstadt	8.04.1945
Ingolstadt	9.04.1945
Kiel	10.04.1945
Berlin	10.04.1945
Plauen	10.04.1945
Bayreuth	11.04.1945
Wismar	14./15.04.1945
Kiel	14.04.1945
Potsdam	14./15.04.1945
Zerbst	16.04.1945
Pilsen	17.04.1945
Rosenheim	18.04.1945
Berlin	19.04.1945
Pilsen	25.04.1945
Wangerooge	25.04.1945
Berchtesgaden	25.04.1945
Kiel	3.05.1945

akg-images (80961)

Nordhausen nach dem Bombenangriff vom 3./4. April 1945.
Blick vom Petersberg über die zu 75% zerstörte Stadt.

Nordhausen after the bombing of 3/4 April 1945 that destroyed over 75% of the city.
View from Petersberg.

KRIEGSENDE 1945 IM DEUTSCHEN NACHKRIEGSFILM

Filme prägten nach 1945 wie kein anderes Medium das Bild vom Kriegsende. Zwischen 1945 und 1949 entstanden die „Trümmerfilme". Sie thematisieren das Kriegsende, den Zusammenbruch und den Neubeginn und wurden in relativ kurzer Zeit unter einfachsten Bedingungen, ohne Studios und ohne großen finanziellen Aufwand realisiert. *Die Mörder sind unter uns* und *Liebe '47* gehören in diese Kategorie. Sie fragen nach der Schuld der Deutschen an den nationalsozialistischen Verbrechen und dem Schicksal von Kriegsheimkehrern.

Anfang der 1950er Jahre waren die Menschen dieses „Moral-Kino" leid. Es begann eine Zeit des Verdrängens. Heimatfilme und Komödien entstanden, die die NS-Zeit, den Weltkrieg und das Kriegsende ausklammerten. Etwa zehn Jahre später entstanden in beiden deutschen Staaten mit *Die Brücke* (BRD) und *Ich war neunzehn* (DDR) realistische Filme, die bis heute als bedeutende Anti-Kriegs-Filme gelten.

Der DDR-Film nutzte das Thema „Kriegsende" in den folgenden Jahrzehnten, um den antifaschistisch-ideologischen Kurs des Regimes zu unterstützen. Filme wie *Nackt unter Wölfen* zeigen Kommunisten, die sich gegen die Naziherrschaft auflehnen.

In der BRD entwickelte sich in den 1960er und 1970er Jahren der Deutsche Autorenfilm. Dazu gehört auch Fassbinders Film *Die Ehe der Maria Braun*, der sich auf sehr persönliche Weise mit dem Thema Kriegsende und Zusammenbruchsgesellschaft auseinandersetzt.

Der Film *Drei Tage im April* behandelt in den 1990er Jahren die letzten Kriegstage unter deutsch-jüdischen Aspekten. Das galt auch für die amerikanischen Filmproduktionen *Holocaust* (1979) und *Schindlers Liste* (1993), die die filmische Auseinandersetzung mit dem Holocaust in ungeahnter Weise prägten.

Mit der Jahrtausendwende begann in der deutschen Filmlandschaft eine „Hitler-Welle". Der Film *Der Untergang* schildert Hitlers letzte Tage im „Führerbunker" in Berlin. Daneben entstanden mit *Anonyma* sogenannte Event-Kino-Produktionen über deutsche Frauenschicksale in den letzten Kriegstagen.

THE END OF THE WAR – 1945 IN POSTWAR GERMAN CINEMA

After 1945, film influenced the public's picture of the end of the war more than any other medium. The "rubble films" appeared between 1945 and 1949. They told stories of the end of the war, the collapse of Germany and the new start, and were made relatively fast under very simple conditions without studios or big budgets. *Murderers among us* and *Love '47* belong in this category. They raise questions about the Germans' guilt for Nazi crimes, and the fate of homecomers from the war.

By the early 1950s audiences were tired of this "morality cinema". A period of psychic repression began. The studios produced sentimental films about hometowns, and comedies that shut out the Nazi era, the world war and the end of the war.

Around ten years later the two divided German states each produced realistic anti-war films. *The Bridge* (West Germany) and *I was nineteen* (East Germany) are still seen as important today. In the following decades East German cinema used the topic of the end of the war to back up the regime's ideology of anti-fascism. Films such as *Naked among wolves* showed communists fighting against Nazi tyranny.

German auteur film developed in West Germany in the 1960s and '70s. This new wave included Fassbinder's movie *The marrige of Maria Braun*, a highly individual view of the end of the war and the wrecked society in ruins.

In the 1990s the film *Three Days in April* looked at the last days of the war from a German-Jewish perspective. From a similar viewpoint, the US film productions *Holocaust* (1979) and *Schindler's List* (1993) had an incredible impact on the way film dealt with the topic of the Holocaust.

The dawn of the new millennium saw a "Hitler wave" on the German cinema scene. *Downfall* depicted Hitler's last days in the Führer's bunker in Berlin. Meanwhile, *Anonyma* heralded a spate of "event cinema" productions about the fate of German women in the last days of the war.

1946

DIE MÖRDER SIND UNTER UNS
MURDERERS AMONG US

Die Mörder sind unter uns, Filmplakat, 1946. Erste DEFA-Produktion, Regie: Wolfgang Staudte.
Die Holocaust-Überlebende Susanne Wallner verliebt sich nach Kriegsende in den Kriegsheimkehrer Hans Mertens. Sie bringt ihn davon ab, seinen ehemaligen Vorgesetzten wegen der Liquidierung eines Dorfes zu ermorden und überzeugt ihn, den Mann der Justiz zu übergeben.

Murderers Among Us, film poster, 1946. First DEFA production, D: Wolfgang Staudte.
After the war Susanne Wallner, a Holocaust survivor, falls in love with Hans Mertens, a homecoming soldier. She stops him from murdering his ex-superior officer who had liquidated a village, and persuades him to hand the man over to the authorities for trial.

Filmmuseum Potsdam / DEFA-Stiftung

Deutsche Kinemathek / DEFA-Stiftung

Filmszene mit Hildegard Knef (Susanne) und Wilhelm Borchert (Hans).
Die Filmpremiere fand am 15. Oktober 1946 in Berlin statt, einen Tag vor der Vollstreckung der im Nürnberger Hauptkriegsverbrecherprozess verhängten Todesurteile. Das Ende des Films wurde auf Wunsch der russischen Besatzungsmacht abgeändert: Anstatt Selbstjustiz auszuüben, übergibt Hans Mertens seinen ehemaligen Vorgesetzten an das neue Rechtssystem.

Film scene with Hildegard Knef (Susanne) and Wilhelm Borchert (Hans).
The premiere was held in Berlin on 15 October 1946, the day before the death sentences in the Nuremberg Trial of the Major War Criminals were carried out. The end of the film was altered to comply with the wishes of the Russian occupying power: instead of vigilante justice, Hans Mertens handed over his ex-superior to the new justice system.

Deutsche Kinemathek / DEFA-Stiftung

Regisseur Wolfgang Staudte (2. von rechts) während der Dreharbeiten in Berlin, 1946.
Staudte hatte im „Dritten Reich" an zahlreichen NS-Propagandafilmen mitgewirkt, unter anderem in Veit Harlans antisemitischem Film *Jud Süß*. Nach 1945 konnte er seine Karriere nahtlos fortsetzen.

Director Wolfgang Staudte (2nd from right) during filming in Berlin, 1946.
During the Third Reich Staudte collaborated on many Nazi propaganda films, including Veit Harlan's antisemitic film *Jud Süß*. After 1945 Staudte's film career carried on smoothly without repercussions.

1949

LIEBE '47
LOVE '47

Liebe ´47, Filmplakat, 1949, Westdeutschland.
Regie: Wolfgang Liebeneiner.
Vorlage: Wolfgang Borcherts Roman ***Draußen vor der Tür*****.**
Bei seiner Rückkehr aus der sowjetischen Kriegsgefangenschaft entdeckt Beckmann, dass sein altes Leben nicht mehr existiert. Überdies plagt ihn die Verantwortung für begangene Kriegsverbrechen. Als er sich das Leben nehmen will, trifft er die Trümmerfrau Anna. Beide beschließen, sich eine gemeinsame Zukunft aufzubauen.

Love '47, film poster, 1949, West Germany. D: Wolfgang Liebeneiner. Based on Wolfgang Borchert's Roman ***Draußen vor der Tür (Outside the Door)*****.**
Returning home from captivity as a Soviet prisoner of war, Beckmann discovers his old life has gone. He is plagued by responsibility for having committed war crimes. He is about to commit suicide when he meets Anna, who is clearing away bomb rubble. The couple decide to build their future together.

Deutsches Filminstitut-DIF / Plakatsammlung

Gesellschaft für Filmstudien e.V., Hannover

Filmszene mit Karl John als Kriegsheimkehrer Beckmann.
Der Film ist eine eindeutige Anklage gegen die Deutschen wegen der von ihnen begangenen Kriegsverbrechen. Mit dieser Anschuldigung scheiterte der Film kommerziell und floppte.

Film scene with Karl John as homecoming soldier Beckmann.
The film accuses the Germans clearly of committing war crimes. This outlook made the movie a commercial flop.

Gesellschaft für Filmstudien e.V., Hannover

Aufnahme vom Set, 1948.
Liebeneiner war bereits in der NS-Zeit als Regisseur tätig. Er drehte den die Euthanasie rechtfertigenden Film *Ich klage an* (1941) sowie mehrere heroisch-biografische Filme und war seit 1938 in leitenden Gremien der NS-Filmbranche tätig.

Set photo, 1948.
Liebeneiner worked as a director during the Nazi period. He made the film *Ich klage an* (*I accuse* – 1941), which justified euthanasia, and several heroic biopics, and was active on key committees in Nazi Germany's film business from 1938 on.

1959

DIE BRÜCKE
THE BRIDGE

Die Brücke, Filmplakat, 1959, Westdeutschland. Regie: Bernhard Wicki.
Im April 1945 werden sieben 16-jährige Jungen noch zur Wehrmacht einberufen. Sie sollen eine Brücke gegen die anrückenden amerikanischen Truppen verteidigen. Nur einer von ihnen überlebt.

The Bridge, film poster, 1959, West Germany. D: Bernhard Wicki.
In April 1945 seven 16-year-old boys are drafted to the Wehrmacht although the war is nearly over. They have to defend a bridge against advancing US troops. Only one of them survives.

Deutsche Kinemathek

Deutsche Kinemathek

Deutsche Kinemathek

Filmszene mit Günther Hoffmann (Mitte).
Der Film stellt die Angst und das Sterben der Kindersoldaten in drastischen Szenen und Bildern realistisch dar und bricht dadurch mit den konventionellen Kriegsdarstellungen des Militärkinos der 1950er Jahre.

Film scene with Günther Hoffmann (centre).
The film's dramatic scenes and images give a vivid, realistic picture of the fear and dying of child soldiers, in sharp contrast to the conventional wartime portrayal by military cinema of the 1950s.

Regisseur Bernhard Wicki (sitzend) während der Dreharbeiten, 1959.
Wicki wurde 1960 für den Film mit mehreren deutschen und internationalen Filmpreisen ausgezeichnet. Wicki, der bei Gustav Gründgens gelernt hatte, war 1939 wegen seiner Mitgliedschaft bei der Bündischen Jugend mehrere Monate im KZ Sachsenhausen inhaftiert.

Director Bernhard Wicki (seated) during filming, 1959.
Wicki received several German and international awards for the film in 1960. Wicki, who had trained in theatre with Gustav Gründgens, was imprisoned in Sachsenhausen concentration camp for several months in 1939 because of his membership of Bündische Jugend, an anti-Nazi youth group.

1963

NACKT UNTER WÖLFEN
NAKED AMONG WOLVES

Nackt unter Wölfen, Filmplakat, 1963, DDR. Regie: Frank Beyer. Nach dem gleichnamigen Roman von Bruno Apitz.
In dem auf einer wahren Begebenheit beruhenden Film, riskieren kommunistische Häftlinge des KZ Buchenwald ihr Leben, um einen jüdischen Jungen vor den Deutschen zu verstecken. Als die Front näher rückt, gelingt es ihnen, das KZ selbst zu befreien.

Naked among Wolves, film poster, 1963, East Germany. D: Frank Beyer. Based on the novel of the same name by Bruno Apitz.
Based on a true story, the film tells how Communist prisoners in Buchenwald concentration camp risk their lives to hide a Jewish boy. As the front approaches, they succeed in liberating the concentration camp itself.

Filmmuseum Potsdam / DEFA-Stiftung

Deutsche Kinemathek / DEFA-Stiftung

Filmmuseum Potsdam / DEFA-Stiftung

Filmszene mit Armin Mueller-Stahl, Krystyn Wojcik, Fred Delmare (von links).
Der Film wurde in der DDR für die Zwecke der sozialistischen Gedenkpolitik instrumentalisiert. Er bedient den in der DDR verbreiteten Mythos, die Häftlinge hätten sich bei Kriegsende ausschließlich selbst befreit und lässt die Rolle der Amerikaner an der Befreiung des KZ Buchenwald so gut wie unerwähnt.

Film scene with (from left) Armin Mueller-Stahl, Krystyn Wojcik, Fred Delmare.
The East German authorities used the film to promote their concept of socialist memorial policy. The movie fostered the widespread myth in East Germany that prisoners had liberated themselves alone at the end of the war, and hardly mentioned the US troops' role in liberating Buchenwald concentration camp.

Dreharbeiten in den DEFA-Studios Potsdam-Babelsberg, 1962.
Der Film etablierte und unterstützte die offizielle Perspektive der DDR auf Buchenwald als Ort des Kampfes, des Widerstandes und des Sieges.

Filming in the DEFA Studios in Potsdam-Babelsberg, 1962.
The film established and supported the official East German view of Buchenwald as a place of struggle, resistance and victory.

1967/68

ICH WAR NEUNZEHN
I WAS NINETEEN

Ich war neunzehn, Filmplakat, 1967/68, DDR. Regie: Konrad Wolf.
Der 19-jährige Gregor Hecker, der mit seinen Eltern vor 1933 nach Moskau geflohen war, kehrt 1945 als Leutnant der Roten Armee nach Deutschland zurück und erlebt den sowjetischen Vormarsch von der Oder bis nach Berlin.

I Was Nineteen, film poster, 1967/68, East Germany. D: Konrad Wolf.
19-year-old Gregor Hecker, who had fled to Moscow with his parents in 1933, returns to Germany in 1945 as a Red Army lieutenant and takes part in the Soviet military advance from the River Oder to Berlin.

Filmmuseum Potsdam / DEFA-Stiftung

Deutsche Kinemathek / DEFA Stiftung

Filmszene mit Jaecki Schwarz als Gregor Hecker (rechts), 1967.
Der Film vermeidet Stereotypen und plakative Anklagen. Gregor steht immer im Spannungsfeld zwischen seiner deutschen Heimat und seiner Rolle als Besatzer. Die von Konrad Wolf in den Film montierten Szenen aus dem 1946 entstandenen Dokumentarfilm *Todeslager Sachsenhausen* erhöhen die Authentizität des Films erheblich.

Film scene with Jaecki Schwarz as Gregor Hecker (right), 1967.
The film avoids stereotypes and hackneyed accusations. Gregor is always caught in the tension between his German homeland and his role in the occupying forces. Director Konrad Wolf heightened the film's authenticity by including montaged scenes from the 1946 documentary film *Todeslager Sachsenhausen* (Sachsenhausen Death Camp).

Filmmuseum Potsdam / DEFA-Stiftung

Regisseur Konrad Wolf (Mitte) mit Jaecki Schwarz (rechts) während der Dreharbeiten, 1967.
Der Film trägt autobiographische Züge: auch Konrad Wolf erlebte das Kriegsende als Deutscher in der Roten Armee und marschierte in Berlin ein. Aufgrund dieser persönlichen Erfahrungen, gelang ihm – trotz der in der DDR herrschenden strengen Zensur – ein differenziertes Bild des Kriegsendes.

Director Konrad Wolf (centre) during filming with Jaecki Schwarz (right), 1967.
The film was partly autobiographical: Konrad Wolf actually witnessed the end of the war as a German in the Red Army, and marched into Berlin. This personal experience enabled Wolf to give a discerning picture of the end of the war, despite the strict censorship in East Germany.

1979

DIE EHE DER MARIA BRAUN
THE MARRIAGE OF MARIA BRAUN

Die Ehe der Maria Braun, Filmplakat, 1979, Westdeutschland.
Regie: Rainer Werner Fassbinder.
Kurz nach seiner Hochzeit muss Hermann Braun 1943 als Soldat an die Front. Anschließend gerät er in Kriegsgefangenschaft. Seine Frau Maria arrangiert sich mit den Verhältnissen, kommt nach Kriegsende zu Wohlstand und hat diverse Affären, obwohl sie Hermann noch liebt. Nach seiner Rückkehr zerbricht diese Liebe und Maria begeht Selbstmord.

The Marriage of Maria Braun, film poster, 1979, West Germany.
D: Rainer Werner Fassbinder.
Hermann Braun is drafted to the front as a soldier in 1943, shortly after his wedding. He is taken captive as a prisoner of war. His wife Maria adapts to the situation, becomes prosperous after the end of the war and has various affairs, although she still loves Hermann. After his return this love breaks down and Maria commits suicide.

Stiftung Topographie des Terrors

Rainer Werner Fassbinder Foundation

Hanna Schygulla (vorne rechts) als Maria Braun auf der Suche nach ihrem Mann.
Der Film interpretiert die Trümmerfilme neu, wobei der Fokus nun auf der Darstellung der Nachkriegsgesellschaft der 1950er Jahre liegt.

Hanna Schygulla (foreground, right) as Maria Braun in search of her husband.
With its focus on portraying the postwar society of the 1950s, the movie brought a new perspective to the 'rubble film' genre.

Deutsche Kinemathek

Regisseur Rainer Werner Fassbinder (rechts) mit Klaus Löwitsch (links) während der Dreharbeiten, 1978.
Der Film ist Teil von Fassbinders Trilogie über Frauenschicksale der Nachkriegszeit. Die Filme zeigen das Scheitern der Frauen, ihre verlorenen Wünsche und Träume, zerstörte zwischenmenschliche Beziehungen und das Schweigen der Nachkriegsgesellschaft.

Director Rainer Werner Fassbinder (right) with Klaus Löwitsch (left) during filming, 1978.
The film is part of Fassbinder's trilogy about the fate of women in the postwar period, their lost wishes and dreams, wrecked interpersonal relationships and the silence of postwar society.

1994/95

DREI TAGE IM APRIL
THREE DAYS IN APRIL

Drei Tage im April, Filmplakat, 1994/95, BRD. Regie: Oliver Storz.
In einem Dorf in Süddeutschland bleibt in den letzten Apriltagen 1945 ein SS-Sonderzug mit KZ-Häftlingen auf den Gleisen liegen. Nach drei Tagen verschwinden die SS-Wachen. Die BDM-Führerin Anna hat Mitleid und möchte helfen. Doch die Dorfbewohner beschließen, die Waggons anzuschieben und ins Ungewisse rollen zu lassen.

Three Days in April, film poster, 1994/95, Germany. D: Oliver Storz.
In a village in southern Germany in the last days of April 1945 a special SS train with concentration camp prisoners stays standing on the tracks. The SS guards disappear after three days. Anna, a leader from the Nazi League of German Girls, feels sorry for the prisoners and wants to help. But the villagers decide to push-start the waggons and let them roll away to an uncertain fate.

Studio Hamburg Enterprises GmbH

SWR / Hanne Schröder

Filmszene mit Karoline Eichhorn als Anna.
Der Film basiert auf einer wahren Begebenheit. Im Gegensatz zu den kitschigen Kriegs-Melodramen der 1990er Jahre, zeigt der Film auf ruhige und sensible Art und Weise Zivilcourage und ist damit eine absolute Ausnahme in dieser Zeit.

Film scene with Karoline Eichhorn as Anna.
The film is based on a true story. Far removed from the kitsch war melodramas of the 1990s, the film's calm, sensitive portrayal of civic courage makes it an absolute exception for the period.

SWR / megaherz

Regisseur Oliver Storz, 2012.
Oliver Storz musste 1944 im Alter von 16 Jahren im Volkssturm kämpfen und erlebte die NS-Zeit und das Kriegsende hautnah mit. Er entwickelte ein starkes kritisches Feingefühl für die Umsetzung des Themas „Kriegsende“ im Film, das er auch in seinen Romanen *Nebelkinder* und *Freibadclique* unter Beweis stellte.

Director Oliver Storz, 2012.
In 1944, at the age of 16, Oliver Storz had to fight in the People's Storm, giving him first-hand experience of the Nazi period and the end of the war. His stark, finely tuned critical approach to depicting the end of the war is evident both in film and in his novels, like *Nebelkinder* (Children of Mist and Fog) and *Freibadclique* (The Lido Clique).

2004

DER UNTERGANG
THE DOWNFALL

Der Untergang, Filmplakat, 2004, BRD. Regie: Oliver Hirschbiegel. Der Film basiert auf dem gleichnamigen Werk von Joachim Fest.
Aus der Perspektive von Hitlers Privatsekretärin Traudl Jung zeigt der Film die letzten 12 Tage Hitlers im Führerbunker in Berlin. Parallel dazu wird die Geschichte eines verwaisten Jungen im Volkssturm erzählt, der den Krieg überlebt und gemeinsam mit Traudl Jung aus Berlin flieht.

The Downfall, film poster, 2004, Germany. D: Oliver Hirschbiegel. Based on the book of the same name by Joachim Fest.
The film shows Hitler's last 12 days in the Führer's bunker in Berlin from the perspective of Hitler's private secretary, Traudl Jung. In parallel it tells the story of an orphan boy in the People's Storm who survives the war and escapes from Berlin with Traudl Jung.

Constantin Film GmbH

Filmszene mit Bruno Ganz als Adolf Hitler (vorne links).
Der Film will Hitler so realistisch wie möglich darstellen, um der Mystifizierung zu entgehen. Es wird ein alter, kranker, fanatischer und realitätsferner Hitler gezeigt. Durch den Tabubruch, Hitler als Menschen zu zeigen, wurde der Film zum Medienereignis stilisiert.

Film scene with Bruno Ganz as Adolf Hitler (foreground, left).
To avoid mystification the film tries to portray Hitler as realistically as possible. It shows him as a fanatical old man, sick and out of touch with reality. The film received special media attention because it breached the taboo against portraying Hitler as human.

Constantin Film GmbH

Regisseur Oliver Hirschbiegel (2. v. l.) während der Dreharbeiten, 2003.
Der Film wurde mehrfach ausgezeichnet und war 2005 für den Oscar nominiert. Er wurde jedoch auch vielfach kritisiert, da verschiedene NS-Persönlichkeiten sehr positiv dargestellt werden, quasi als Gegengewicht zu Hitler. Aus Tätern werden somit falsche Helden.

Director Oliver Hirschbiegel (2nd from left) during filming, 2003.
The film gathered several awards and an Oscar nomination in 2005. It was criticised for portraying various leading Nazi figures in a positive light as a contrast to Hitler. Perpetrators were turned into false heroes.

2007/2008

ANONYMA – EINE FRAU IN BERLIN
ANONYMA – A WOMAN IN BERLIN

Anonyma – Eine Frau in Berlin, Filmplakat, 2007/2008, BRD. Regie: Max Färberböck. Nach dem gleichnamigen Tagebuch einer Berliner Journalistin.
Eine junge Berliner Journalistin erlebt den Einmarsch der Roten Armee 1945 und die massenhaften Vergewaltigungen deutscher Frauen durch die Russen. Um dieser Willkür zu entgehen, geht sie eine Beziehung mit einem russischen General ein.

Anonyma – A woman in Berlin, film poster, 2007/2008, Germany. D: Max Färberböck. Based on Anonyma, the diary of a Berlin journalist.
A young journalist living in Berlin witnesses the Red Army marching into the city in 1945 and the mass rapes of German women by the Russians. To escape this despotism she starts a relationship with a Russian general.

Deutsche Kinemathek / Constantin Film GmbH

Jürgen Olczyk

Jürgen Olczyk

Nina Hoss als Anonyma.
Als das Tagebuch der Journalistin und Fotografin Marta Hillers (1911–2001) 1959 erstmals anonym in Deutschland veröffentlicht wurde, stieß es auf Ablehnung. Man warf der Autorin vor, die Ehre der deutschen Frau zu beschmutzen. Schockiert, verbot die Autorin jede weitere Veröffentlichung zu Lebzeiten.

Nina Hoss as Anonyma.
When the diary of the journalist and photographer Marta Hillers (1911–2001) was first published anonymously in Germany in 1959, it met with rejection and disapproval. The author was accused of tainting the honour of German women. Shocked, she refused to allow republication of the book during her lifetime.

Regisseur Max Färberböck (rechts) bei den Dreharbeiten, 2007.
Nach dem Tod der Autorin verfilmte Max Färberböck das Tagebuch. Er kommentierte seinen Film wie folgt: „Wir hätten nie einen Film gemacht, der die deutsche Kriegsschuld relativiert. Der größte Tabubruch bei Anonyma ist, dass sie mit allen Klischees aufräumt: zum Beispiel, dass alle deutschen Frauen nur Opfer waren."

Director Max Färberböck (right) during filming, 2007.
After the death of the author, Max Färberböck made a film of the diary. He commented: "We would never have made a film that relativized German guilt for the war. Anonyma breaches a major taboo by sweeping away all the clichés: for example, that all German women were only victims."

1945 – DIE LETZTEN KRIEGSMONATE IN DEUTSCHLAND

Rolf-Dieter Müller

Nach mehr als fünf Jahren Krieg standen die Armeen der Anti-Hitler-Koalition an den deutschen Grenzen, bereit, das verbrecherische NS-Regime endgültig niederzuwerfen. Nach blutigen Schlachten war es den westlichen Alliierten gelungen, die Wehrmacht aus dem Mittelmeerraum und aus Frankreich hinauszudrängen. Ihre Bomberflotten beherrschten den Himmel über dem Reich. Deshalb war auch Hitlers letzte Offensive an der Westfront im Dezember 1944 gescheitert. Noch dauerten die schweren Kämpfe in den Ardennen am Jahresende an. Mit dem Einsatz seiner letzten Reserven war es Hitler zumindest gelungen, den Einmarsch der Alliierten über den Rhein zu verzögern und den Krieg um einige Monate zu verlängern.[1]

Im Osten stand die Rote Armee an der Weichsel und an der ostpreußischen Grenze. Nur im nördlichen Litauen und im Raum Budapest dauerten heftige Kämpfe an. Die Masse der nach Westen vorgestoßenen sowjetischen Armeen bereitete sich darauf vor, mit einer entscheidenden Schlussoffensive ins Reich einzubrechen. Sie hatten im vergangenen Sommer und Herbst durch einen stürmischen Vormarsch die Wehrmacht auf die Grenze von 1941 zurückgeworfen.[2]

In einer ähnlich aussichtslosen militärischen Lage hatte die deutsche Führung im November 1918 um Waffenstillstand gebeten und den Ersten Weltkrieg mit dem Friedensvertrag von Versailles beendet. Den Deutschen war es damals erspart geblieben, blutige Endkämpfe und die Besetzung des eigenen Territoriums zu erleben. Dieser Weg war ihnen 1944/45 verbaut. Sie hatten 1933 mehrheitlich Adolf Hitler und seine NSDAP gewählt, in der Hoffnung auf Überwindung der wirtschaftlichen Not und eine Revision des Versailler Vertrags. Hitler hatte aber viel weiter reichende Pläne. Mit der Eröffnung des Zweiten Weltkriegs im September 1939 trieb er sein Programm eines „Großgermanischen Reiches deutscher Nation“ mit einer rücksichtslosen Expansionspolitik voran.[3]

Hitler hatte nie einen Zweifel daran gelassen, dass es mit ihm keinen „November 1918“ geben werde. Die Parole hieß: Sieg oder Untergang.[4] Als nach der militärischen Katastrophe von Stalingrad die Kette an Niederlagen nicht abriss, wurde der „totale Krieg“ ausgerufen und durch die NS-Propaganda die Hoffnung auf einen „Endsieg“ verbreitet. Um den bereits erschöpften Deutschen, für die sich die Lebensumstände immer weiter verschlechterten, Mut zu machen, gaukelte man ihnen die Illusion von „Wunderwaffen“ vor, mit denen die Übermacht der Feinde besiegt werden sollte.[5]

Die Alliierten hatten 1943/44 ihren Bombenkrieg gegen die deutsche Kriegswirtschaft und Rüstungsindustrie sowie gegen die Zentren der Großstädte massiv ausgeweitet.[6] Zugleich bestanden sie auf ihrer Forderung nach einer bedingungslosen Kapitulation und bekundeten damit ihren Willen, anders als nach dem Ersten Weltkrieg Deutschland zu besetzen und vollständig umzugestalten. Als der Staatsstreich vom 20. Juli 1944 gescheitert war, gab es innerhalb des Reiches praktisch keine handlungsfähige Kraft mehr, die in der Lage gewesen wäre, Hitler und sein Regime zu beseitigen, um den Krieg zu beendigen und sich mit den Siegermächten zu verständigen. Es gelang dem Diktator, seine Paladine fest an sich zu binden. Erst in den letzten Kriegstagen lösten sich einzelne hohe Funktionäre wie Himmler und Göring aus Hitlers Bann. Sie suchten selbständig, aber vergeblich den Kontakt zu den Alliierten. So glaubte Himmler zum Beispiel in den letzten Kriegstagen, KZ-Häftlinge als Geiseln benutzen zu können, um Druck auf die Westalliierten auszuüben.

Die militärische Opposition hatte sich in einem kleinen, verschwiegenen Zirkel organisieren müssen, um den Aufstand vorbereiten zu können.[7] Ob bei einem Erfolg des Attentats auf Hitler die Mehrzahl der Offiziere mitgezogen hätte, aber bleibt fraglich. Die Generalität war durch den Diktator teilweise korrumpiert und auf seinen Kurs eingeschworen worden. Ein Teil von ihnen befürchtete Bürgerkrieg und Revolution, wie sie es selbst 1918 erlebt hatten, ein Teil wohl auch die Rache der Sieger, da sich die Wehrmacht zum Handlanger eines rassenideologischen Vernichtungskrieges im Osten gemacht hatte.[8]

Gegenüber den Zukunftssorgen der Berufssoldaten und der militärischen Elite, richteten sich die Hoffnungen des Millionenheeres wehrpflichtiger und zwangsrekrutierter Soldaten auf ein rasches Ende der blutigen Kämpfe und die Rückkehr ins Zivilleben.[9] Angesichts ständiger Todesgefahr sahen die meisten eine Überlebenschance nur in der kleinen Kampfgemeinschaft. Zu der Geborgenheit im Kameradenkreis kam vielerorts das Vertrauen in verständnisvolle Vorgesetzte und in das Funktionieren des Wehrmachtsystems. Das versprach Heimaturlaub und andere Erleichterungen im Frontalltag. Besatzungssoldaten in Norwegen und Dänemark erlebten eine nahezu ruhige Idylle. Hunderttausende bewegten sich in den letzten Kriegsmonaten hinter der Front mit offiziellen Marschbefehlen, unter fingierten Vorwänden oder infolge von Krankheit oder Verwundung. Andere waren in sogenannten Festungen wie Kreta oder an der Atlantikküste eingeschlossen.

Immer häufiger gerieten einzelne Soldaten und Einheiten aber auch in verzweifelte Situationen, überfordert durch sinnlose Befehle, versprengt und orientierungslos auf dem Gefechtsfeld, unter dem Druck von Durchhaltefanatikern unter den Vorgesetzten und ein ständig verschärftes System der Repression und Kontrolle, mit dem Hitler und die Wehrmachtführung auf die nachlassende

Kampfmoral reagierten. Vor allem an der Westfront hatten auf dem Rückzug Hunderttausende den Kampf aufgegeben und waren in Gefangenschaft gegangen. Im Osten fürchteten viele die Rache der Roten Armee. Hier hatte der Krieg längst eine ungewöhnliche Brutalität und Härte hervorgebracht, der nicht selten Verwundete oder Gefangene des Feindes zum Opfer fielen. Den Verlockungen der sowjetischen Frontpropaganda, die zum Überlaufen aufforderte, folgten jedenfalls nur wenige. Gefangenschaft und Zwangsarbeit in Sibirien war für die deutschen Soldaten ein Schreckensbild, anders als die Aussicht, als Gefangene in die USA transportiert zu werden.[10]

Die Zahl derjenigen, die aktiv zum Feind desertierten oder sich im Reich den Zwangsrekrutierungen zu entziehen versuchten, stieg zwar im letzten Kriegsjahr an, blieb aber innerhalb der Masse von mehr als zehn Millionen mobilisierter Männer auffallend gering. Mehr als 25 000 Todesurteile einer gnadenlosen Wehrmachtjustiz sorgten bis Kriegsende für eine Eindämmung der Kriegsmüdigkeit unter den Soldaten, von denen die wenigsten durch politische Motive angetrieben wurden. Feldgendarme und „Fliegende Standgerichte" waren bei allen gefürchtet, auch bei Offizieren und Generalen. Das Regime bedrohte jedermann, der den sinnlosen „Endkampf" aufgeben wollte, mit dem Tode. Durch „Sippenhaft" sollten dafür sogar die Familienangehörigen büßen.[11]

In den letzten Kriegsmonaten löste sich die Wehrmacht nicht nur unter den Schlägen des Feindes auf. Hitler schloss z.B. die militärische Ausbildungsorganisation und schickte die jungen Offiziersanwärter als einfache Infanteristen an die Front.[12] Alles war auf kurzfristigen Zeitgewinn abgestellt. In die Kasernen kamen für kurze Zeit die jüngsten Jahrgänge, 16-jährige Kindersoldaten, die kaum etwas anderes erlebt hatten als den Krieg und nun als Kanonenfutter für ihren „Führer" das Leben opfern sollten. Viele hatten sich unter dem Eindruck von Erziehung und Propaganda sogar freiwillig gemeldet. Die Begeisterung mancher verflog rasch in der grausamen Realität des Krieges.[13]

Wenig begeistert waren auch Hunderttausende von alten Veteranen und Rentnern, die zusammen mit Hitlerjungen und Schwerkriegsbeschädigten seit September 1944 in dem neu geschaffenen „Volkssturm" versammelt wurden. Für einige wenige Bataillone reichten geringe Reste von Ausrüstung und Bewaffnung. Sie mussten in den Reihen der Wehrmacht kämpfen. Die anderen trafen sich zu gelegentlichen Übungen und zum Schanzen. Sie sollten in letzter Minute bei Annäherung des Feindes aufgerufen werden und ihre Heimatorte verteidigen. Dazu ist es oft nicht mehr gekommen. In Zivilkleidung, nur mit einer Armbinde gekennzeichnet, liefen sie Gefahr, vom Gegner nicht als Kombattanten anerkannt und erschossen zu werden. Hatten sie Glück, unterblieb der Aufruf oder sie wurden von einsichtigen Verantwortlichen, z.B. dem örtlichen Schulleiter, nach Hause geschickt.

Das Modell der Kamikaze-Flieger des japanischen Verbündeten übernahm die Wehrmacht mit der Aufstellung von sogenannten Selbstopfer-Einheiten, speziell in der Luftwaffe, nur zögerlich.[14] Das galt auch für die Formierung von weiblichen Kampftruppen. Zwar dienten mehr als eine Million Frauen bereits seit Jahren in der Wehrmacht in Hilfsfunktionen („Blitzmädchen"), doch das Bild einer bewaffneten Frau passte nicht in Hitlers Frauenbild. Auch der Einsatz von Partisanen („Werwölfe") auf deutschem Boden gegen den Vormarsch des Gegners blieb eine marginale Erscheinung. Trotz fanatischer Propaganda und einiger organisatorischer Ansätze fanden sich auf verschiedenen Ebenen einsichtige Verantwortliche, die in den letzten Kriegstagen die Umsetzung solcher militärisch sinnloser Aktionen verzögerten.[15]

Das betraf auch verschiedene Vorschläge, das riesige Arsenal von neuartigen chemischen Kampfstoffen zu nutzen, um mit der Eröffnung des Gaskrieges den bereits laufenden Raketenbeschuss des gegnerischen Territoriums in eine neue Dimension des Krieges mit Massenvernichtungswaffen zu verwandeln. In Deutschland war nicht bekannt, dass die Westmächte bereits über einsatzbereite biologische Waffen verfügten und die Entwicklung einer Atombombe vor dem Abschluss stand. Die angelsächsische Vergeltung hätte in diesem Falle Deutschland wohl auf Jahre hinaus unbewohnbar machen können.[16]

Keine Hemmungen kannte die Wehrmacht, bis zu einer Million ausländischer „Hilfswilliger" und Legionäre aus allen Teilen Europas, sogar aus dem Kaukasus und Zentralasien, in den aussichtslosen Kampf zu schicken. Sie trugen meist deutsche Uniformen so zum Beispiel Ukrainer, Russen, Ungarn – und hatten sich wie andere für den Kampf gegen den Stalinismus mobilisieren lassen.[17] Französische Legionäre gehörten zu den letzten Verteidigern der Reichskanzlei. Als Kollaborateure stand ihnen in den Heimatländern ein hartes Schicksal bevor.

Bis Anfang 1945 herrschte an den Reichsgrenzen die sprichwörtliche Ruhe vor dem Sturm und die Verteidigungslinien blieben intakt. Doch als Mitte Januar zuerst im Osten, dann ab Anfang März auch im Westen der Bodenkrieg auf deutsches Territorium übergriff, kam es örtlich zu schweren Kämpfen. Hier wurde das eigene Militär zur größten Gefahr für die Zivilbevölkerung, weil der Gegner seine weit überlegene Feuerkraft einsetzte, um die eigenen Kräfte möglichst zu schonen. Das führte zwangsläufig zu größeren Zerstörungen und zivilen Verlusten. An der Ostfront hingegen trieb Stalin seine Armeen rücksichtslos voran, so dass nur dort, wo die Wehrmacht hartnäckigen Widerstand leistete, die nicht rechtzeitig evakuierte Zivilbevölkerung eine Chance hatte, in letzter

Minute der drohenden Gewaltorgie zu entkommen.[18] Kurz vor der Einschließung der „Festung" Breslau wurden die „nicht-brauchbaren Teile" der Bevölkerung vom Gauleiter aus der Stadt gejagt, wie Ballast einem ungewissen Schicksal überlassen. Offiziell sollten Frauen und Kinder hinter der Front ausharren, um den Männern den Rücken zu stärken. Sie durften auch deshalb nicht rechtzeitig nach Westen ausweichen, weil alle Transportkapazitäten und Durchgangsstraßen von der Wehrmacht beansprucht wurden. Trecks, die dennoch überstürzt im Zuge der fortschreitenden Kämpfe gebildet wurden, mussten auf winterlich verschneite Nebenwege ausweichen, wo viele von sowjetischen Panzern überrollt wurden. Dramatische Szenen spielten sich vor allem im eingeschlossenen Ostpreußen ab, wo schließlich nur noch der Weg über das zugefrorene Haff offenstand.

Im Ostseeraum spielte die Kriegsmarine noch eine maßgebliche Rolle. Obwohl auch für sie der Vorrang militärischer Aufträge galt, setzten sich einzelne Dienststellen darüber hinweg und nahmen sich der in den Häfen verzweifelt Wartenden, der Flüchtlinge, Verwundeten, Marinehelferinnen usw. an. Trotz einzelner Katastrophen, wie bei der Versenkung der Passagierdampfer „Wilhelm Gustloff", „Steuben" und „Goya" betrug die Verlustrate nur ein Prozent der eingeschifften Passagiere. Bis in die letzten Stunden des Krieges haben Seefahrzeuge der Handels- und der Kriegsmarine mehr als 2,2 Millionen Deutsche in Sicherheit zu bringen versucht, darunter 1,3 Millionen zivile Flüchtlinge.

Mehr als ein Drittel der deutschen Bevölkerung war infolge der letzten Kriegsereignisse unterwegs. Rund 300 000 Kinder verloren in den letzten Wochen des Krieges ihre Eltern. Neben zehn Millionen Männern und Frauen in den Streitkräften waren 7,5 Millionen Menschen „ausgebombt" und obdachlos, vegetierten in Kellern und Katakomben oder waren aufs Land evakuiert worden. Mehr als zehn Millionen waren schon zuvor aus den Großstädten entfernt und teilweise zusammen mit ihren Betrieben über große Teile des Reiches verteilt worden. Ostpreußen galt lange Zeit als der Luftschutzkeller Berlins. 14 Millionen befanden sich seit Anfang 1945 in Ostdeutschland auf der Flucht nach Westen. Wer es sich leisten konnte und über Beziehungen verfügte, hatte seine Familienangehörigen in die überfüllten Kurorte in Süddeutschland in Sicherheit gebracht. Ganze Stadtbezirke etwa in Hamburg, Köln oder Berlin waren praktisch menschenleer, ebenso manche Dörfer und Siedlungen, die in die Kampfzone gerieten. Die Wegweisung, Ernährung, medizinische Versorgung und Betreuung dieser Menschenmassen überforderte die personell ausgedünnte Verwaltung bei weitem. Doch auch sie funktionierte bis zum Einmarsch des Feindes – und darüber hinaus.[19]

Im Kontrast dazu stand die fanatische Durchhalte- und „Endsieg"-Propaganda des NS-Regimes. Die Opferbereitschaft des Einzelnen und der Zusammenhalt in kleinen Gemeinschaften waren unpolitische Impulse, die auf das Überleben zielten, nicht auf den Fortbestand des gescheiterten Unrechtsstaates oder eine längst verblichene Loyalität zum „Führer“. Die weitgehende Auflösung der propagierten „Volksgemeinschaft“ vollzog sich allerdings nicht gleichförmig und gleichzeitig. Es gab Landstriche, wie in Schleswig-Holstein und Bayern, die vom Krieg wenig oder erst ganz zum Schluss berührt worden sind. Doch sie zogen deshalb auch die Massen von Flüchtlingen an, die hier am ehesten auf Sicherheit und Versorgung hofften. Bei den Einheimischen fanden sie nicht immer Verständnis und Hilfe.

Trotz der großen Opferzahl des verschärften Bombenkriegs und der Fluchtbewegungen betrug das Verhältnis der getöteten Soldaten gegenüber zivilen Opfern 5 zu 1.[20] Seit Anfang 1945 erreichte das Sterben unter den Soldaten seinen Höhepunkt während des Zweiten Weltkriegs. Die an allen Fronten geschlagene Wehrmacht erlitt in den letzten Kriegsmonaten die blutigsten Verluste. Die Gewalt des Krieges richtete sich also hauptsächlich gegen die Männer, die das NS-Regime zur Verteidigung des Reiches aufbot. Die übliche Unterscheidung zwischen Front und Heimat löste sich aber schrittweise auf. Im Verständnis des von Goebbels propagierten totalen Krieges verlor der Begriff der „Zivilbevölkerung“ ohnehin seine landläufige Bedeutung. Die Alliierten respektierten die völkerrechtliche Schutzbestimmung auch nicht immer, wie die verheerenden Luftangriffe auf Dresden im Februar 1945 zeigten.[21] Im Westen griffen ihre Tiefflieger rücksichtslos alle Bewegungen im Hinterland an, um die deutsche Front zu zermürben.

Die Zunahme direkter Gewalt traf neben den Soldatenmassen verstärkt Frauen und ihre Familien. Sie mussten nun um Väter, Söhne und Brüder an der Front bangen, deren Schicksal meist ungewiss war, da Nachrichten nur noch sporadisch eintrafen und Millionen Männer als vermisst galten oder sich schon in Gefangenschaft befanden. Millionen Frauen mussten sich als „Kriegerwitwen“ oft allein um das Überleben ihrer Familien kümmern und dazu auch noch der Arbeitspflicht Folge leisten. In vielen Handwerks- und Industriebetrieben, soweit sie für das „Notrüstungsprogramm“ produzierten und nicht stillgelegt worden waren, bildeten Frauen den größten Anteil an der Arbeiterschaft. In der Landwirtschaft lag die Arbeitslast oft ganz allein auf ihren Schultern.[22]

Die letzten männlichen Arbeitskräfte in Betrieben, Instituten und Bürokratien wurden, sofern sie nicht schon von der Wehrmacht erfasst worden waren, in den Volkssturm überführt. Daneben hatten sie als Hilfswachmannschaften ausländische Zwangsarbeiter zu beaufsichtigen. Das Millionenheer von zivilen „Fremdarbeitern“ und Kriegsgefangenen war schon lange unentbehrlich, um die Kriegsproduktion aufrecht zu erhalten. Doch in der Phase des Zusammenbruchs, als viele Betriebe aus Mangel an Energie und Rohstoffen zum Erliegen kamen, wurden sie zunehmend als „Ballast“ empfunden.

In Industrie und Wirtschaftsbürokratie hatte man sich schon seit 1944 in aller Stille auf die Nachkriegszeit eingestellt.[23] Dort betrieb man eine intensive Vorsorge um Infrastruktur, Vorräte und Stammpersonal der Betriebe über die zu erwartenden Wirren der letzten Kriegstage und die feindliche Besetzung zu retten. Diese verständliche Überlebensstrategie umfasste freilich nicht die ausländischen Zwangsarbeiter, die im Falle ihrer Befreiung Zeugnis über das erlittene Unrecht ablegen und Rache nehmen könnten. Deshalb suchte man sich ihrer zu entledigen und sie in letzter Minute aus den Städten zu entfernen. Die lokalen und regionalen Instanzen übernahmen im Frühjahr 1945 immer mehr Verantwortung, da die zentrale Steuerung schrittweise zusammenbrach. Selbsthilfe wurde zur Überlebensstrategie, die den Zusammenhalt in Familien, Kommunen und Regionen stärkte.

Nahezu völlig isoliert gegenüber der deutschen Bevölkerung blieben die ausländischen Zwangsarbeiter und Kriegsgefangenen. In streng bewachten Kolonnen wurden sie unter winterlichen Bedingungen aus den vom Feind bedrohten Gebieten evakuiert. Sie blieben auf die Gnade und Vorsorge ihrer Bewacher angewiesen. Unter primitiven Verhältnissen und unterversorgt trieb man sie von einem Provisorium zum nächsten, bis der Augenblick ihrer Befreiung nahte. Dann konnte die alliierte Militärverwaltung dafür Sorge tragen, dass die deutsche Verwaltung ausreichend Mittel zur Verfügung stellte. Eine Ausnahme bildete der Osten der Reiches, wo die Rote Armee nach der Befreiung sowjetischer Zwangsarbeiter und Kriegsgefangener „Filtrierlager" für die vermuteten Verräter errichtete und viele von ihnen am Ende im Gulag-Lagersystem innerhalb der UdSSR landeten.[24] Die geringsten Überlebenschancen hatten im Frühjahr 1945 die Häftlinge und Sklavenarbeiter im Lagersystem der SS. Darunter befanden sich auch Deutsche, aber die Mehrheit bildeten ausländische Gefangene. Es waren rassisch Verfolgte, gefangene Widerstandskämpfer aus den ehemals besetzten Gebieten sowie zahlreiche andere politische Gefangene. Die unzähligen Lager und ihre Außenstellen versuchte man rechtzeitig zu evakuieren und die Spuren der Gewalt- und Mordpolitik zu beseitigen. Gefangene, die nicht arbeits- oder marschfähig waren, wurden ermordet, die vorerst Überlebenden trieb man in Hungermärschen durch Deutschland. Diese Elendszüge von KZ-Häftlingen sorgten in nahezu allen Gebieten des Reiches dafür, dass die Menschen mit den Verbrechen des Regimes unmittelbar konfrontiert wurden. Um das eigene Überleben bekümmert, fanden die Häftlinge selten Hilfe. Dafür sorgte vor allem der anhaltende Terror von Gestapo, Polizei und Parteifunktionären. In der Lübecker Bucht fielen Tausende, die auf Schiffe verfrachtet worden waren, alliierten Bombenangriffen zum Opfer. Nur wenigen gelang es, sich, wie in Buchenwald in letzter Minute selbst zu befreien. Die oft vom Tode gezeichneten Häftlinge starben an Entkräftung nicht selten noch nach ihrer Befreiung.

Der Repressionsapparat des Regimes arbeitete bis zur letzten Minute mit Hochdruck, um Protest und Widerstand in der Bevölkerung zu verhindern. Erst als der Einmarsch des Feindes unmittelbar bevorstand, wurden vielerorts weiße Fahnen gehisst und an wenigen Orten sogar Widerstandsgruppen gebildet, um den sinnlosen Kampf zu beenden. Doch der Terror des Regimes reichte bis zum Schluss in nahezu jeden Winkel des noch unbesetzten Teils Deutschlands.[25]

Die Kriegsweihnacht 1944 brachte für die Deutschen Ruhe vor dem Sturm. Erfüllt von der Hoffnung auf ein baldiges Kriegsende, fürchteten doch die meisten die Konfrontation mit dem von Ost und West ins Reich einmarschierenden Feind. Seit 140 Jahren hatte keine fremde Armee mehr kämpfend Deutschland besetzt. Für die Menschen im Westen des Reiches bot die Begegnung mit der US-Army den geringsten Schrecken. Von den Briten, erst recht von der französischen Armee erwartete man eine härtere Haltung. Im Osten rechnete kaum einer damit, dass sich die Rote Armee an die Regeln des Kriegsvölkerrechts halten werde.

Ab dem 16. Januar brach hier die Front unter dem Druck der sowjetischen Winteroffensive endgültig zusammen. Sie führte zur Einschließung von Ostpreußen und bereits Ende Januar zur Bildung von Brückenköpfen des Feindes am Westufer der Oder. Den direkten und schnellen Zugriff auf Berlin vermied Stalin. Er ließ die Flankenbedrohungen in Pommern und Schlesien sowie aus dem Raum Budapest-Wien beseitigen. Anfang Februar trafen sich die „Großen Drei" (Roosevelt, Stalin, Churchill) in Jalta, um sich über die Aufteilung Deutschlands zu verständigen.

Anfang März gelang es den westlichen Alliierten, bei Remagen den Rhein zu überschreiten. Gegen schwachen Widerstand der Wehrmacht kesselten sie die deutschen Hauptkräfte im Ruhrgebiet ein. Die Briten sicherten sich durch die schnelle Besetzung Norddeutschlands den strategisch wichtigen Ostsee-Ausgang. Die Amerikaner und Franzosen eroberten Süddeutschland. Am 16. April trat die Rote Armee zur Wegnahme Berlins und zur Besetzung Mitteldeutschlands an. Am 25. April 1945 trafen amerikanische und sowjetische Truppen bei Torgau an der Elbe zusammen. Vier Tage später kapitulierten die in Norditalien eingesetzten Verbände der Wehrmacht. Hitlers Selbstmord am 30. April in seinem Berliner Bunker setzte das Signal für das Ende des NS-Regimes und größerer Kampfhandlungen. Die in Flensburg entsprechend Hitlers Testament gebildete neue Reichsführung unter Großadmiral Dönitz versuchte vergeblich, durch regionale Teilkapitulationen Zeit zu gewinnen. Am 8. Mai 1945 war der Krieg für die Deutschen offiziell zu Ende.

Die überwiegende Mehrheit hatte sich apathisch in den befohlenen „Endkampf" gefügt, mehr um das eigene Überleben besorgt als um den Fortbestand des NS-Regimes. Die Zusammenbruchsgesellschaft bot aber kein einheitliches Bild. Territorial, militärisch, wirtschaftlich und politisch zerfiel das totalitäre „Dritte Reich" schubweise in kleinere Zusammenhänge, die im zivilen Bereich den 8. Mai überdauerten. Im Raum Aachen war der Krieg bereits Ende Oktober 1944 zu Ende gegangen.

Der Osten Deutschlands hingegen erlebte zwischen Januar und April 1945 eine Orgie der Gewalt, die nach dem Ende der Kämpfe auf andere Weise fortdauerte und zur

Vertreibung der deutschen Bevölkerung führte. Mehr als 270 000 Zivilisten wurden von der Roten Armee als Zwangsarbeiter deportiert. Dabei starben rund 66 000. Von den insgesamt 11 Millionen deutschen Kriegsgefangenen, die Jahre lang Zwangsarbeit leisten mussten, sind 134 000 noch nach Kriegsende gestorben.

Ab März erlebte der Westen nur eine kurze Phase von Bodenkämpfen, dann führte die Besetzung zu einem friedlichen Zusammenleben mit den Besatzern. Dass sich damit der Weg in die Befreiung auch der Deutschen öffnete, wurde vielen erst sehr viel später einsichtig. Die Not des Alltags und des Überlebens dauerte noch lange an, aber die Überlebensgemeinschaften der Deutschen erweiterten sich kontinuierlich, von den lokalen zu den regionalen Zusammenhängen schließlich zur Zusammenfassung von einzelnen Besatzungszonen, wenn auch die gesamtstaatliche Einheit für fast ein halbes Jahrhundert verloren ging.

Mehr als fünf Millionen deutsche Soldaten hatten durch den Zweiten Weltkrieg ihr Leben verloren. Hinzu kamen 570 000 Zivilisten, die im Bombenkrieg starben sowie mindestens 600 000 während der Flucht und Vertreibung. Das waren etwa zehn Prozent der Gesamtzahl an Opfern weltweit. Die Verluste in China, der UdSSR und Polen lagen höher. Sie wurden durch den Völkermord an rund 6 Millionen Juden prozentual bei weitem übertroffen.

Der 8. Mai 1945 beendete die militärischen Kampfhandlungen in und gegen Deutschland. In anderen Teilen der Welt aber ging der Krieg weiter (Kapitulation Japans am 2. September 1945) oder brach neu auf (gegen die europäischen Kolonialmächte). In Ostmitteleuropa dauerte der bewaffnete Widerstand gegen die Sowjetisierung bis Anfang der 50er Jahre, der nach dem Abzug der Wehrmacht 1944 aufgebrochene Bürgerkrieg in Griechenland endete 1949. Das Ende des Zweiten Weltkriegs hatte weder für die Deutschen und anderen Europäer noch für den Rest der Welt alle Probleme gelöst, aber für einen kurzen Moment die Hoffnung der Menschheit auf eine Welt ohne Krieg geweckt. Sie fand mit der Gründung der Vereinten Nationen ihren Ausdruck. Die Hoffnung dauert an.

1 Vgl. dazu ausführlich John Zimmermann, Pflicht zum Untergang. Die deutsche Kriegführung im Westen 1944/45, Paderborn 2009.

2 Vgl. Das Deutsche Reich und der Zweite Weltkrieg, Bd. 8 (Beitrag Karl-Heinz Frieser), München 2007, S. 493–678.

3 Vgl. Rolf-Dieter Müller, Der letzte deutsche Krieg 1939–1945, Stuttgart 2005.

4 Zur „Choreographie des Untergangs" vgl. Das Deutsche Reich und der Zweite Weltkrieg, Bd. 8 (Beitrag Bernd Wegner), S. 1192–1209.

5 Vgl. Das Deutsche Reich und der Zweite Weltkrieg, B. 5/2, (Beitrag Rolf-Dieter Müller), Stuttgart 1999, S. 693–743.

6 Vgl. Das Deutsche Reich und der Zweite Weltkrieg, Bd. 7 (Beitrag Horst Boog), Stuttgart u. München 2001, S. 3–137, zum Überblick Rolf-Dieter Müller, Der Bombenkrieg 1939–1945, Berlin 2004.

7 Siehe Das Deutsche Reich und der Zweite Weltkrieg, Bd. 9/1 (Beitrag Winfried Heinemann), München 2004, S. 803–843.

8 Andreas Kunz, Wehrmacht und Niederlage. Die bewaffnete Macht in der Endphase der nationalsozialistischen Herrschaft 1944 bis 1945, München 2005, S. 54–59.

9 Siehe umfassend Felix Römer, Kameraden. Die Wehrmacht von innen, München 2013.

10 Vgl. ausführlich Rüdiger Overmans, Soldaten hinter Stacheldraht. Deutsche Kriegsgefangene des Zweiten Weltkrieges, Berlin 2000.

11 Vgl. umfassend Manfred Messerschmidt, Die Wehrmachtjustiz 1933–1945, Schöningh, Paderborn u.a. 2005.

12 Das Deutsche Reich und der Zweite Weltkrieg, Bd. 10/2 (Beitrag Andreas Kunz). München 2008, S. 28.

13 Ulrich Herrmann/Rolf-Dieter Müller (Hg.), Junge Soldaten im Zweiten Weltkrieg. Kriegserfahrungen als Lebenserfahrungen, Weinheim, München 2010.

14 Das Deutsche Reich und der Zweite Weltkrieg, Bd. 10/1 (Beitrag Horst Boog), München 2008, S. 831–835.

15 Volker Koop, Himmlers letztes Aufgebot: die NS-Organisation „Werwolf“, Köln 2008.

16 Das Deutsche Reich und der Zweite Weltkrieg, Bd. 10/2 (Beitrag Rolf-Dieter Müller), München 2008, S. 126–129.

17 Dazu umfassend Rolf-Dieter Müller, An der Seite der Wehrmacht. Hitlers ausländische Helfer beim „Kreuzzug gegen den Bolschewismus“ 1941–1945, Berlin 2007.

18 Zum militärischen Zusammenbruch der Ostfront vgl. Das Deutsche Reich und der Zweite Weltkrieg, Bd. 10/1 (Beitrag Richard Lakowski), S. 491–679.

19 Vgl. Das Deutsche Reich und der Zweite Weltkrieg, Bd. 9/1 (Beitrag Armin Nolzen), S. 442–461.

20 Siehe umfassend Rüdiger Overmans, Deutsche militärische Verluste im Zweiten Weltkrieg, München 1999.

21 Rolf–Dieter Müller u.a.(Hg.), Die Zerstörung Dresdens 13. bis 15. Februar 1945. Gutachten und Ergebnisse der Dresdner Historikerkommission zur Ermittlung der Opferzahlen, Göttingen 2010.

22 John Zimmermann, Pflicht zum Untergang. Die deutsche Kriegführung im Westen des Reiches 1944/45, Paderborn etc. 2009, S. 413–424.

23 Vgl. Das Deutsche Reich und der Zweite Weltkrieg, Bd. 10/2 (Beitrag Rolf-Dieter Müller), S. 65–74.

24 Vgl. Das Deutsche Reich und der Zweite Weltkrieg, Bd. 10/1 (Beitrag Manfred Zeidler), S. 757–775.

25 Vgl. Ian Kershaw, Das Ende. Kampf bis in den Untergang. NS-Deutschland 1944/45, München 2011.

1945 – THE LAST MONTHS OF THE WAR IN GERMANY

Rolf-Dieter Müller

After more than five years of war, the armies of the anti-Hitler coalition stood at Germany's borders, ready to thrash the criminal Nazi regime once and for all. After fierce battles the Western Allies had succeeded in forcing the Wehrmacht out of the Mediterranean region and France. Allied bomber fleets controlled the skies over the Reich, causing the collapse of Hitler's last offensive on the Western front in December 1944. At the end of the year, heavy fighting still persisted in the Ardennes. By deploying his last reserve forces, Hitler had at least been able to delay the Allies' invasion across the Rhine and prolong the war by several months.[1]

In Eastern Europe, the Red Army was at the River Weichsel and the East Prussian border. Heavy fighting continued only in northern Lithuania and the Budapest area. The bulk of the Soviet Army that had pushed westwards was preparing to breach the Reich with a decisive final offensive. Their vigorous advance during the previous summer and autumn had beaten the Wehrmacht back to the 1941 borders.[2]

In November 1918, in a similarly hopeless military situation, the German leadership had asked for a truce and ended the First World War with the Treaty of Versailles. This meant the Germans were spared the carnage of final battles and the occupation of their own territory. In 1944/45 this was not an option. The majority of Germans had elected Adolf Hitler and his Nazi Party in 1933 in the hope of ending the economic crisis and getting the Versailles Treaty revised. By starting the Second World War in 1939 Hitler had pursued his programme of a "greater German Reich of the German nation" with ruthless expansionist policies.[3]

Hitler never left any doubt that he would refuse to allow a repeat of November 1918. His slogan was "victory or destruction".[4] When the series of defeats continued after the military disaster of Stalingrad, total war was proclaimed and the Nazi propaganda machine spread the hope of final victory. By now the Germans were exhausted and their living conditions increasingly worsened. To boost their courage they were tricked with the illusion of "miracle weapons" that would defeat the enemy's superior forces.[5]

In 1943/44 the Allies had massively increased bomb warfare against the German war economy and armaments industry, and against the big city centres.[6] At the same time they stuck to their demand for unconditional surrender and, unlike after the First World War, announced their intention of occupying Germany and completely reshaping the country. After the failure of the coup d'état of

20 July 1944, there was virtually no remaining force able to act and in a position to sweep away Hitler and his regime in order to end the war and forge agreement with the victorious powers. The dictator managed to retain the allegiance of his closest military leaders. Only in the last days of the war were high-ranking functionaries such as Himmler and Göring able to cast off Hitler's spell. They sought contact with the Allies of their own accord – but without success. For example, during the last days of the war, Himmler thought he could use concentration camp prisoners as hostages to pressure the Western allies.

The military opposition had to organise in a small, secretive circle to prepare the uprising.[7] It is doubtful whether the majority of officers would have joined the revolt if the assassination attempt on Hitler had succeeded. Some of the generals had been corrupted by the dictator and were committed to his policy. Some of them feared a repeat of the civil war and revolution they had lived through in 1918, and some were probably also afraid of the reprisals by the victors, because the Wehrmacht had become the instrument of a war of extermination based on racial ideology in Eastern Europe.[8]

In contrast to the fear of the future felt by professional soldiers and the military elite, millions of ordinary men in the army, conscripts and recruits pressed into service, were hoping the vicious fighting would end quickly and they could return to civilian life.[9] Faced with the constant threat of death, most of them saw their small combat company as their only chance of survival. Along with the safe circle of their close comrades, many of them put their trust in insightful superiors and in the functioning of the Wehrmacht system, which promised home leave and other relief from daily life at the front. The life of German soldiers occupying Norway and Denmark was almost idyllically peaceful. In the final months of the war, hundreds of thousands of soldiers were on the move behind the front under official marching orders or false pretences, or because they were sick or wounded. Others were trapped in so-called fortresses like Crete or on the Atlantic coast.

Meanwhile, individual soldiers and units were caught more and more frequently in desperate situations, overwhelmed by meaningless orders, scattered and confused on the battlefield, under pressure from some superior officers fanatically urging them hold out and from a constantly tightening system of repression and control that was the response of Hitler and the Wehrmacht commanders to the slackening combat spirit. On the western front above all, hundreds of thousands of retreating soldiers had given up fighting and had been taken prisoner. Many soldiers in Eastern Europe feared the revenge of the Red Army. The war there had long been fought with remarkable brutality and harshness, and enemy prisoners and the wounded were not always spared. In any case, only a few German soldiers reponded to the lure of Soviet front propaganda urging them to defect. The German soldiers were terrified at the thought of imprisonment and forced labour in Siberia, quite different from the prospect of being shipped in captivity to the USA.[10]

In the last year of the war there was a rise in the number of German soldiers who actively deserted to the enemy, or those in the Reich who tried to avoid compulsory recruitment, but the figures were still remarkably low compared to the mass of over ten million mobilised men. The merciless Wehrmacht judicial system passed more than 25,000 death sentences, ensuring that war weariness among soldiers was kept in check. Very few of those condemned were politically motivated. All the soldiers, even officers and generals, were afraid of the military police and summary courts martial. The regime threatened death to everybody who wanted to abandon the meaningless "final battle". The practice of kin liability meant that even family members of deserters and oppositionists would be penalised.[11] In the last months of the war the Wehrmacht disintegrated, not only because of enemy attacks. For example, Hitler shut down the military training organisation and sent the young trainee officers to the front as ordinary infantrymen.[12] Everything was focused on winning time in the short term. The youngest recruits began their brief stay in the barracks: 16-year-old child soldiers who had lived through almost nothing but the war and were now supposed to sacrifice their lives for their Führer as cannon fodder. Many of them, influenced by education and propaganda, had even volunteered for combat. Some rapidly lost their enthusiasm when faced with the harsh reality of the war.[13]

Hundreds of thousands of old veterans and pensioners were also less than happy about being assembled from September 1944 with boys from the Hitler Youth and badly injured war casualties in the newly created defence force, the "People's Storm". The remaining equipment and weaponry were enough for just a few battalions. They had to fight in the ranks of the Wehrmacht. The others assembled for occasional exercises and to dig trenches. They were supposed to be called up to defend their local areas at the last minute when the enemy approached. In many cases this never happened. In civilian clothes, with only an armband for identification, they risked the enemy not recognising them as combatants, and shooting them. If they had luck, the call-up never came or the responsible officials, such as headmasters, showed compassion and sent them home again.

The Wehrmacht adopted the model of their Japanese allies' kamikaze pilots, but only reluctantly, by setting up so-called "self-sacrifice units", particularly in the Luftwaffe.[14] Female combat troops was another issue where the Wehrmacht held back. Although over a million women had served as auxiliaries in the Wehrmacht for years ("Blitz girls"), the image of an armed woman didn't fit Hitler's picture of the female sex. The deployment of partisans ("werewolves") on German territory against the enemy invasion was also marginal. Despite fanatical propaganda and some organisational attempts, there were insightful people in charge at various levels who delayed embarking on such pointless military operations.[15] This also applied to various proposals for using Germany's huge stock of new types of chemical combat weapons. The intention was give the war a new dimension by adding weapons of mass destruction to the missile bombardments of enemy territory already in operation. The Germans were not aware that the Western powers had biological weapons ready to use, and were in the final stages of developing an atomic bomb. If the British and US forces had used those weapons in reprisals, they could probably have made Germany uninhabitable for many years.[16]

The Wehrmacht had no scruples about sending up to a million foreign "volunteers" and legionaries from all over Europe, even the Caucasus and Central Asia, into hopeless combat. Most of them wore German uniform, including Ukrainians, Russians and Hungarians who had joined the mobilisation, along with others, to fight against Stalinism.[17] French legionaries were among the last defenders of the Reich Chancellery. In their home countries those men later faced a harsh fate as collaborators.

Until the beginning of 1945 there was the proverbial calm before the storm at the Reich borders, and the defence lines were intact. Then, in mid-January, ground warfare encroached on German territory, first in the east, then from the beginning of March in the west, with heavy fighting in some places. The German military became the greatest threat to their own civilian population because the enemy used their far superior firepower to spare their own forces as much as possible. This inevitably caused much greater destruction and loss of civilian lives. On the eastern front, Stalin pushed his armies on ruthlessly, and the civilian population that had not been evacuated in time only had a chance of escaping the oncoming orgy of violence in places where the Wehrmacht put up dogged resistance.[18] Shortly before the siege of the "fortress" of Breslau (Wrocław), the gauleiter in command of the city threw out the "non-usable part" of the population like ballast, consigning them to an unknown fate. Officially, women and children were supposed to hold out behind the front to support the men. This meant they were not allowed to get away to the west in time because all the available transportation and through roads were commandeered by the

Wehrmacht. Treks that still formed hastily as the fighting became more intense had to divert to snowbound byways in the wintry weather, where Soviet tanks ran over many people. Dramatic scenes occurred particularly in the besieged region of East Prussia where the last path that remained open was over the frozen lagoon.

In the Baltic region the war navy still played a major role. Although military tasks still took priority, some duty stations ignored this and took charge of desperate people waiting at the ports, along with refugees, the wounded, female navy auxiliaries, etc. Despite isolated disasters, such as the sinking of the passenger steamships the Wilhelm Gustloff, the Steuben and the Goya, the losses totalled only one per cent of the embarked passengers. Right up until the last hour of the war, shipping vessels from the merchant navy and the war navy tried to bring more than 2.2 million Germans to safety, among them 1.3 million civilian refugees.

More than one-third of the German population was on the move as a result of the final events of the war. Around 300,000 children lost their parents in the last weeks of the war. Aside from 10 million men and women in the armed forces, 7.5 million people were bombed out and homeless. They vegetated in cellars and catacombs or were evacuated to the countryside. Over ten million people had already been sent away from the big cities; in some cases they were scattered with their factories and offices over large parts of the Reich. For a long period East Prussia was regarded as Berlin's air raid shelter. From the beginning of 1945, 14 million people in eastern Germany were fleeing to the west. Those who could afford it and had connections brought their families to safety in southern Germany's overcrowded health resorts. Meanwhile, entire districts in cities such as Hamburg, Cologne or Berlin were practically emptied of people, as were villages and settlements that became part of the battle zone. Administrative offices, already short-staffed, were overwhelmed with the tasks of helping people find their way, feeding them, and providing medical aid and assistance for the masses of people. But these offices, too, kept on functioning until the enemy invasion – and beyond. [19]

The Nazi regime's fanatical propaganda about holding out and final victory was a blatant contrast to all this. Individual willingness to make sacrifices and the solidarity within small communities were apolitical impulses aimed at survival, not at preserving the failed unconstitutional state or residual loyalty to the Führer. Yet the widespread dissolution of the "people's community" that the Nazis had propagated did not happen evenly and simultaneously. Some parts of the country, like places in Schleswig-Holstein and Bavaria, were barely affected by the war, or only at the very end. This was one reason they attracted so many refugees who thought they were likely to find safety and provisions there. The local residents were not always forthcoming with help and compassion.

Although the intensive bomb warfare claimed a great many lives, and despite the refugee movements, the ratio of soldiers killed to civilian casualties was 5 to 1.[20] From the beginning of 1945 soldier fatalities during the Second World War reached their peak. The Wehrmacht, defeated on every front, suffered the most massive losses in the final months of the war. In other words, the violence of the war targeted mainly the men who the Nazi regime called up to defend the Reich. However, the usual distinction between front and homeland gradually dissolved. In terms of the total war propagated by Goebbels, the concept of the "civilian population" lost its common meaning. As the devastating air raids on Dresden in February 1945 showed, the Allies did not always respect the international regulations for protecting civilian populations, either.[21] In the west their low-flying aircraft ruthlessly attacked every movement in the hinterland to wear down the German front.

Along with the huge numbers of soldiers, women and their families were increasingly affected by the rise in direct violence. They now had to worry about fathers, sons and brothers at the front, mostly without knowing anything of their fate as news only came sporadically and millions of men were regarded as missing or were already taken prisoner. Millions of women had to cope, often alone, as war widows trying to keep families alive and doing their obligatory labour service as well. In many factories and workshops, provided they were producing for the "emergency armaments programme" and were not shut down, women constituted the biggest share of the labour force. In agriculture they often shouldered the entire workload.[22]

The last male workers in factories, institutes and public offices who were not already registered by the Wehrmacht were sent to the People's Storm. They had to act as auxiliary guard troops, overseeing foreign forced labourers. The army of millions composed of civilian "foreign workers" and prisoners of war had long been essential for keeping war production going. But as the country collapsed and many factories came to a standstill due to energy and raw material shortages, these people were increasingly seen as "ballast".

Since 1944, some people in industry and the economic bureaucracy had already been secretly preparing for the postwar period.[23] Intensive precautions were taken to preserve the infrastructure, supplies and permanent staff of the factories through the expected chaos and confusion of the last days of the war and the enemy occupation. Of course, this understandable survival strategy did not include the foreign forced labourers, who could bear witness to the wrongs they had suffered if they were liberated, and who might take revenge. This is why people tried to get rid of them and get them out from the cities at the last minute. In spring 1945 the local and regional authorities increasingly took charge because the central powers were gradually collapsing. Self-help became a survival strategy that reinforced solidarity in families, municipalities and regions.

The foreign forced labourers and prisoners of war remained almost completely isolated from the German population. Moving in tightly guarded convoys, they were evacuated in wintry conditions from the areas under enemy threat. Dependent on the mercy and care of their guards, they were forced from one temporary situation to the next, under primitive conditions and with too little food and other necessities, until the moment of their liberation approached. Then the Allied military administration could take over and ensure that the German administration made sufficient resources available. The eastern part of the Reich was an exception to this. After the liberation of Soviet forced labourers and prisoners of war, the Red Army set up so-called "filtration camps" for suspected traitors, and many of them ended up in the gulag prison system inside the USSR.[24]

The people with the lowest chance of survival in spring 1945 were the prisoners and slave labourers in the SS camp system. Although there were some Germans among them, most of the prisoners were foreign. They were victims of racial persecution, captive resistance fighters from the former German-occupied territories, and many other political prisoners. The Nazis raced against time to evacuate the countless camps and their satellite camps, and to eliminate the traces of their policy of violence and murder. Prisoners unable to work or march were murdered, and those still surviving were forced on hunger marches through Germany. These wretched processions of concentration camp prisoners meant that in nearly all areas of the Reich, the people were directly confronted with the crimes of the regime. Concerned with their own survival, the prisoners rarely found help. The main reason was the persistent terror of the Gestapo, police and Nazi party officials. In the Bay of Lübeck thousands of people who had been put onto ships were killed by Allied bomb attacks. Only a few prisoners like those in Buchenwald succeeded in liberating themselves at the last minute. In some cases the prisoners, often close to death, died of weakness after their liberation.

The regime's machinery of repression worked flat out until the last minute to prevent protest and resistance in the population. The first white flags only appeared when the enemy invasion was imminent, and in a few places resistance groups even formed to stop the senseless fighting. But the regime's terror lasted right until the end in almost every corner of the still unoccupied part of Germany.[25]

The wartime Christmas of 1944 brought the Germans calm before the storm. Hopeful that the war would soon end, most people were afraid of the confrontation with the enemy marching into the Reich from east and west. No foreign combat army had occupied Germany for 140 years. For the people in the west of the Reich, the prospect of encountering the US Army was the least terrifying. People expected a tougher stance from the British, and certainly from the French army. In Eastern Europe hardly anybody believed the Red Army would abide by the international laws of war.

On 16 January 1945 the eastern front finally collapsed under the force of the Soviet winter offensive. This led to the encirclement of East Prussia and already, by the end of January, to enemy bridgeheads being built on the western shore of the River Oder. Stalin avoided a quick, direct attack on Berlin. He let his armies eliminate the flank threats in Pomerania and Silesia, and from the Budapest-Vienna region. At the beginning of February the "Big Three" (Roosevelt, Stalin and Churchill) met in Yalta to agree on dividing up Germany.

At the beginning of March the western Allies crossed the Rhine at Remagen. Fighting off weak resistance from the Wehrmacht, they encircled the main German forces in the Ruhr region. The British secured the strategically important Baltic Sea exit by rapidly invading northern Germany. United States and French troops conquered southern Germany. On 16 April the Red Army began taking Berlin and occupying central Germany. On 25 April US and Soviet troops met up at Torgau on the River Elbe. Four days later the Wehrmacht organisations deployed in Italy surrendered. Hitler's suicide in his Berlin bunker on 30 April signalled the end of the Nazi regime and of major combat operations. The new Reich leadership formed under General Dönitz in Flensburg in accordance with Hitler's testament tried unsuccessfully to win time by partial regional capitulations. On 8 May 1945 the war was officially over for the Germans.

The great majority of Germans had followed orders and apathetically complied with the final battle, worrying more about their own survival than the continuation of the Nazi regime. Their society was in ruins, but it did not present a unified picture. Territorially, militarily, economically and politically the totalitarian Third Reich disintegrated spasmodically into smaller networks that survived in the civilian sphere beyond the 8th of May. In the Aachen area the war was already over by the end of October 1944.

In contrast, between January and April 1945 eastern Germany went through an orgy of violence that persisted in other ways after the end of the fighting, and led to expulsion of the German population. The Red Army deported more than 270,000 civilians as forced labourers. Around 66,000 died in the process. Of the total of 11 million German prisoners of war who had to spend years doing forced labour, around 134,000 died after the end of the war.

In the west, from March onwards there was only a short phase of ground combat, after which the occupation led to peaceful coexistence with the occupying powers. Many people only realised much later that this paved the way to liberation for the Germans as well. The hardship of daily life and of survival lasted a long time, but the Germans organised into survival communities that continuously extended, from local to regional networks, and finally to linking of individual occupation zones, even if the state lost its unity as a whole for almost half a century.

More than five million German soldiers lost their lives in the Second World War. In Additionally, 570,000 civilians were killed in bomb warfare and at least 600,000 died during flight and expulsion. That amounted to around ten per cent of the total number of victims of the war worldwide. The losses in China, the USSR and Poland were higher. In percentage terms they were far exceeded by the genocide against around six million Jews.

The 8th of May 1945 marked the end of the military battles in and against Germany. The war continued, however, in other parts of the world. Japan capitulated on 2 September 1945. Elsewhere, new wars broke out against the European colonial powers. In central Eastern Europe, armed resistance against Sovietisation continued until the beginning of the 1950s. In Greece, the civil war that erupted after the Wehrmacht withdrew in 1944 lasted until 1949. The end of the Second World didn't solve all the problems, not for the Germans, nor for other Europeans or the rest of the world. For a brief moment, however, it aroused the hope of humankind for a world without war. This was expressed in the founding of the United Nations. There is still hope.

1 For a detailed account, see John Zimmermann, Pflicht zum Untergang. Die deutsche Kriegführung im Westen 1944/45, Paderborn 2009.

2 See the essay by Karl-Heinz Frieser in Das Deutsche Reich und der Zweite Weltkrieg, vol. 8, Munich 2007, p. 493–678.

3 See Rolf-Dieter Müller. Der letzte deutsche Krieg 1939–1945, Stuttgart 2005.

4 On the "choreography of the downfall", see the essay by Bernd Wegner in Das Deutsche Reich und der Zweite Weltkrieg, vol. 8, p. 1192–1209.

5 See the essay by Rolf-Dieter Müller in Das Deutsche Reich und der Zweite Weltkrieg, vol. 5/2, Stuttgart 1999, p. 693–743.

6 See the essay by Horst Boog in Das Deutsche Reich und der Zweite Weltkrieg, vol. 7, Stuttgart and Munich 2001, p. 3–137. For an overview, see Rolf-Dieter Müller, Der Bombenkrieg 1939–1945, Berlin 2004.

7 See the essay by Winfried Heinemann in Das Deutsche Reich und der Zweite Weltkrieg, vol. 9/1, Munich 2004, p. 803–843.

8 Andreas Kunz, Wehrmacht und Niederlage. Die bewaffnete Macht in der Endphase der nationalsozialistischen Herrschaft 1944 bis 1945, Munich 2005, p. 54–59

9 For details, see Felix Römer, Kameraden. Die Wehrmacht von innen, Munich 2013.

10 For details, see Rüdiger Overmans, Soldaten hinter Stacheldraht, Deutsche Kriegsgefangene des Zweiten Weltkrieges, Berlin 2000.

11 For a comprehensive account, see Manfred Messerschmidt, Die Wehrmachtjustiz 1933–1945, Schöningh, Paderborn etc. 2005.

12 Essay by Andreas Kunz in Das Deutsche Reich und der Zweite Weltkrieg, vol. 10/2, Munich 2008, p. 28.

13 Ulrich Herrmann/Rolf-Dieter Müller (eds.), Junge Soldaten im Zweiten Weltkrieg. Kriegserfahrungen als Lebenserfahrungen, Weinheim, Munich 2010.

14 Essay by Horst Boog in Das Deutsche Reich und der Zweite Weltkrieg, vol. 10/1, Munich 2008, p. 831–835.

15 Volker Koop, Himmlers letztes Aufgebot: die NS-Organisation „Werwolf“, Cologne 2008.

16 Essay by Rolf-Dieter Müller in Das Deutsche Reich und der Zweite Weltkrieg, vol. 10/2, Munich 2008, p. 126–129.

17 For a comprehensive account, see Rolf-Dieter Müller, An der Seite der Wehrmacht. Hitlers ausländische Helfer beim "Kreuzzug gegen den Bolschewismus" 1941–1945, Berlin 2007.

18 For the military collapse on the eastern front, see the essay by Richard Lakowski in Das Deutsche Reich und der Zweite Weltkrieg, vol. 10/1, p. 491–679.

19 Cf. the essay by Armin Nolzen in Das Deutsche Reich und der Zweite Weltkrieg, vol. 9/1, p. 442–461.

20 For a full account, see Rüdiger Overmans, Deutsche militärische Verluste im Zweiten Weltkrieg, Munich 1999.

21 Rolf-Dieter Müller et al. (eds.), Die Zerstörung Dresdens 13. bis 15. Februar 1945. Gutachten und Ergebnisse der Dresdner Historikerkommission zur Ermittlung der Opferzahlen, Göttingen 2010.

22 John Zimmermann, Pflicht zum Untergang. Die deutsche Kriegführung im Westen des Reiches 1944/45, Paderborn etc. 2009, p. 413–424.

23 See the essay by Rolf-Dieter Müller in Das Deutsche Reich und der Zweite Weltkrieg, vol. 10/2, p. 65–74.

24 Cf. the essay by Manfred Zeidler in Das Deutsche Reich und der Zweite Weltkrieg, vol. 10/1, p. 757–775.

25 Cf. Ian Kershaw. Das Ende. Kampf bis in den Untergang. NS-Deutschland 1944/45, Munich 2011. Original English version: The End: The Defiance and Destruction of Hitler's Germany, 1944–1945, London 2011.

WIDERSTAND DER LETZTEN STUNDE

Peter Steinbach

Seit 1952 wird in der Bundesrepublik alljährlich am 20. Juli des Anschlags gedacht, den Claus Schenk Graf von Stauffenberg 1944 in Hitlers ostpreußischem Hauptquartier verübte, um Hitler zu töten und so den Umsturz einzuleiten, der Deutschland von der nationalsozialistischen Herrschaft befreien sollte. Dieser Erinnerungstag war lange umstritten, denn die Gegner von Hitlers Herrschaft galten lange Zeit als Verräter, nicht als Vorbilder. Erst im Laufe der Jahrzehnte hat sich eine inhaltliche Verschiebung des Gedenkens ergeben. Der militärische Widerstand rückte in den Hintergrund, weil des gesamten Widerstands gedacht werden sollte – in seiner ganzen Breite und Vielfalt, auch in seiner Widersprüchlichkeit und zeitlichen Entwicklung.

Seit den siebziger Jahren hat sich der Inhalt kollektiven Erinnerns geweitet. Und dennoch: Weitgehend unbekannt blieb jener „Widerstand der letzten Stunde"[1], der nach dem Scheitern des Umsturzversuches vom 20. Juli 1944 in Deutschland geleistet wurde. Den Boden für eine intensivere Beschäftigung hatte das Forschungsprojekt „Bayern in der NS-Zeit" bereitet.[2] Seitdem haben nahezu unüberschaubar viele Lokalstudien Licht in dunkle Endkriegstage gebracht.[3]

Wiederstand im Kriegsalltag – ein unerschlossenes Thema

Die Vernachlässigung des Themas „Widerstand im Kriegsalltag und in den letzten Kriegsmonaten" nach 1945 war umso bemerkenswerter, je brutaler die NS-Führung sich allen Bemühungen widersetzte, den Krieg zu überleben. Die Repression prägte den Alltag und provozierte Gegenstrategien im täglichen Überlebenskampf, der umso härter geführt wurde, je mehr sich der Krieg dem Ende zuneigte. Nur wenig ist über den Terror bekannt, der sich „nach innen"[4] richtete – noch spärlicher sind unsere Kenntnisse von den vielen Menschen, die sich dem Regime und der Selbstvernichtung im letzten Augenblick und in größter Not widersetzten. Dies ist umso erstaunlicher, als die nationalsozialistische Führung den Druck auf die deutsche Kriegsgesellschaft durch Terror und Zwang nach dem 20. Juli 1944 noch einmal beträchtlich erhöhte und im Zuge dieser Repression eine bis heute nicht genau bestimmbare Zahl von Opfern schuf.[5]

Terror und Denunziationen hatten sich bis dahin vor allem gegen Andersdenkende, gegen Juden und Kritiker des NS-Staates gerichtet – nun sollte in der „Kriegsgesellschaft"[6] die gesamte Bevölkerung immer entschlossener zum Durchhalten und Standhalten gezwungen werden. Angedeutet hatte sich diese Unterdrückung im Kriegsalltag bereits zu Beginn des Krieges. Das Abhören von Feindsendern galt als Begünstigung des Gegners, Zweifel am Endsieg als

Defaitismus; hinzu kamen alltägliche angebliche „Verbrechen“ wie Schwarzschlachten, schließlich wurden Kontakte zu Zwangs- und Fremdarbeitern kriminalisiert. Gerechtfertigt wurden die extensiven Übergriffe des Staates durch die Ideologie der „Volksgemeinschaft“ – ein geradezu perfides Instrument, um Andersdenkende und Andershandelnde auszuschließen, zu verfolgen, zu bestrafen und schließlich zu vernichten.

Frühe Zeichen des beginnenden Terrors der nationalsozialistischen Endzeit, der sich gegen die Bevölkerung richtete, wurden von der breiten Mehrheit zunächst hingenommen, von vielen vielleicht nicht einmal erkannt. Gegen den brutalen Terror in den letzten Kriegsmonaten lehnten sich nur wenige Deutsche auf, ebenso gegen den nationalsozialistischen Zerstörungs- und Vernichtungswahn der „verbrannten Erde“ auch im Reich, gegen die „Todesmärsche“ der KZ-Häftlinge, gegen die Zerstörungen der letzten Kriegswochen. Die nationalsozialistische Führung redete sich ein, mit der Niederlage hätten die Deutschen gezeigt, dass sie ihr Lebensrecht verspielt hätten. Sie hatte deshalb keine Bedenken, die Lebensgrundlagen der Überlebenden und damit der Nachkriegsgesellschaft zu zerstören.

Unternehmer versuchten zwar, Produktionsanlagen zu retten und bezeichneten dies später oftmals als Widersetzlichkeit, ja als Widerstand – obwohl sie damit nicht ihr Leben riskierten – ganz im Unterschied zu der kleinen Zahl von Menschen, die Verfolgten halfen, Deserteure versteckten, weiterhin versuchten, Juden im Untergrund zu retten oder die Zerstörung ihrer Heimatorte durch lokale Teilkapitulation zu verhindern.

Es ist merkwürdig, dass sich die Nachlebenden später nur selten an diesen „Alltagswiderstand“ der letzten Kriegsmonate erinnern wollten. Zu erklären ist dieses Verhalten der Nachlebenden damit, dass die meisten zu den furchtsam Angepassten gehörten, zu den gleichgültig-apathischen Mitläufern und den lange noch von der nationalsozialistischen Ideologie überzeugten Folgebereiten, wenn nicht sogar zu denen, die bis zuletzt an Hitler „als ihren Führer“ glaubten und diese Verirrung durch ihre Bindung an Eid und Gehorsam rechtfertigten. Dabei gilt, was Fritz Bauer 1953 im Braunschweiger Remer-Prozess deutlich gemacht hatte, als er in seinem Plädoyer klarstellte: „Ein verratenes Volk kann man nicht verraten“[7]. Der wahre Verräter sei Hitler gewesen. Die meisten derjenigen, die überleben wollten, indem sie sich nationalsozialistischen Fanatikern unterwarfen, lehnten die Einsicht ab, dass es immer Alternativen zum Kadavergehorsam derjenigen gab, die bis zum 9. Mai „treu“ zur Fahne standen, die das Hakenkreuz trug.

Totaler Krieg – auch gegen die eigene Bevölkerung

Bereits am Abend des 18. Februar 1943 – kurz nach der Kapitulation der 6. Armee unter Generalfeldmarschall Paulus bei Stalingrad – hatte sich abgezeichnet, dass die Beschwörung des „Endsieges" auf die völlige Disziplinierung der Menschen in der sich abzeichnenden Zusammenbruchsgesellschaft zielte. An diesem Tage wurden die Teilnehmer einer Massenveranstaltung im Berliner Sportpalast von Joseph Goebbels, Reichsminister für Volksaufklärung und Propaganda, vor die Frage gestellt: „Wollt ihr den totalen Krieg?". Die anwesenden Zuhörer stimmten begeistert zu. „Totaler und radikaler" sollte in Zukunft der Krieg geführt werden, kündigte Goebbels an.[8]

Den Anwesenden und vielen Zuhörern an den Rundfunkgeräten fehlte mit Sicherheit die Phantasie was mit dieser totalen und radikalen Kriegführung gemeint war. Die Mobilisierung, das war in der NS-Führung längst entschieden, sollte das gesamte Volk erfassen und jeden Ansatz von Distanzierung, Nonkonformität, Dissidenz und Widerstand im Keim ersticken. Die Nationalsozialisten führten nicht nur einen Krieg gegen Europa – ihre Vernichtungsenergie richtete sich zunehmend nach innen. Denunziationen wurden immer unerbittlicher verfolgt, Defaitismus, schließlich jeder Zweifel am Endsieg verfolgt und bestraft.

Diese Kriegswende war bereits vor dem 20. Juli 1944 eingetreten, das Ende des Krieges absehbar.[9] Kriegsziele hatten sich seit Kriegsbeginn immer wieder verändert und radikalisiert. In Stalingrad verlor die deutsche Wehrmacht nicht nur erstmals eine ganze Armee. Nun wurde deutlich, dass sich Befürchtungen verstärken mussten, die sich vor allem auf die Furcht vor dem Bolschewismus stützten. Die NS-Führung verbreitete Gräuelnachrichten, um so den Kampfwillen durch Abwehrbereitschaft einer Bevölkerung zu stärken, die schließlich ihren eigenen Tod der Besetzung durch die Rote Armee vorziehen sollte. Behauptet wurde deshalb immer wieder, der Krieg sei die letzte Möglichkeit zur Verteidigung des Abendlandes und Europas gegen den Ansturm bolschewistischer und slawischer Horden.

Weitsichtige Zeitgenossen sahen die Niederlage kommen und wussten, dass sie keineswegs „Untergang" und „Ende" bedeuten musste. Viele Nationalsozialisten fürchteten sich vor der Zukunft, andere, die niemals bedingungslos der Parole „Führer befiehl, wir folgen" vertraut hatten, wollten frühzeitig gegen die lokalen Vertreter des NS-Regimes ihre Gemeinden den alliierten Kampfverbänden übergeben und das Kriegsende überleben. Klare Einsicht in eine katastrophale Entwicklung und Zukunft konnte Widerstandskräfte mobilisieren und stärken.

So ist es zwar nur ein historischer Zufall und dennoch bezeichnend, dass am Tage von Goebbels Sportpalast-Rede am 18. Februar 1943 in München die

Geschwister Scholl verhaftet wurden. Seit Sommer 1942 hatten sie durch Flugblätter zum Widerstand mit den Worten aufgefordert: „Wenn jeder wartet bis der andere anfängt..." Vier Tage später starben sie nach kurzem Prozess des Volksgerichtshofes unter Freisler in Stammheim unter dem Schafott. Nicht alle wollten warten, bis der andere anfing, sondern handelten in ihrem alltäglichen Umkreis.

Fast gleichzeitig mit den Flugblättern der Weißen Rose schrieb in Berlin ein Zwanzigjähriger Elektrotechniker Parolen auf, die er über einen selbstgebastelten Sender verbreiten wollte: „Hitler ist Hunger und Tod, Sozialismus ist Frieden und Brot. Je langsamer wir arbeiten, desto schneller haben wir Frieden. Hitler kriegt Schläge im Osten und Keile in Afrika. Wir müssen Hitler verjagen, dann ist der Frieden da."[10]

Max Benzler, der Verfasser dieser Zeilen, hatte mehr Glück als andere, wie etwa das Ehepaar Otto und Elise Hempel, denn er wurde nicht zum Tode verurteilt. Die Hempels verfassten mehr als 200 Flugzettel, in denen sie aufforderten, sich nicht an Sammlungen des Winterhilfswerks zu beteiligen, den Kriegsdienst zu verweigern und Hitler zu stürzen. Sie gaben sich wie andere der Hoffnung hin, die Bevölkerung aufrütteln zu können. Diese Hoffnung erwies sich als tödlich. Otto und Elise Hempel, denen Hans Fallada später mit dem Roman *Jeder stirbt für sich allein* ein Denkmal setzte,[11] wurden am 8. April 1943 in Plötzensee ermordet.

Stimmungsumschwung in der Bevölkerung – folgenlos?

Dem Sicherheitsdienst der Gestapo blieb der sich abzeichnende Stimmungsumschwung in der deutschen Bevölkerung 1943/44 nicht verborgen. Seit dem Jahreswechsel 1942/43 hatte die Wehrmachtsführung immer wieder an fast allen Fronten Niederlagen hinnehmen müssen. Der Luftkrieg war ebenso gescheitert wie die U-Boot-Offensive in der Schlacht um den Atlantik. Immer häufiger war von Wunderwaffen die Rede. Die Realität war jedoch ganz anders. Der ständige Bombenalarm im Reichsgebiet belastete die Stimmung und verstärkte die, von der NS-Führung geschürte, Furcht vor Vergeltung. „Vorwärts, Kameraden, wir müssen zurück" wurde seit Sommer 1943 zur sarkastischen Formel von Wehrmachtsoldaten, die immer wieder angetrieben wurden, die Front zu halten und den Gegner durch Ermüdung zu schwächen.

Nicht einmal zwei Monate nach Goebbels fanatisierendem Appell versuchten Mitte März 1943 Offiziere der Heeresgruppe Mitte, die sich um Henning von Tresckow gesammelt hatten, Hitler durch einen Bombenanschlag zu töten.[12] Ihr Versuch schlug fehl. Erst mehr als ein Jahr später, kam Stauffenberg am 20. Juli 1944 dem Ziel, Hitler zu töten, wieder denkbar nahe. Heute ist kaum verständlich, dass dieses fehlgeschlagene Attentat das NS-Regime noch einmal stabilisierte.[13] Deshalb gehört es zu den tragischen Ereignissen deutscher Geschichte, dass bereits am Folgetag die Macht innerhalb des nationalsozialistischen Führungszirkels auf eine Weise neu verteilt wurde, dass sie die Intensität des Krieges, der nun von der eigenen Führung gegen das eigene Volk geführt wurde, noch einmal vergrößerte. Hitler war überzeugt, dass eine militärische Niederlage seines Reiches zugleich beweise, dass die Deutschen keine Zukunft und kein historisch begründetes Lebensrecht mehr hatten. Deshalb war er entschlossen, systematisch die Zukunft der Deutschen zu zerstören.

Aus dem neuen Führungszirkel trat niemand dem Willen Hitlers zum Untergang des „deutschen Volkes" durch Selbstvernichtung – nichts anderes bedeutete der Nero-Befehl – entgegen. Heinrich Himmler wurde Befehlshaber des Ersatzheeres und gewann erheblich an Einfluss über die ideologische Ausrichtung der Wehrmacht. Joseph Goebbels gewann an Macht. Er war nun für die Reichsverteidigung zuständig und begann, viele Bereiche „durchzukämmen", wie es hieß, um weitere Soldaten zu mobilisieren. Martin Bormann vergrößerte seinen Einfluss innerhalb der NSDAP erheblich und startete wie Goebbels eine Durchkämm-Aktion, um die letzte Reserve, den „Volkssturm", zu mobilisieren. Albert Speer schließlich erhielt weitere Kompetenzen in der Rüstungsproduktion. Dass diese Neuverteilung faktischer Macht nicht ohne Reibungsverluste, Eifersüchteleien und Durchstechereien ablief, ist gut erforscht und spiegelt die polykratische Struktur des Regimes.

So furchtbar die Kämpfe auch waren – was Goebbels mit seiner Proklamation des „totalen Krieges" vorschwebte, wurde schlimmer. Zunächst galt es, die gesamte Bevölkerung auf den Endsieg und die Bereitschaft einzuschwören, sie durch fanatisierende Appelle anzuhalten, bis zum Ende durchzuhalten. Niederlagen deutete die NS-Führung nicht als Ausdruck eigener Schwäche, sondern als Folge von Feigheit, Verrat, Defaitismus. Eine Kapitulation war für die NS-Führung und die in die Verbrechen verstrickte Wehrmachts- und Heeresführung so wenig denkbar wie der Versuch, die zum Weiterleben nach dem „Untergang" notwendige Infrastruktur, lebensnotwendige Betriebe und Versorgungseinrichtungen vor leichtfertiger Zerstörung zu schützen.

Dies drückte Hitlers Nero-Befehl vom 19.3.1945 überdeutlich aus: „Es ist ein Irrtum", hieß es, „zu glauben, nicht zerstörte oder nur kurzfristig gelähmte Verkehrs-, Nachrichten-, Industrie- und Versorgungsanlagen bei der Rückgewinnung verlorener Gebiete für eigene Zwecke wieder in Betrieb nehmen zu können. Der Feind wird bei seinem Rückzug uns nur eine verbrannte Erde zurücklassen und jede Rücksichtnahme auf die Bevölkerung fallen lassen. Ich befehle daher: 1. Alle militärischen Verkehrs-, Nachrichten-, Industrie- und Versorgungsanlagen sowie Sachwerte innerhalb des Reichsgebietes, die sich der Feind zur Fortsetzung seines Kampfes irgendwie sofort oder in absehbarer Zeit nutzbar machen kann, sind zu zerstören."[14]

Dass er den Sinn dieses Befehls in der Zerstörung künftiger Lebensgrundlagen der Deutschen sah, machte Hitler gegenüber Speer deutlich: „Wenn der Krieg verloren geht, wird auch das Volk verloren sein. [...] Es sei nicht notwendig, auf die Grundlagen, die das Volk zu seinem primitivsten Weiterleben braucht, Rücksicht zu nehmen. Im Gegenteil sei es besser, selbst diese Dinge zu zerstören. Denn das Volk hätte sich als das Schwächere erwiesen und dem stärkeren Ostvolk gehöre dann ausschließlich die Zukunft. Was nach dem Kampf übrigbliebe, seien ohnehin nur die Minderwertigen; denn die Guten seien gefallen." [15]

Der Krieg wurde so nicht nur an vielen Fronten, sondern auch an der „Heimatfront" geführt, vor allem, seitdem im Frühherbst die Alliierten erstmals die Reichsgrenze im Westen überschritten und wenig später Aachen befreit hatten und die Rote Armee einzelne ostpreußische Dörfer erstürmen konnte. Die Übergriffe von Rotarmisten wurden von der NS-Propaganda besonders hervorgehoben. Dadurch lenkten die Verantwortlichen zugleich vom eigenen Versagen ab, denn die Gauleiter, die als Reichsverteidigungskommissare fungierten, erschwerten die Flucht und zwangen überdies immer wieder Kinder und Ältere, schließlich auch Frauen, in die letzten Aufgebote des „Volkssturm".

Weitsichtige Zeitgenossen durchschauten diesen Aktivismus als Verzweiflungstaten und erkannten vor allem im Westen, dass es in der zusammenbrechenden Kriegsgesellschaft darauf ankam, sich auf das eigene Überleben zu konzentrieren und die möglichst kampflose Übergabe ihrer Städte und Dörfer an die vorrückenden gegnerischen Truppen. Zunehmend desertierten Soldaten, ergaben sich kampflos oder tauchten im Heimatgebiet unter. Immer wieder wurden Versprengte aufgegriffen, Deserteure standgerichtlich verurteilt und standrechtlich erschossen, vor allem, seit es ab März 1945 „fliegende Standgerichte" gab, die unmittelbar hinter der Front immer wieder Soldaten und Zivilisten erschossen oder hängten, denen Defaitismus oder „Feigheit vor dem Feind" nachgesagt wurde. Die sich häufenden militärischen Rückschläge schwächten so nicht nur die Stellung der Wehrmacht, sondern intensivierten von Tag zu Tag den Terror als Folge einer sich auflösenden Staatlichkeit.

Die Zivilbevölkerung begriff allmählich die ganze Bedeutung des von Goebbels ausgerufenen „totalen Krieges" und verharrte dennoch in überraschender Beharrlichkeit in einer geradezu lethargisch anmutenden Bewegungslosigkeit, obwohl viele Städte und Bahnhöfe, Verkehrsknotenpunkte und Fabrikanlagen immer häufiger durch Tagesbombardements zerstört wurden.

Zorn auf die NSDAP und deren Funktionäre war zwar verbreitet, führte aber nicht zur Auflehnung. Die führenden Nationalsozialisten wussten, dass die von den Alliierten seit 1942 geforderte bedingungslose Gesamtkapitulation für die meisten von ihnen bedeutete, zur Verantwortung gezogenen zu werden, also durch die „Niederlage" nicht nur Macht, Position und Einfluss zu verlieren, sondern auch für Verbrechen bestraft zu werden. Deshalb deuteten sie das Ende der NS-Herrschaft als „Untergang". Dass jeder Schuldige für verübte Verbrechen zur Verantwortung gezogen würde, hatte die Moskauer Erklärung bereits 1942 deutlich gemacht. So ging es für die nationalsozialistische Führung um eine Verlängerung ihrer Macht.

Widerstandsaktionen – exemplarisch

Dennoch stellt sich die Frage, weshalb nur Wenige Widerstand leisteten und sich einer Selbstvernichtung entgegenstellten, die von den gläubigen Nationalsozialisten als Götterdämmerung mystifiziert und mit Abscheu zurückgewiesen wurde. Wenn in den letzten Kriegswochen die Verteidigungsbereitschaft beschworen wurde, so diente das der inneren Mobilisierung und Fanatisierung. Alle, die sich nicht in die Reihe der Untergangswilligen und zur Selbstvernichtung bereiten Zeitgenossen einordneten, die nicht bis zur letzten Patrone kämpfen wollten und lieber starben als unterzugehen, galten als Gegner, als „Feinde der Volksgemeinschaft", als „Verräter". Dadurch hätten sie ihr Leben „verwirkt".

Vor allem in den Gebieten, die im Einflussbereich der westlichen Alliierten lagen, kam es immer wieder zur kampflosen Übergabe von Ortschaften. Die Nationalsozialisten erklärten, durch „Werwölfe" die „Verräter" zur Verantwortung zu ziehen. Dies hatten sie nach der kurzzeitigen Rückeroberung der bereits von Alliierten befreiten Stadt Aachen bewiesen, wo sich nach der Eroberung der Stadt durch amerikanische Truppen Menschen bereit erklärt hatten, zur Sicherung der Versorgung und Ordnung sich an der neu aufzubauenden kommunalen Verwaltung zu beteiligen. Wie stark der Druck der Machthaber war, wie tief die ideologische Verblendung wirkte, zeigten auch die ausbleibenden Reaktionen auf die „Hungermärsche" der KZ-Häftlinge, denen nur selten Hilfe zuteil wurde. Immer wieder wurden sogenannte „Hasenjagden" auf Häftlinge veranstaltet, denen es bei einem Bombenangriff gelungen war, die Eisenbahnwagen zu verlassen, in denen sie unter todbringenden Verhältnissen durch das noch nicht von der NS-Herrschaft befreite Deutschland transportiert wurden. Auch die Fremd- und Zwangsarbeiter wurden weiterhin von den meisten Deutschen misstrauisch betrachtet.

Widerstand der letzten Stunde war vor allem lokaler Widerstand in den wenigen Stunden unmittelbar nach der Flucht deutscher Soldaten und örtlicher

Parteifunktionäre vor den heranrückenden Truppen der Alliierten. So waren die amerikanischen Soldaten immer wieder entsetzt, wenn sie nach der Eroberung eines Ortes auf Ermordete stießen, die nach kurzem Standgerichtsverfahren, das aller Rechtsprechung Hohn gesprochen hatte, gehängt worden waren, häufig mit einem Schild vor der Brust, das sie als „Verräter" auswies.

Wer sich hier um Stunden verrechnete, der war oftmals des Todes. So wurden in Regensburg der Domprediger Johann Maier, ein promovierter Theologe und beliebter Seelsorger, ebenso wie der Lagerarbeiter Josef Zirkl erschossen. Sie hatten den Protest von Regensburger Frauen und älteren Männern mäßigen wollen, die von der örtlichen NS-Führung verlangten, die Stadt kampflos zu übergeben. Maier und Zirkl wussten, dass die Befreiung nur noch eine Frage von Stunden war und empfahlen, Ruhe zu bewahren. Sie wurden aus der Gruppe der Demonstrierenden heraus verhaftet, nach kurzem Standgerichtsverfahren als angebliche Rädelsführer getötet, zu einem Zeitpunkt, als das Rasseln amerikanischer Panzerketten deutlich zu vernehmen war.

Als sich im fränkischen Brettheim Hitlerjungen daran machen, das Dorf mit Panzerfäusten zu verteidigen, entrissen ihnen einige Einwohner die Waffen. Die Jungen berichteten der örtlichen Kampfkommandantur von dem Vorfall. Darauf ordnete der ehemalige KZ-Kommandant und SS-Gruppenführer Max Simon eine abschreckende Aktion an und befahl einem Offizier seines Stabes, unverzüglich die „Schweinerei" zu ahnden. Obwohl die amerikanischen Truppen bereits in unmittelbarer Nähe waren, wurde das Dorf umstellt und einzelne Einwohner verhört. Freiwillig stellte sich der Bauer Friedrich Hanselmann und gab unter Schlägen die Namen von zwei Gleichgesinnten preis. Sie wurden verhaftet und standrechtlich abgeurteilt. Als sich der Bürgermeister und der Ortsgruppenleiter weigerten, das Urteil vollstrecken zu lassen, wurden auch sie als Defaitisten verhaftet. Gemeinsam wurden die „Männer von Brettheim" ermordet.

Der hochbegabte Abiturient Robert Limpert machte aus seiner Ablehnung des NS-Regimes nie einen Hehl. Der gläubige Katholik war als Regimegegner kein Unbekannter, wurde aber niemals als Verfasser von Flugblättern entdeckt. Wegen einer schweren Erkrankung galt er als nicht „wehrdienstfähig" und bereitete sich auf sein Studium vor. Als die Amerikaner näher rückten, forderte er mutig und beherzt, Ansbach kampflos zu übergeben. Allerdings folgten ihm die angesprochenen Personen nicht. Zwei Hitlerjungen beobachteten Limpert beim Durchtrennen eines Telefon- oder Niederstromkabels und denunzierten ihn. Er wurde verhaftet und in einem Blitzverfahren, das nur wenige Minuten dauerte, zum Tode durch den Strang verurteilt. Der zuständige Offizier hängte Limpert eigenhändig an einem Haken auf, der sich an einer Hauswand befand. Doch der Strick riss und

Limpert konnte zunächst laut um Hilfe rufend entkommen. Von Ansbacher Bürgern wurde er gestellt, an den Haaren zurück gezerrt und schließlich gehängt.[16]

Immer wieder wurden angebliche Deserteure, Versprengte, Soldaten oder Zivilisten, die mit einer herausgehängten weißen Fahne ihre Gewaltlosigkeit bezeugen wollten, erschossen. Sie bildeten neben den zahlreichen Häftlingen, die die Todesmärsche nicht überlebten, die letzten Opfer des nationalsozialistischen Regimes, das seine Gegner weiterhin mit allen Mitteln verfolgte.

Am 3. März wurde der ehemalige Reichskriminaldirektor Arthur Nebe nach seiner Verurteilung durch den Volksgerichtshof hingerichtet. Wenige Tage später wurde der General Erich Fromm ermordet. Am 9. April 1945 wurden in Flossenbürg Dietrich Bonhoeffer und andere bedeutende Regimegegner, in Sachsenhausen Hans von Dohnanyi, in Dachau Johann Georg Elser getötet. Am 23. April wurden in fast letzter Minute auf dem Gelände des Lehrter Bahnhofs zwei Gruppen von Regimegegnern erschossen.[17]

Der hemmungslose Vernichtungswillen des Regimes zeigte sich noch einmal im oberbayerischen Penzberg, wo Arbeiter ermordet wurden, die dem sinnlosen Krieg und der Zerstörung ihres Ortes entgegentraten. Auch in Altötting kam es zu einem schweren Endkriegsverbrechen vermutlich im Zusammenhang mit einer der letzten Widerstandsaktionen einer „Freiheitsaktion Bayern" – der Besetzung eines Rundfunksenders und der Forderung, den Krieg zu beenden. Sogar nach dem Untergang der NS-Herrschaft verharrten manche Deutsche in Furcht, denn Propagandalegenden von den Werwölfen und von den angeblich durch das Land vagabundierenden Freischärlern wirkten noch lange nach. Bis in die letzten Stunden des Reiches waren die Nationalsozialisten bestrebt, ihren Terror als Disziplinierungsmaßnahme zu rechtfertigen. In Norwegen und Schleswig-Holstein wurden sogar noch nach dem 10. Mai 1945 Todesurteile verhängt und vollstreckt.

Überraschend ist, dass die Widerstandsaktionen der letzten Stunde nur selten ihren Niederschlag in Ehrungen, Straßennamen oder Erinnerungsfeiern fanden. An die Männer von Brettheim erinnert erst spät ein zeitgeschichtliches Drama und eine Gedenkstätte. Auch der Regensburger Domprediger ist inzwischen geehrter worden. In Ansbach erinnert nichts an Robert Limpert, der sich nicht auf das Regime einließ und im entscheidenden Augenblick das tat, wozu viele andere nicht entschlossen und mutig genug waren. Deshalb ist bemerkenswert, dass eine bürgerschaftliche Initiative seit 2002 wenigstens einen Robert-Limpert-Preis für Zivilcourage vergibt.

1 Vgl. Edgar Wolfrum, Widerstand in den letzten Kriegsmonaten, in: Peter Steinbach u. Johannes Tuchel (Hg.), Widerstand gegen den Nationalsozialismus, Bonn 1994, S. 537 ff.

2 Martin Broszat und Elke Fröhlich (Hg.), Bayern in der NS-Zeit, 6 Bände, München 1977–1983.

3 Die Zeitschrift *Informationen zur modernen Stadtgeschichte* bietet die beste bibliographische Information auch für die Endkriegszeit. Ein Schwerpunktheft behandelt Deutschlands Städte 1945 (IMS Heft 2/1995), ein zweites Stadt und Krieg im 20. Jahrhundert (IMS 2/2004).

4 Cord Arendes, Edgar Wolfrum, Jörg Zedler (Hg.), Terror nach Innen. Verbrechen am Ende des Zweiten Weltkrieges (Dachauer Symposien zur Zeitgeschichte, Bd. 6), Göttingen 2006.

5 Jürgen Förster, Geistige Kriegführung in Deutschland 1919–1945, in: Jörg Echternkamp (Hg.), Die deutsche Kriegsgesellschaft 1939 bis 1945, 1. Halbbd., Politisierung, Vernichtung, Überleben, München 2004, S. 621 ff. Förster spricht von der „Totalität des Nationalsozialismus nach dem 20. Juli 1944" und liefert damit den Interpretationsrahmen, den Ian Kershaw mit seinem Buch „Das Ende", dann narrativ sehr dicht und eindrucksvoll füllt.

6 Jörg Echternkamp (Hg.), Kriegsgesellschaft, 1.Halbbd. (wie Anm.5); vgl. auch: ders., Die deutsche Kriegsgesellschaft 1939 bis 1945, 2. Halbbd., Ausbeutung, Deutungen, Ausgrenzungen, München 2005.

7 Vgl. allg. Claudia Fröhlich, »Wider die Tabuisierung des Ungehorsams«: Fritz Bauers Widerstandsbegriff und die Aufarbeitung von NS-Verbrechen, Frankfurt/M. u. New York 2006.

8 www.1000dokumente.de/index.html?c=dokument_de&dokument=0200_goe&object=translation&st=&l=de (11.7.2014).

9 Vgl. Horst Boog u.a., Das Deutsche Reich in der Defensive: Strategischer Luftkrieg in Europa, Krieg im Westen und in Ostasien 1943–1944/45, Stuttgart u. München 2001; Karl-Heinz Frieser (Hg.), Die Ostfront 1943/44: Der Krieg im Osten und an den Nebenfronten, München 2007, vor allem Rolf Dieter Müller (Hg.), Der Zusammenbruch des Deutschen Reiches 1945, München 2008.

10 Max Benzler, Notizzettel v. 13.1.1943, GDW Informationsblatt 19.1., S. 1.

11 Hans Fallada: Jeder stirbt für sich allein, Berlin 2011 (12.Aufl.).

12 Fabian von Schlabrendorff, Offiziere gegen Hitler, Frankfurt/M. 1959, S. 88 ff.

13 Vgl. allg. Ian Kershaw, Das Ende: Kampf bis in den Untergang NS-Deutschland 1944/45, München 2011, S. 56: „Der Attentatsversuch Stauffenbergs markiert eine innere Zäsur in der Geschichte des Dritten Reiches."

14 IMT: Der Nürnberger Prozess gegen die Hauptkriegsverbrecher …, fotomech. Nachdruck München 1989, Bd. 41 (=Dok-Bd. 17), S. 430.

15 IMT: Der Nürnberger Prozess gegen die Hauptkriegsverbrecher …, fotomech. Nachdruck München 1989, Bd. 41 (=Dok-Bd. 17), S. 428.

16 Elke Fröhlich, Ein junger Märtyrer, in: Bayern in der NS-Zeit VI (vgl. Anm.2), S. 228 ff.

17 Johannes Tuchel, „Von allem Leid, das diesen Bau erfüllt…": Die Gestapo-Abteilung des Zellengefängnisses Lehrter Straße 3 nach dem 20. Juli 1944, Berlin 2014; ders., „…und ihrer aller wartete der Strick": Das Zellengefängnis Lehrter Straße 3 nach dem 20. Juli 1944, Berlin 2014.

RESISTANCE IN THE FINAL HOUR

Peter Steinbach

Every year since 1952 a commemoration has been held in the Federal Republic of Germany on 20th July to mark the attempt to assassinate Hitler by Claus Schenk Graf von Stauffenberg. In 1944 in Hitler's headquarters in East Prussia, Stauffenberg aimed to kill Hitler and launch the coup that would liberate Germany from Nazi rule. This memorial day was controversial for many years because the opponents of Hitler's dictatorship were long regarded as traitors, not as models to look up to. It took decades for a shift to occur in the content of the remembrance. Then the military resistance receded into the background because the resistance was supposed to be remembered as a whole – in all its breadth and diversity, as well as its contradictory nature and development over time.

The collective remembrance has expanded in meaning since the 1970s. Yet most people still know little about the "resistance in the final hour"[1] that was mounted in Germany after the failed coup attempt of 20 July 1944. The research project "Bayern in der NS-Zeit" ("Bavaria in the Nazi period") laid the basis for more thorough investigation.[2] Since then, almost countless local studies have cast light on the dark days at the end of the war.[3]

Resistance in everyday life in the war – a topic still to be researched

After 1945, neglect of the topic of resistance in daily life in the war and in the final months of the war was all the more remarkable because the Nazi leadership had increasingly tried to repress people's attempts to survive the war. Repression weighed heavily on everyday life and provoked counter-strategies in the daily battle for survival, a battle that was fought ever more bitterly as the end of the war came closer. Little is known about the internal terror the Nazis aimed at their own society[4] – and we know even less about the many persons who opposed the regime and the self-destruction at the last minute and under extreme hardship. This is all the more surprising because after the uprising of 20 July 1944, the Nazi leaders considerably intensified the pressure on German wartime society by terror and compulsion once again, and this repression claimed many victims; the exact numbers are still not known.[5]

Until the 1944 uprising, the terror and denunciation had mainly targeted people with different opinions and beliefs, Jews and critics of the regime. Now the whole population, subsumed into the "wartime society",[6] was to be forced to hold out and stand firm with utmost determination. Signs of this oppression in daily wartime life had been evident from the beginning of the war. Listening to enemy radio was regarded as aiding the enemy, and questioning the final victory was seen as defeatism. Additionally there were everyday alleged "crimes" such as illegally slaughtering animals, and contact with forced labourers and foreign workers finally became a criminal offence. The state's extensive intervention was justified by the ideology of the "people's community" – a truly perfidious method of excluding people with different opinions or ways of acting, and then persecuting, penalising and finally exterminating them.

The early signs of the dawning terror aimed against the population in the final period of Nazi rule were initially accepted by the broad majority. Many people probably failed to realise the implications. Only a few Germans protested against the brutal terror in the last months of the war, and just as few spoke out against extending the delusionary Nazi scorched earth policy of destruction and annihilation to the Reich as well, or against the death marches of concentration camp prisoners and the destruction in the final weeks of the war. The Nazi leadership convinced itself that the defeat showed the Germans had gambled away their right to exist. The leaders had no qualms about destroying the basis for existence of the survivors, and consequently of the postwar society.

Some company owners tried to save production plants and often characterised this later as obstructiveness, or even as resistance although they didn't risk their lives, unlike the small number of people who helped victims of persecution, hid deserters, and continued rescuing Jews in hiding or tried to prevent their home towns from being destroyed by capitulating on a local level.

Remarkably, succeeding generations showed little interest in remembering this everyday resistance of the final months of the war. This attitude is explicable if we recall that most people belonged to the timid conventional types, the indifferent apathetic fellow travellers and the willing followers who would long remain convinced by Nazi ideology, and some even believed in Hitler as "their Führer" right to the very end, justifying this madness with their pledge of loyalty and obedience. As Fritz Bauer made clear in his summing up speech in the Remer trial in Braunschweig in 1953, "One cannot betray a betrayed nation".[7] The real traitor was Hitler. Most people who wanted to survive by submitting to the fanatical Nazis refused to see that there were always alternatives to the blind obedience of those who remained "loyal" to the flag until the 9th of May and who wore the swastika.

Total war – even against their own population

On the evening of 18 February 1943 – shortly after the 6th Army under Field Marshal Paulus capitulated at Stalingrad there were already signs that the "final victory" was being invoked to ensure total disciplining of the people in Germany's visibly crumbling society. On that day Joseph Goebbels, Reich minister of Public Enlightenment and Propaganda, asked participants in a mass rally in the Sportpalast in Berlin: "Do you want total war?" The audience agreed enthusiastically. Goebbels announced that in future the war would be "more total and more radical".[8]

The people present, and many listeners at radio sets, certainly couldn't have imagined what it meant to fight the war totally and radically. The Nazi leadership had long since decided that mobilisation would cover the entire population, and the slightest hint of withdrawal, non-conformity, dissidence and resistance was to be nipped in the bud. The Nazis not only fought a war against Europe – increasingly, their annihilatory energy was directed internally against their own society. Denunciations were followed up ever more harshly, and defeatism and eventually any doubts about the final victory were prosecuted and penalised.

The turning point in the war had already occurred before 20 July 1944, and the end of the war was now predictable.[9] Since it began, the goals of the war had continually changed and become more radical. In Stalingrad the German Wehrmacht not only lost a whole army for the first time; it also became clear that the Germans had reason to be afraid, particularly of Bolshevism. The Nazi leadership spread atrocity stories to reinforce the Germans' will to fight by increasing the defence capabilities of a population who would rather die than have their country occupied by the Red Army. The Nazis continued claiming that the war was the last chance to defend the west and Europe against the onslaught of Bolshevik and Slavic hordes.

Farsighted contemporaries saw the coming defeat and knew that it certainly did not have to mean "the downfall" and "the end". Many Nazis were afraid of the future, while others who had never unconditionally trusted the slogan "the Führer commands and we follow", wanted early on to defy the local representatives of the Nazi regime, surrender their local communities to the Allied troops and survive the end of the war. Having a clear insight into a disastrous development and future could help to mobilise and strengthen resistance forces.

It is no more than a historical coincidence, and yet indicative, that on 18 February 1943, the day of Goebbels' speech in the Sportpalast, Sophie and Hans Scholl were arrested in Munich. In the summer of 1942 they had begun distributing leaflets signed by the "White Rose" calling for resistance with the words, "If everybody waits for somebody else to start..." Four days after their arrest, after a short trial at the People's Court under Judge Freisler in Stammheim, they died by the guillotine. Not everybody wanted to wait until somebody else started; some people took action in their own daily environment.

Almost at the same time as the White Rose leaflets appeared, a 20-year-old technician in Berlin wrote down slogans he wanted to broadcast via a homemade radio station: "Hitler is hunger and death, socialism is freedom and bread. The slower we work the faster we will have freedom. Hitler gets blows in the east and wedges in Africa. We have to drive Hitler out, then freedom will come."[10]

Max Benzler, the author of these lines, was more fortunate than others, including the married couple Otto and Elise Hempel, because he was not condemned to death. The Hempels wrote more than 200 flyers urging people not to join in collections for the Winter Relief Fund, to refuse to do military service and to oust Hitler. They and others were dedicated to the hope of being able to rouse the population. This hope turned out to be fatal. Otto and Elise Hempel were murdered in Plötzensee on 8 April 1943. The writer Hans Fallada immortalised them later in his novel, *Jeder stirbt für sich allein (Alone in Berlin)*.[11]

Change of mood in the population – with no results?

The Security Service of the Gestapo was not unaware of the darkening mood in the German population in the period 1943/44. From the turn of the year 1942/43, the Wehrmacht leadership had been forced to admit defeat on almost all fronts. The aerial war had failed; so had the U-boat offensive in the battle for the Atlantic. There was increasing talk of miracle weapons, but the reality was quite different. The constant bomb alarms in the Reich territory strained people's nerves and intensified their fear of reprisals – a fear fuelled by the Nazi leadership. "Forward, comrades, we must go back," was the sarcastic phrase of Wehrmacht soldiers who were continually being urged to hold the front and weaken the enemy by attrition.

In mid-March 1943, less than two months after Goebbels' fanaticizing call, a group of officers that had formed around Henning von Tresckow tried to kill Hitler with a bomb.[12] Their attempt failed. More than a year elapsed before somebody again came conceivably close to the goal of killing Hitler, when Stauffenberg attempted it on 20 July 1944. Today it is difficult to understand that this failed assassination attempt actually stabilised the Nazi regime.[13] It remains one of the tragic events of German history that already on the following day, power within the innermost Nazi circle was redistributed, with the result that the war the Nazi leadership had begun conducting against its own people became even more intense. Hitler was convinced that a military defeat of his Reich would prove the Germans had no future and no historically based right to existence. This made him decide to destroy the Germans' future systematically.

Nobody in the new leadership group opposed Hitler's determination to bring about the downfall of the "German nation" by self-annihilation. Yet the Nero command implied nothing but that. Heinrich Himmler became commander of the Reserve Army and won considerable influence over the Wehrmacht's ideological position. Joseph Goebbels became even more powerful. He was now in charge of the defence of the Reich and began to scour many areas of society to mobilise more soldiers. Martin Bormann increased his influence inside the Nazi Party and, like Goebbels, started a scouring process to mobilise the last reserves, the "People's Storm". Finally, Albert Speer was given greater responsibility in armaments production. This new division of effective power has been well researched: it reveals the ensuing frictional losses, jealousies and sharp practices, reflecting the polycratic structure of the regime.

However terrible the battles were, what Goebbels envisaged with his proclamation of total war turned out to be even worse. At first the policy was to pledge the whole population to final victory and make them ready to fight, to coerce them with fanaticising appeals to hold out until the very end. The Nazi leadership interpreted defeats not as expressions of their own weakness but as results of cowardice, betrayal, and defeatism. For the Nazi leaders and the Wehrmacht and army leadership, enmeshed in war crimes and crimes against humanity, capitulation was inconceivable. Equally unthinkable was to attempt to protect the infrastructure and essential production plants, companies and social welfare institutions that would be necessary for survival after the "downfall" from heedless destruction.

The following passage gives the gist of Hitler's "Nero decree" of 19 March 1945: "It is a mistake to think that transport and communication facilities, industrial establishments and supply depots, which have not been destroyed, or have only been temporarily put out of action, can be used again for our own ends when the lost territory has been recovered. The enemy will leave us nothing but scorched earth when he withdraws, without paying the slightest regard to the population. I therefore order:

1) All military transport and communication facilities, industrial establishments and supply depots, as well as anything else of value within Reich territory, which could in any way be used by the enemy immediately or within the foreseeable future for the prosecution of the war, will be destroyed."[14]

Hitler's remarks to Speer show that the point of this decree was to destroy the basis of future life for the Germans: "If the war is lost, the nation will also perish. [...] There is no necessity to take into consideration the basis that the people will need to continue even the most primitive existence. On the contrary, it will be better to destroy these things ourselves, because this nation will have proved to be the weaker one, and the future will belong solely to the stronger people of the east. Besides, those who remain after the fighting are only inferior ones, for the good have all been killed."[15]

In other words, the war was fought not only on many fronts but also on the home front, particularly after the Allies crossed the Reich border in the west for the first time and liberated Aachen shortly afterwards, and the Red Army stormed several East Prussian villages. Nazi propaganda strongly played up the Red Army attacks. The responsible authorities used this to distract attention from their own failure, because the gauleiters who served as Reich defence commissioners obstructed escape and kept on forcing children and older people, and finally even women, into the last contingents of the "People's Storm".

At the time, some farsighted people saw through the deception and recognized this activism was due to desperation. They realised, particularly in the west, that the important thing in this collapsing wartime society was to concentrate on their own survival and hand over their towns and villages to the advancing enemy troops, peacefully if possible. More and more soldiers deserted, gave up without a fight or went into hiding in their home areas. Stragglers were continually being caught, and deserters were sentenced by courts martial and shot, especially as "flying" courts martial operated directly behind the front from March 1945 and shot or hanged soldiers and civilians said to be guilty of defeatism or "cowardice in the face of the enemy". The growing military setbacks weakened the Wehrmacht's position. At the same time, the Nazis stepped up the terror day by day as a result of the collapse of state power.

The civilian population gradually realised the full meaning of the "total war" Goebbels had proclaimed, yet still held out with surprising tenacity, remaining almost lethargically motionless although many cities and train stations, transport junctions and plants were being destroyed by increased daytime bombing raids. Fury at the Nazi Party and its functionaries was widespread, but failed to lead to rebellion. The leading Nazis knew that the unconditional total surrender the Allies had demanded since 1942 meant most of them would be called to account. For them, "defeat" implied not only loss of power, position and influence, but also punishment for their crimes. Consequently they described the end of Nazi rule as the "downfall". The Moscow Declaration of 1942 had already clearly stated that every culpable person would be held accountable for atrocities they committed. The Nazi leaders were therefore determined to prolong their power.

Acts of resistance – some notable examples

This begs the question as to why only a few people showed resistance and acted against the self-annihilation that believers in Nazi ideology mystified as "the twilight of the gods" and that most people rejected in disgust. Inspiring readiness for defence in the final weeks of the war was a way of mobilising people psychologically and making them fanatical. Everybody who did not join the ranks of their contemporaries prepared for downfall and self-annihilation, who was unwilling to fight to the last bullet and refused to choose death rather than downfall was regarded as an opponent, an "enemy of the national community", a "traitor". From the Nazi perspective they had "forfeited" their life.

By that time there were repeated incidences of towns and villages, particularly in the areas dominated by the western Allies, surrendering without a fight. The Nazis announced they would use "werewolves" to call the "traitors" to account. They had demonstrated this after the short-lived recapture of Aachen following the Allied liberation of the city by US troops, where people had agreed to participate in forming the new municipal administration to secure vital supplies and public order.

Another example of the powerful pressure of the Nazi rulers and the degree of ideological delusion was the lack of reaction to the hunger marches of concentration camp prisoners, who were rarely offered help. In fact, during the time Germany was not yet liberated from Nazi dictatorship, so-called "hare hunts" were organised to catch prisoners who managed during bombing raids to get away from the railway waggons in which they were being transported through the country under life-threatening conditions. Most Germans continued being wary of foreign and forced labourers as well.

Resistance in the final hour was primarily local resistance in the few hours immediately before German soldiers and local Nazi Party officials fled from the advancing Allied troops. US soldiers were horrified when, after capturing certain places, they stumbled upon the bodies of people murdered after a summary court martial that was an outright mockery of justice. The corpses often had a placard on their chest identifying them as a "traitor".

People who miscalculated by a matter of hours often paid with their life. In Regensburg the cathedral preacher Johann Maier, a doctor of theology and popular chaplain, and a camp labourer, Josef Zirkl, were shot dead. They had tried to tone down the protest of women and older men from Regensburg who had demanded that the local Nazi leaders surrender the city peacefully. Maier and Zirkl knew the liberation was only a matter of hours away, and advised people to remain calm. They were pulled out of the group of demonstrators, arrested, and killed as alleged ringleaders after a brief summary court martial. While this was happening the rattling chains of approaching US tanks could already be heard.

In Brettheim in Franconia, when Hitler Youth members started trying to defend the village with anti-tank rocket launchers, some residents grabbed the weapons from them. The youths reported the incident to the local combat commander's headquarters. Former concentration commander and SS group leader Max Simon gave orders for a deterrent action and commanded one of his staff officers to prosecute the "filthy disgrace" immediately. Although US troops were already close by, the SS arrived in the village and interrogated several inhabitants. Friedrich Hanselmann, a farmer, gave himself up voluntarily. He was beaten until he named two people with similar opinions to his. They were arrested and sentenced by court martial. When the mayor and the local Nazi Party group leader refused to carry out the sentence, they were arrested as defeatists. The "men of Brettheim" were all murdered together.

Robert Limpert, a gifted school graduate from Ansbach, had never hidden his dislike of the Nazi regime. A Catholic by faith, he was a known Nazi opponent but nobody knew that he also wrote anti-government leaflets. Because of a serious illness he was declared unfit for service and started preparing for university. As the US troops approached he demanded bravely and resolutely that Ansbach surrender peacefully, but the people he addressed did not follow his suggestions. Two Hitler Youth members observed Limpert cutting a telephone wire or low-tension cable and denounced him. He was arrested and after a rapid trial lasting only a few minutes he was condemned to death by hanging. The officer in charge hanged Limpert with his own hands from a hook on a house wall. But the rope broke and Limpert was able to escape, shouting for help. He was caught by some Ansbach residents who dragged him back by the hair and hanged him. [16]

Alleged deserters, stragglers or civilians who wanted to show their helplessness by hanging out a white flag were shot dead. Along with many prisoners who did not survive the death marches, they were the last victims of the Nazi regime, which continued to hunt down its opponents by every possible means.

On 3 March 1945 the former chief inspector of the Reich criminal investigation police, Arthur Nebe, was executed after being sentenced by the People's Court. A few days later, General Erich Fromm was murdered. On 9 April 1945, Dietrich Bonhoeffer and other important opponents of the Nazi regime were killed in Flossenbürg, and Johann Georg Elser in Dachau. On 23 April, almost at the last minute, two groups of opponents of Hitler's regime were shot dead on the grounds of the railway station, Lehrter Bahnhof.[17] The regime demonstrated its boundless will to annihilate on one more occasion: in Penzberg in Bavaria, where workers who stood up against the futile war and the destruction of their village were murdered. In Altötting in Upper Bavaria, too, serious war crimes occurred at the end of the war, probably in relation to one of the last acts of resistance of a Bavarian resistance group called "Freiheitsaktion Bayern" (Bavarian Freedom action group) – the occupation of a radio station and the demand to end the war. Even after the fall of the Nazi dictatorship, some Germans were afraid because propaganda legends of werewolves and irregular troops supposedly roaming through the country persisted long afterwards. Right up until the last hour of the Reich, the Nazis tried to justify their terror as a disciplinary measure. Death sentences were imposed and carried out in Norway and Schleswig-Holstein even after 10 May 1945.

Surprisingly, acts of resistance in the final hour were only rarely rewarded with honours, street names or memorial ceremonies. It took many years for the men of Brettheim to be remembered by a historical play and a memorial centre. The cathedral preacher of Regensburg was also belatedly commemorated. In Ansbach, nobody remembers Robert Limpert, who refused to get involved with the regime and, at the last minute, did what many others weren't brave enough and resolute enough to do. It is worth noting, at least, that since 2002 a local action group has awarded the Robert Limpert Prize for civic courage.

1 Cf. Edgar Wolfrum, "Widerstand in den letzten Kriegsmonaten," in: Peter Steinbach u. Johannes Tuchel (eds.), Widerstand gegen den Nationalsozialismus, Bonn 1994, p. 537 ff.

2 Martin Broszat and Elke Fröhlich (eds.), Bayern in der NS-Zeit, 6 vols., Munich 1977–1983.

3 The magazine *Informationen zur modernen Stadtgeschichte* offers the best bibliographical information, including for the period at the end of the war. One special issue covers Germany's cities in 1945 (IMS issue 2/1995), and another deals with the city and war in the 20th century (IMS 2/2004).

4 Cord Arendes, Edgar Wolfrum, Jörg Zedler (eds.), Terror nach Innen. Verbrechen am Ende des Zweiten Weltkrieges (Dachauer Symposien zur Zeitgeschichte, vol. 6), Göttingen 2006.

5 Jürgen Förster, "Geistige Kriegführung in Deutschland 1919–1945", in: Jörg Echternkamp (ed.), Die deutsche Kriegsgesellschaft 1939 bis 1945. Part 1: "Politisierung, Vernichtung, Überleben", Munich 2004, p. 621 ff. Förster speaks of the "totality of National Socialism after 20 July 1944", providing the frame for interpretation that Ian Kershaw fills out with his dense, impressive narrative.

6 Jörg Echternkamp (ed.). Kriegsgesellschaft, Part 1 (see Note 5). See also: idem, Die deutsche Kriegsgesellschaft 1939 bis 1945, Part 2: "Ausbeutung, Deutungen, Ausgrenzungen", Munich 2005.

7 For an overview, see Claudia Fröhlich, "Wider die Tabuisierung des Ungehorsams": Fritz Bauers Widerstandsbegriff und die Aufarbeitung von NS-Verbrechen, Frankfurt/M. u. New York 2006.

8 http://www.1000dokumente.de/index.html?c=dokument_de&dokument=0200_goe&object=translation&st=&l=de (11.7.2014).

9 Cf. Horst Boog et al., Das Deutsche Reich in der Defensive: Strategischer Luftkrieg in Europa, Krieg im Westen und in Ostasien 1943–1944/45, Stuttgart and Munich 2001; Karl-Heinz Frieser (ed.), Die Ostfront 1943/44: Der Krieg im Osten und an den Nebenfronten, Munich 2007, and Rolf Dieter Müller (ed.), Der Zusammenbruch des Deutschen Reiches 1945, Munich 2008.

10 Max Benzler, Notizzettel v. 13.1.1943, GDW Informationsblatt 19.1., p. 1.

11 Hans Fallada: Jeder stirbt für sich allein, Berlin 2011 (12th edn.); English translation by Michael Hofmann

12 Fabian von Schlabrendorff, Offiziere gegen Hitler, Frankfurt/M. 1959, p. 88 ff.

13 For a general overview, see Ian Kershaw, The End: The Defiance and Destruction of Hitler's Germany, 1944–1945, London 2011: "Stauffenberg's assassination attempt marked an internal shift in the history of the Third Reich."

14 IMT: Der Nürnberger Prozess gegen die Hauptkriegsverbrecher …, Photo-reproduction Munich 1989, vol. 41 (=Doc-vol. 17), p. 430. English version cited in: Hugh Trevor-Roper (ed.), Blitzkrieg to Defeat: Hitler's War Directives 1939–1945, New York, 1971 p. 206–207.

15 IMT: Der Nürnberger Prozess gegen die Hauptkriegsverbrecher …, Photo-reproduction Munich 1989, vol. 41 (=Doc-vol. 17), p. 428.

16 Elke Fröhlich, "Ein junger Märtyrer", in: Bayern in der NS-Zeit VI (see note 2), p. 228 ff.

17 Johannes Tuchel, "Von allem Leid, das diesen Bau erfüllt…": Die Gestapo-Abteilung des Zellengefängnisses Lehrter Straße 3 nach dem 20. Juli 1944, Berlin 2014; idem.: "…und ihrer aller wartete der Strick": Das Zellengefängnis Lehrter Straße 3 nach dem 20. Juli 1944, Berlin 2014.

LEBEN AUF DEM SCHLACHTFELD
ALLTAG IN BERLIN ZWISCHEN JANUAR UND MAI 1945

Sven Felix Kellerhoff

Ordnung muss sein – auch, vielleicht sogar gerade, wenn die Welt zusammenzubrechen scheint. Akribisch notierte die 30-jährige Schönebergerin Ursula Kleinmichel Anfang 1945 jede ihrer Haushaltsausgaben und versuchte so durch Ordnung ihren Alltag zu meistern. Größter regelmäßiger Posten war der monatliche Friseurbesuch; hinzu kamen Kosten für Schuhe, für gelegentliche Kinobesuche und Café-Besuche. Außerdem legte die junge Frau, die noch bei ihren Eltern wohnte, regelmäßig Geld für die Zukunft zurück: 65 Reichsmark für ihre Aussteuer und 39 Reichsmark im Rahmen der steuerbegünstigten Sonderaktion „Eisernes Sparen“, mit der das Dritte Reich überschüssige Kaufkraft abschöpfte, um Preissteigerungen zu vermeiden. Immerhin die Hälfte ihres monatlichen Nettoeinkommens von rund 209 Reichsmark hortete Ursula Kleinmichel – hegte sie also keine grundsätzliche Existenzangst? Angesichts der Umstände zu Beginn des siebten Kriegsjahres eher unwahrscheinlich: Hitlers Reich, das noch Anfang 1943 von der Biskaya bis an den Kaukasus gereicht hatte, vom Polarkreis bis nach Tunesien, war im wesentlichen auf das Gebiet des Deutschen Reiches 1939 zusammengeschrumpft. Mit Aachen war schon die erste deutsche Großstadt von den Alliierten besetzt; an der Ostfront drückte die Rote Armee mit Macht gen Westen. Vermutlich verdrängte Ursula Kleinmichel ihre Befürchtungen nur besonders wirksam, vielleicht mit Hilfe der scheinbaren Normalität ihres akkurat geführten Haushaltsbuches.[1]

Mit dem Beginn der sowjetischen Winteroffensive am 12. Januar 1945 wurde vielen Berlinern klar, dass ihre Stadt schon bald Schlachtfeld sein würde. Gleichzeitig strömten Tag für Tag zehntausende Menschen nach Berlin hinein: Kinder und Evakuierte aus bis vor kurzem noch als „sicher“ geltenden Gebieten wie Pommern, dem „Warthegau“ oder Oberschlesien, außerdem Flüchtlinge aus Ostpreußen. Die zehnjährige Berlinerin Barbara Graff war kurz vor Eröffnung der sowjetischen Winteroffensive mit ihrer Mutter aus Klastawe am Ostrand der Mark Brandenburg in die Reichshauptstadt zurückgekehrt. „Vorbei war es mit Pantinenschule und ländlicher Beschaulichkeit. Hier in Berlin tobte das Leben oder besser Tod und Krieg“, erinnerte sie sich Jahrzehnte später: „Tag und Nacht wurden Bombenangriffe geflogen, der Himmel war tagsüber stickig und rauchig, nachts blutrot von den unsäglichen Brandbomben. Unser Leben spielte sich nun im Luftschutzkeller ab. War dann mal die Luft für zwei oder drei Stunden rein, griff mich meine Mutter, um ein Geschäft zu suchen und etwas Essbares zu ergattern.“[2] Von allen Bewohnern verkrafteten kleine Kinder die Situation noch am besten. Zwar litten auch sie auch unter Todesängsten, wenn Bomben vom

Himmel fielen und ganze Straßenzüge in Flammen aufgingen. Im Gegensatz zu den Erwachsenen vermochten sie sich aber nicht auszumalen, was noch auf sie zukommen könnte.

Angesichts der alltäglichen Belastungen sehnten sehr viele Berliner das Ende der Kämpfe herbei, allerdings nicht den Einmarsch der Russen. „Viele sagen: Kriegsende, ja sofort, aber wenn die Bolschewisten kommen, was dann?", notierte der 26-jährige Kurt Wafner aus Hohenschönhausen.[3] Die Bewohner der Reichshauptstadt wussten genug, um Angst vor der Zukunft zu haben. Ganz offen redeten einige Berlinerinnen in der Straßenbahn darüber, dass „wir schon genügend Schuld auf uns geladen haben durch die Juden- und Polenbehandlung, die man uns noch heimzahlen" werde.[4] Dagegen hofften versteckt lebende Juden, dass die Rote Armee möglichst schnell käme, damit sie ihr Leben im Untergrund beenden könnten. Der 19-jährige Hans Rosenthal, der sich seit zwei Jahren Tag und Nacht in der Laubenkolonie „Dreieinigkeit" in Lichtenberg verbarg, schraffierte auf einer Landkarte das Vorrücken der Sowjets, über das er aus der BBC erfuhr: Jeder Kilometer Vormarsch brachte ihn der Rettung näher.[5]

Gerüchte dominierten die Wahrnehmung der Zivilbevölkerung: Angeblich sollten die sowjetischen Panzerspitzen, die gerade auf Posen zurollten, gleich über die Oder nach Berlin durchstoßen. Kaum jemand rechnete noch damit, dass die Wehrmacht ihren Angriff würde stoppen können. Endzeitstimmung kam auf. Mitten in einem abendlichen Großangriff erlebte Hans-Georg von Studnitz, Journalist und Mitarbeiter des Auswärtigen Amtes, eine Party, mit der Bekannte ihre Notbehausung „einweihten". 20 Gäste hatten sich eingefunden, darunter schwerverletzte Offiziere mit Holzbeinen. „Als der Alarm kam, zeigte keiner die geringste Nervosität." Den feiernden Berlinern war die Gefahr gleichgültig: „Je stärker die Detonationen dröhnten, desto übermütiger wurde die Stimmung. Die Musik verstummte nicht einen Augenblick."[6]

Bis Ende Januar 1945 gab es in der Reichshauptstadt kaum ein anderes Gesprächsthema als den offenbar kurz bevorstehenden Straßenkampf. Man debattierte schon, wie man sich gegenüber einrückenden Sowjetsoldaten verhalten sollte. Die Lebensmitteltransporte aus dem Umland waren eingestellt worden, ebenso Kohlelieferungen. Die Berliner Journalistin Ursula von Kardorff, die ans Sterbebett ihres Vaters nach Rostock geeilt war und nach seinem Tod noch einige Tage bis zur Beerdigung blieb, kehrte am 22. Januar 1945 heim: „Kam in ein aufgelöstes, hysterisches Berlin."[7] Sogar das einwöchige Ausbleiben von Luftangriffen Ende Januar sorgte für neue Verunsicherung. Denn dass tatsächlich deutsche „Wunderwaffen" dafür verantwortlich seien, glaubten nur völlig naive NS-Fanatiker. Die Gerüchteküche bot eine andere Erklärung an:

Bereiteten sich die britischen und amerikanischen Bomberbesatzungen vielleicht auf einen besonders schweren Angriff vor, womöglich am 30. Januar, dem zwölften Jahrestag von Hitlers Ernennung zum Reichskanzler?

Tatsächlich glaubte Arthur Harris, der Kommandeur des britischen Bomber Command, weiterhin, den Krieg mit einer Serie gewaltiger Luftangriffe auf die Reichshauptstadt entscheiden zu können. Am 18. Januar 1945 legte er eine neue Zielliste mit deutschen Städten vor, die er in den kommenden Wochen bombardieren wollte; darauf stand ausdrücklich der „Rest von Berlin".[8] Obwohl die amerikanischen Verbündeten Harris' Plänen skeptisch gegenüber standen, sahen auch sie im Regierungsviertel ein legitimes strategisches Ziel, auch wenn in diesem Gebiet über zweihunderttausend Menschen lebten. Am 3. Februar 1945, einem kalten Samstag, hoben morgens zwischen sieben und acht Uhr deutscher Zeit von den US-Basen im Südosten Englands rund 1000 schwere Bomber ab, dazu 600 Jagdflugzeuge als Geleitschutz. Um 10.39 Uhr war klar, dass der riesige Pulk von Flugzeugen die Reichshauptstadt ansteuerte: Über drei Millionen Menschen strebten in die Schutzräume. Um 11.02 Uhr begannen die bis dahin schlimmsten Luftangriffe in der Geschichte Berlins. Die 14-jährige Eva Reichel war mit ihrer Mutter, ihrem kleinen Bruder und dem über alle Probleme hinüber geretteten Neufundländer „Diego" in den Keller ihres Hauses in der Kreuzberger Wassertorstraße 35 geeilt. Das sonore Geräusch der Flugzeuge wurde lauter, dann kam das Zischen und Pfeifen der Bomben hinzu. „Wir saßen in gebückter Haltung. Und dann dieses Krachen, dieser Knall. Das elektrische Licht fiel aus. Der Staub war unbeschreiblich. Kaum, dass man sein Gegenüber sehen konnte. Wir bleiben ganz still." Plötzlich hörte das Mädchen Rufe: Die Insassen des getroffenen Kellers sollten herauskommen. Doch Schutt versperrte den Weg. Mit bloßen Händen schafften die Menschen Stein für Stein zur Seite. Als sie oben angekommen war, traute Eva ihren Augen kaum: „Es war dunkle Nacht, kein Sonnenschein, kein blauer Himmel. Dachstühle brannten. Die Wassertorstraße war ein Kratermeer, aus dem Flammen loderten – meine asphaltierte Straße, auf der ich so gut hatte Rollschuh laufen können. Es war windig, es roch nach Brand, wir hatten Mühe zu atmen."[9]

Mit bemühter Nüchternheit verzeichnete die Hauptluftschutzstelle des Berliner Magistrats die Folgen des Angriffs. Über den Bezirk Mitte hieß es im Bericht: „Fast in seiner gesamten Ausdehnung schwer getroffen. Die durch besonders dichte Bombenteppiche betroffenen Gebiete erstrecken sich von der Südwestecke des Bezirks (Gegend Potsdamer Platz – Leipziger Platz – Hermann-Göring-Straße) in breiter Front nach Nordosten über die Gegend Bahnhof Alexanderplatz hinweg mit Ausläufern nach Nordwesten (Gegend Stettiner Bahnhof) und

Südosten (Gegend Köpenicker Straße, Melchiorstraße)." Allein in Mitte zählten die Magistratsbeamten 506 Tote und rund 25.000 Obdachlose. Noch mehr Menschen hatten in Kreuzberg ihre Bleibe verloren, etwa 33.000. Hier gab es etwa 190 registrierte Tote; den größten Schaden hatten Brände angerichtet, weniger Sprengbomben. Im Wedding war konzentriert ein ganzes Wohnviertel beiderseits der Reinickendorfer Straße getroffen worden.[10]

„Der schwerste Angriff auf die Innenstadt, den es je gegeben hat. Dass eine Steigerung überhaupt noch möglich war, hätte ich nicht gedacht", notierte Ursula von Kardorff fassungslos: „Warum stellt sich niemand auf die Straße und schreit: ‚Genug, genug', warum wird niemand irrsinnig? Warum gibt es keine Revolution?"[11] Die Antwort auf diese rhetorische Frage war einfach, und natürlich kannte die Journalistin sie: Die Berliner waren ausschließlich mit Überleben beschäftigt. So lief der Alltag überraschend schnell wieder an: Innerhalb weniger Tage waren auf fast allen Straßen Gassen durch den Trümmerschutt gebahnt. Am 7. Februar fuhr jede zweite Straßenbahnlinie in der Innenstadt wieder, auch der U-Bahnverkehr kam in Gang. Strom und Wasser standen fünf Tage nach dem Angriff zur Verfügung. Sogar die Versorgung mit rationierten Lebensmitteln funktionierte bald wieder.

„Die Stimmung der Berliner ist – im großen Durchschnitt gesehen – zumal nach dem Terrorangriff vom 3. Februar 1945 ernst und bedrückt", meldeten Spitzel der Wehrmachtsführung: „Man möchte den Glauben und die Hoffnung an einen guten Ausgang des Krieges bewahren, findet aber verstandesmäßig vielfach keine Gründe mehr hierfür." Stattdessen werde „viel geredet und diskutiert und Zweifler und Pessimisten, die früher nur zu tuscheln wagten, sagen heute ihre Meinung in der Öffentlichkeit vielfach ganz unverhohlen". Immer neue Gerüchte kamen auf, zum Beispiel, dass die Waffen-SS um Berlin einen Sperrriegel gezogen habe, um alle Einwohner am Verlassen der Stadt zu hindern. Die Reichsregierung sei bereits nach Bayreuth verlegt, Gauleiter Goebbels befinde sich auf dem Weg in die Schweiz. Besonders oft wiederholt wurde Geraune, demzufolge die Lebensmittelmarken für die kommenden vier Wochen nur noch zur Hälfte oder gar nicht mehr gedeckt seien. Panik kam auf, denn viele Einwohner sahen nun eine Hungersnot auf sich zukommen wie im Ersten Weltkrieg.[12] Ursula Kleinmichel gab in den zwei Wochen nach dem Angriff gerade 1,70 Reichsmark aus, für eine Kinokarte und einmal Kaffeetrinken.[13]

Die Rote Armee hatte ihren Vormarsch auf Berlin an der Oder gestoppt, just am Tag des US-Luftangriffs. Doch das war nur ein schwacher Trost, denn natürlich würde die Anti-Hitler-Koalition ihre doppelte Angriffsstrategie fortsetzen: Die Amerikaner und Briten würden die Reichshauptstadt aus der Luft mürbe bomben, damit die Rote Armee die Ruinen irgendwann im Handstreich nehmen könnte.

Trotz dieses permanenten Ausnahmezustandes und obwohl ihre Büros weitgehend zerstört waren, hielt die Gestapo weiterhin an Vorschriften fest. Am 27. März 1945 ging noch ein letzter Deportationstransport mit 42 Berliner Juden nach Theresienstadt ab. Sie kamen aus dem Sammellager in der Pathologie des ehemaligen jüdischen Krankenhauses in der Iranischen Straße, wo die Gestapo die verbliebenen 800 Juden in der Reichshauptstadt eingesperrt hatte, die nicht „arisch versippt" waren. Außer ihnen lebten in der Reichshauptstadt am 31. März 1945 noch etwa 5900 aus verschiedenen Gründen „geschützte" Juden sowie etwa 1700 erfolgreich untergetauchte Verfolgte wie Hans Rosenthal. Rund 90 Prozent der Ende 1939 gezählten Berliner Juden waren deportiert und meist ermordet worden.

Während die Rote Armee an der Oder ihren Vorstoß auf Berlin vorbereitete, drangen im Westen die Briten und Amerikaner fast ungehindert immer tiefer nach Deutschland ein. Fast niemand gab sich in der Reichshauptstadt noch Illusionen hin. Bittere Sprüche machten mehr denn je die Runde: Früher habe die Berliner Flak hundert Schuss pro feindlichem Flugzeug abgegeben, inzwischen aber kämen auf eine Flakgranate hundert feindliche Flugzeuge. In „allen Kreisen der Bevölkerung" überwogen „defätistische Äußerungen und solche, die sich gegen Partei und Regierung richten".[14] Immer mehr Behörden wichen aus: „Die Regierung geht nun doch aus Berlin weg. Von den großen Ämtern werden sechs Zehntel des Personals entlassen", notierte Hans-Georg von Studnitz: „Die Männer müssen zum Volkssturm, den Frauen wird anheimgestellt, sich zu ‚verkrümeln'. Drei Zehntel gehen sofort in Ausweichquartiere, ein Zehntel, darunter ich, bilden den sogenannten Führungsstab und bleiben in Berlin."[15] Zu ihren Aufgaben gehörte, belastende Akten zu vernichten. Für Empörung sorgte das Verhalten zahlreicher NSDAP-Funktionäre: „Die Parteidienststellen verschwinden zumeist nach Bayern, und zwar die besseren nach Landshut und Berchtesgaden." Wer immer sich einen Passierschein ausstellen lassen, erschwindeln oder fälschen konnte, ging Richtung Westen. Zurück blieben mehr als zweieinhalb Millionen Menschen.

Selbst der stark eingeschränkte Alltag der vergangenen Kriegsjahre schien jetzt unendlich weit weg. Wo immer noch ein Rest davon herüber gerettet werden konnte, klammerten sich die Berliner daran. Ursula Kleinmichel ging am 5. April 1945 zum letzten Mal im Zweiten Weltkrieg zum Friseur; sie gönnte sich einen Neuschnitt einschließlich Färben.[17] Praktisch jeder männliche Berliner zwischen 15 und 65 Jahren wurde eingezogen. Kurt Wafner gehörte zu denen, die das „letzte Aufgebot" bilden sollten: „Volkssturm – Vereidigung. Die lächerlichste Phrase, die ich je erlebte", notierte der 26-jährige Laborant: „Ich glaube nicht, dass diese Männer sich lange verteidigen werden."[18] Dagegen wollte der 15-jährige Napola-Schüler Hans Müncheberg unbedingt kämpfen. Er ging in Potsdam zur Musterung und berichtete seiner Mutter am 10. April 1945: „Ein Feldwebel ließ antreten, erklärte alles Wichtige und meldete einem Hauptmann, der uns dann dasselbe noch mal erzählte." Der mit 160 Zentimetern Größe und 45 Kilogramm Gewicht für sein Alter schmächtige Junge wurde vom Oberstabsarzt als „zeitlich untauglich" befunden und vorerst bis zum 1. Juli 1945 vom Einsatz zurückgestellt, einschließlich Reichsarbeitsdienst. Müncheberg war konsterniert: „Man hat uns gleich zu Anfang gesagt, dass vom Jahrgang 1929 grundsätzlich 75 Prozent zurückgestellt werden. Das tröstet mich. Nun Schluss. Hoffentlich hat Dich das Ergebnis nicht allzu sehr enttäuscht."[19] Eingesetzt wurde er trotzdem: Nur wenige Tage nach der vorausschauenden Musterung durch den Wehrmachtsarzt begann Hans Münchebergs Ausbildung an Panzerfäusten. Er bekam die Gelegenheit, in Berlin für den „Führer" zu kämpfen – und verlor ein Bein.

„Bei äußerlich meist gelassener Haltung ist die Stimmung der Berliner doch so ziemlich auf den Nullpunkt herabgesunken", meldeten Spitzel der Wehrmachtsführung: „Es ist nicht die Art des Berliners, aus irgendeiner Verzagtheit heraus voreilig aufzugeben, aber man sieht im Allgemeinen keinen Ausweg mehr." Alarmierend war, dass der „Verteidigungswille" als „gering" beurteilt wurde: „Mit einem gewissen von Galgenhumor getragenen Fatalismus, hinter dem sich schon manche innere Verzweiflung verbirgt, sieht man allem Weiteren entgegen. Aus Berlin fortzugehen habe für die Frauen auch keinen Sinn mehr. Wo solle man noch hin?" Die abschließende Bemerkung des Berichtes erreichte die Führung des Dritten Reiches wahrscheinlich nicht mehr: „In einzelnen Filmtheatern wird jetzt die Wochenschau gezeigt, in der Reichsminister Dr. Goebbels nach der Befreiung von Lauban spricht. Wenn er dabei von der kommenden Offensive spricht, die in den nächsten Tagen und Wochen die besetzten Gebiete befreien würde, bricht stets ein großes Hohngelächter aus."[20]

Im Morgengrauen des 16. April 1945 begann das Finale: Zweieinhalb Millionen Rotarmisten traten mit 14.600 Geschützen und 6250 Panzern zum Sturm auf die Reichshauptstadt an. Die völlige Niederlage war nur eine Frage von Tagen. Der 14-jährige Justus Alenfeld, der als Sohn einer „Mischehe" das Ende des NS-Regimes herbeisehnte, begann ein „Tagebuch vom Endkampf Berlins". Am 17. April notierte er: „Über die Offensive der Roten Armee noch keine genauen Meldungen. Größte Spannung überall." Am selben Tag traf Hedwig Luschei in Falkensee bei Spandau eine Entscheidung: „Ich bleibe, mag kommen was will."[21] Es kamen die Russen. Am 19. April 1945, nach drei Tagen Schlacht um die Seelower Höhen, war die letzte deutsche Frontlinie zusammengebrochen. Nun umfassten schnelle sowjetische Truppen nördlich und südlich die Reichshauptstadt, während die Hauptmacht der Roten Armee auf kürzestem Weg gegen die östlichen Stadtbezirke vorrückte. Nur 24 Stunden später nahmen sowjetische Geschütze das Regierungsviertel unter Feuer. Die meisten Berliner verließen die Luftschutzkeller oder Bunker nicht mehr, Ursula Kleinmichel verzeichnete in ihrem Haushaltsbuch die vorerst letzte Ausgabe am 15. April 1945: eine Reichsmark Spende. Lebensmittelversorgung und Hygiene brachen völlig zusammen. Ein 17-jähriges Mädchen vermerkte im Kalender: „Alarm! Wenig Wasser, kein Strom, bei Fliegerangriffen ertönen keine Sirenen mehr." Die etwa gleichaltrige Lieselotte notierte: „Wieder im Keller. Heute ist Führers Geburtstag, aber keiner hat geflaggt, obwohl Goebbels in seiner Rede darauf hingewiesen hat." Wahrscheinlich hatte sie mit ihrer Vermutung recht: „Die meisten Leute haben ihre Fahnen schon verbrannt, auch Parteiabzeichen und dergleichen weggeschmissen. Weil alle Angst vor den Russen haben."[22]

Kiez für Kiez näherten sich jetzt Rotarmisten der Innenstadt. Am 22. April 1945 hatten sie schon Frohnau im Norden und Lichtenberg im Osten besetzt. Auch in Friedrichshagen im Südosten der Reichshauptstadt war der Krieg vorüber: „Die Russen sind da! Es ist kaum zu glauben, so schnell ist alles gegangen", schrieb Lieselotte in ihr Tagebuch: „Die Russen sahen alle verhältnismäßig anständig aus, taten uns auch nichts, obwohl wir alle zitterten."[23] So empfanden das allerdings nicht viele Berlinerinnen. „Für die Russen waren wir jetzt Freiwild. Vergewaltigung, Erschießung und Plünderung, dazu der grenzenlose Hass auf die Deutschen, die dem russischen Volk so viel Leid zugefügt hatten, machten uns das Leben zur Hölle", erinnerte sich Eva Schliep. Sie hatte sich mit einer Verwandten direkt unter dem Dach eines Hauses versteckt, wo niemand sie vermutete: „Wenn die Luft rein war, bekamen wir etwas Wasser und ein Stück Brot durch die Einstiegsluke gereicht. Aber nachts, wenn die Russen plündernd durchs Haus zogen und immer wieder junge Frauen suchten, stand uns oftmals das Herz still vor Angst."[24]

Während die Außenbezirke schon weitgehend erobert waren und sich die Rote Armee dem S-Bahn-Ring näherte, erklärte die Wehrmachtsführung offiziell die Innenstadt zum Kampfgebiet. Am 23. April 1945 um zwölf Uhr mittags wurde der Zugang dorthin gesperrt: „Die Wache an der Potsdamer Brücke lässt die Leute aus den inneren Stadtteilen hinausschlüpfen, aber keiner darf hinein", stellte der norwegische Berlin-Korrespondent Theo Findahl fest: „Einige sagen, die Russen stünden jetzt nur noch zweieinhalb Kilometer vom Alexanderplatz entfernt, dreieinhalb Kilometer von den Linden. Adolf Hitler hat das Kommando über seine Hauptstadt selbst übernommen, wird gemeldet, aber niemand weiß, wo er sich aufhält, vielleicht im Keller unter der Reichskanzlei, vielleicht in dem großen Bunker am Zoologischen Garten."[25]

In der Kolonie „Dreieinigkeit" hielt Hans Rosenthal die Zeit für gekommen, sein Versteck zu verlassen. Er steckte sich seinen Judenstern an den Mantel und machte sich auf den Weg, den sowjetischen Befreiern entgegen. Plötzlich sah er sich umringt von offenkundig wütenden Rotarmisten. Er zeigte auf seinen Judenstern, doch das brachte die Männer nur noch mehr auf. Sie bedrohten ihn mit ihren Maschinenpistolen: „Ich wurde brutal gegen eine Mauer gestoßen. Dort stand ich mit erhobenen Händen und verstand die Welt nicht mehr." Zufällig kam in diesem Moment ein Offizier auf einem Fahrrad vorbei. Er stieg ab, um sich ein Bild zu machen. „Der Offizier war Jude. Mir fiel ein Stein vom Herzen. Er fragte mich auf Jiddisch, ob ich auch Jude sei. ‚Ja', sagte ich, ‚Ich bin Jude. Kein SS-Mann. Ich war versteckt.'" Doch noch hatte der junge Berliner die Russen nicht überzeugt. Wenn er Jude sei, solle er doch das Glaubensbekenntnis auf Hebräisch aufsagen, verlangte der Offizier. „Ich sagte es auf und dabei war mir, als verstünde ich zum ersten Mal den Sinn: ‚Schemah Jisrael, Adonaj Elauhenu, Adonaj Echod – Höre Israel, der Ewige ist unser Gott, der Ewige ist einzig'." Nun war der Offizier zufrieden und sagte Rosenthal, er könne gehen. Aber er solle den Stern abmachen. Denn die Soldaten wussten, dass sich bei der Befreiung des KZ Majdanek einige SS-Leute die Judensterne von Ermordeten angesteckt hatten, um so der Gefangennahme zu entgehen. „Als wir das entdeckten, gab es einen Tagesbefehl: Jeder, der mit einem solchen Stern angetroffen wird, ist sofort zu erschießen."[26]

Am Morgen des 27. April 1945 stand nur noch ein Zehntel des Berliner Stadtgebietes unter Hitlers Herrschaft. Doch noch immer lebten mehrere hunderttausend Menschen innerhalb des S-Bahn-Ringes. Die meisten von ihnen saßen in Bunkern oder Luftschutzkellern, viele verkrochen sich auch in den nicht mehr befahrenen Tunneln der U- oder der S-Bahn und hofften, dass die sowjetischen Granaten sie hier nicht treffen würden. Günter Lamprecht half am 29. April 1945 den Sanitätern des Hauptverbandsplatzes im Bunkergeschoss der Reichsbank an der Kurstraße: „Alle Räume und Gänge sind belegt und verstopft mit Schwerverwundeten, mit Sterbenden. Das unaufhörliche Trommelfeuer und die Bombardements der letzten acht Tage, das widerliche Sausen der Stalinorgeln richtete sich jetzt nur noch auf den Kern, Berlin-Mitte." Von Stunde zu Stunde rückten die Panzer der Roten Armee weiter vor, eroberten eine Straße nach der anderen. Für die deutschen Soldaten gab es nur noch die Alternative Gefangenschaft oder Tod – was für die meisten auf das Gleiche hinauslief. Lamprecht sollte für einen Unteroffizier der Wehrmacht namens Rudi eine Tasche mit Papieren zu einem „Punkt L" bringen, der auf einer Skizze eingezeichnet war, und bekam dafür eine Parole, die ihm bei Kontrolle den Weg öffnen sollte: „Hasenfuß". Der 15-Jährige machte sich auf den Weg. Zuerst kam er an den Ausgang des Reichsbankgebäudes hin zum Spreekanal und schaute aus einem MG-Nest auf die romantische Jungfernbrücke. Drei ältere Soldaten saßen in der Stellung, und einer von ihnen gab Günter einen guten Rat: „Verpiss Dich hier, Kleiner, mach', dass Du wieder runterkommst, sonst kneifst Du noch am letzten Tag den Arsch zu." Doch Lamprecht hatte Rudi versprochen, die Aktentasche am „Punkt L" abzuliefern. Erst jetzt fiel ihm auf, dass die Skizze einen Weg durch die Kellerräume beschrieb, nicht zu ebener Erde. Also stürmte er die Treppen hinunter. „Hier unten hörte man kaum noch etwas von dem Inferno da ganz oben." Mit einer Taschenlampe bahnte sich der Junge seinen Weg; in einem Casinoraum fand er eine Theke voller Sektflaschen, Schinken, Würste, anderer Delikatessen – und einen Tisch, an dem sieben oder acht Menschen saßen, davon fünf Offiziere der Waffen-SS. „Die Leute lagen vornübergebeugt auf der Tischplatte oder hingen aus den stattlichen Sitzmöbeln seitlich heraus, fast alle Köpfe waren zerschmettert. Hier hatte der Krieg schon sein Ende gefunden." Lamprecht übergab sich: „So feige Hunde, sich einfach zu verdrücken!" Trotzdem wollte er sein Versprechen halten und die Aktentasche abliefern, also lief er weiter. Am Ziel angelangt, erlebte er eine letzte Enttäuschung: „Punkt L stellte sich heraus als ein kleiner Lichtschacht, in dem zwei Waffen-SSler ein großes Feuer schürten, in dem dann auch Rudis Aktentasche landete."[27] Wenige Stunden später gab die Besatzung der Reichsbank auf und übergab den riesigen Gebäudekomplex der Roten Armee.

Von Mund zu Mund verbreitete sich am 1. Mai 1945 die Nachricht, Hitler sei tot. Der Maifeiertag war heiß und „schrecklich schön", erinnerte sich Karin Friedrich: „Frei wuchernde Narzissen, Vergissmeinnicht, junges Grün. Dazwischen hingestreckt, aufgedunsene, tote Soldaten. Russische und deutsche. Mit glasig starrenden Augen. Über allem klebrig süßlicher Verwesungsgeruch, wie nach wildem Honig."[28] Wo Verteidiger an diesem Dienstag noch sinnlos weiterschossen, wurde weiter gestorben. Insgesamt aber nahm das Feuer jetzt stark ab. Trotzdem breitete sich eine seltsame Stimmung aus, wie Eberhard Beigel festhielt: „In der Nacht vom 1. zum 2. Mai 1945 sah ich mit meinem Vater vom ausgebranntem Dach unseres Hauses auf das brennende Berlin: Götterdämmerung – fünf Minuten nach dem Weltuntergang."[29] Im Morgengrauen des

2. Mai kapitulierte der letzte Kampfkommandant von Berlin, General Helmuth Weidling, bedingungslos. Der Krieg in Berlin war zu Ende, aber das Leben hatte noch nicht wieder begonnen. Die gewissenhafte Ursula Kleinmichel notierte in ihr Haushaltsbuch für den Monat Mai 1945: „Während der ersten Wochen der russischen Besatzung keine Ausgaben."[30]

1 Haushaltsbuch von Ursula Kleinmichel, Januar bis Mai 1945. Stiftung Stadtmuseum Berlin (Kopie im Archiv des Verf.). Der Verfasser dankt Frau Dr. Franziska Nentwig und Herrn Dorin-Alexandru Ionita, beide Stiftung Stadtmuseum Berlin, für die unbürokratische Unterstützung.
2 Barbara Graff, Brief o. D. [November 2002] (Kopie im Archiv des Verf.).
3 Kurt Wafner, Tagebuch v. 18.1.1945 (Kopie im Archiv des Verf.).
4 Zit. n. Wolfram Wette/Ricarda Bremer/Detlev Vogel (Hg.), Das letzte halbe Jahr. Stimmungsberichte der Wehrmachtpropaganda 1944/45, Essen 2001, S. 164.
5 Hans Rosenthal, Zwei Leben in Deutschland, Bergisch-Gladbach 1980, S. 84 f.
6 Hans-Georg von Studnitz, Als Berlin brannte. Diarium der Jahre 1943–1945, Stuttgart 1963, S. 236.
7 Ursula von Kardorff, Berliner Aufzeichnungen aus den Jahren 1942–1945. Neuausgabe hrsg. von Peter Hartl, München 1992, S. 281 f.
8 Zit. n. Olaf Groehler, Bombenkrieg gegen Deutschland, Berlin 1990, S. 385.
9 Eva Reichel, Brief v. 3.12.2002 (Kopie im Archiv des Verf.).
10 Berichte über die Luftangriffe auf die Reichshauptstadt Berlin. 240. Folge, LAB Rep. A 001–02, Nr. 703, Bl. 15–18.
11 Kardorff, Berliner Aufzeichnungen, S. 287.
12 Wette/Bremer/Vogel (Hg.), Das letzte halbe Jahr, S. 235–242.
13 Ursula Kleinmichel, Haushaltsbuch, Februar 1945.
14 Wette/Bremer/Vogel (Hg.), Das letzte halbe Jahr, S. 310.
15 Studnitz, Als Berlin brannte, S. 266 f.
16 Zit. n. Reinhard Rürup (Hg.), Berlin 1945. Eine Dokumentation, 2. Aufl. Berlin 1995 (zuerst 1995), S. 49.
17 Ursula Kleinmichel, Haushaltsbuch, April 1945.
18 Kurt Wafner, Tagebuch v. 14.4.1945 (Kopie im Archiv des Verf.).
19 Zit. n. http://www.zeitstimmen.de/index.php?page=detail&id=1315057694&bw=
20 Wette/Bremer/Vogel (Hg.), Das letzte halbe Jahr, S. 337 f. u. S. 355.
21 Zit. n. Peter Böthig/Peter Walther (Hg.), Die Russen sind da. Kriegsalltag und Neubeginn 1945 in Tagebüchern aus Brandenburg, Berlin 2011, S. 69.
22 Zit. n. Ingrid Hammer/Susanne zur Nieden (Hg.), Sehr selten habe ich geweint. Briefe und Tagebücher aus dem Zweiten Weltkrieg von Menschen aus Berlin, Zürich 1992, S. 447 u. S. 310.
23 ibid., S. 311.
24 Eva Schliep, Brief o. D. [November 2002] (Kopie im Archiv des Verf.).
25 Theo Findahl, Letzter Akt – Berlin 1939 bis 1945, Hamburg 1946, S. 153–159.
26 Rosenthal, Zwei Leben in Deutschland, S. 89 f.
27 Günter Lamprecht, Und wehmütig bin ich doch. Eine Jugend in Berlin, Neuausgabe Köln 2006, S. 93–97.
28 Karin Friedrich, Zeitfunken. Biografie einer Familie, München 2000, S. 256.
29 Eberhard Beigel, Brief v. 22.11.2002 (Kopie im Archiv des Verf.).
30 Ursula Kleinmichel, Haushaltsbuch Mai 1945.

LIVING ON THE BATTLEFIELD
DAILY LIFE IN BERLIN FROM JANUARY TO MAY 1945

Sven Felix Kellerhoff

Everything must be in order, even when the world seems to be collapsing – or maybe exactly then. At the beginning of 1945, Ursula Kleinmichel, a 30-year-old woman living in Berlin's Schöneberg district, meticulously noted each household expense, trying to cope with daily life by being well organised. The biggest regular item was her monthly hairdresser's appointment; then came spending on shoes, occasional cinema visits, and cafés. The young woman, who still lived with her parents, also put aside regular sums for the future: 65 Reichsmarks for her trousseau and 39 Reichsmarks for her contribution to the Emergency Saving Scheme. This was a tax benefit scheme the Third Reich used to prevent price rises by absorbing excess purchasing power. In fact, Ursula Kleinmichel put aside half of her net monthly income of around 209 Reichsmarks. Does this mean she wasn't plagued by worry about her existence? That is rather unlikely, considering the situation at the beginning of the seventh year of the war: by then, Hitler's Reich, which had extended from the Bay of Biscay to the Caucasus, and from the Arctic circle to Tunisia at the beginning of 1943, had essentially shrunk back to the territory of the German Reich in 1939. Aachen had already become the first German city to be occupied by the Allies, while on the eastern front the Red Army was pressing westward with all its strength. Perhaps Ursula Kleinmichel was doing a particularly good job of repressing her fears, and keeping accurate household accounts helped to give her a semblance of normality.[1]

When the Soviet winter offensive began on 12 January 1945, many Berliners realised that their city would soon be a battlefield. At the same time, day after day, tens of thousands of people flocked towards Berlin, including children and evacuees from areas that had been considered "secure" until recently (such as Pomerania, the Wartheland territory in Poland, or Upper Silesia), and refugees from east Prussia. Ten-year-old Barbara Graff from Berlin returned with her mother to the Reich capital from Klastawe at the eastern edge of the Brandenburg March. "That was the end of school in clogs and peaceful countryside. Here in Berlin, life was going at full blast, or rather, death and war," she recalled many years later. "Air raids went on day and night, the sky was heavy and smoky during the day and blood-red at night from the horrific incendiary bombs. We spent our lives in air raid shelters. Whenever the air was clear for two or three hours my mother grabbed me and we went looking for a shop to scavenge something to eat."[2] Of all the city's residents, small children coped best with the situation. Although they also feared for their lives as bombs fell from the sky and whole streets went up in flames, the children, unlike adults, were unable to imagine what would happen to them next. With the daily stress and strain, many Berliners longed for the fighting to be over, but were apprehensive about the Russian invasion. 26-year-old Kurt Wafner from the Berlin suburb of Hohenschönhausen noted in his diary, "Many people said, 'Of course we want the war to end right away – but what will happen when the Bolsheviks come?'"[3] The inhabitants of the Reich capital knew enough to fear the future. Some Berlin women chatted about it openly in the streetcar, saying, "We've got enough guilt on our shoulders for the way we treated the Jews and Poles. We'll get paid back for it yet."[4] Meanwhile, Jews in hiding hoped the Red Army would arrive as quickly as possible to release them from living in the underground. 19-year-old Hans Rosenthal, who had been hiding day and night for the past two years in the Dreieinigkeit (Trinity) allotment garden colony in Lichtenberg, plotted the Soviet advance on a map using information gleaned from BBC radio. Every kilometre of the Russian advance brought rescue closer for him.[5]

Rumours dominated the civil population's view of events. The Soviet 1st Guards tank army moving towards Poznań was supposed to cross the Oder and push on towards Berlin immediately. Few people still believed the Wehrmacht would be able to stop the Soviet attack. An apocalyptic mood set in. One evening, in the middle of a major attack, Hans-Georg von Studnitz, a journalist and staff member at the Foreign Ministry, went to a "housewarming party" given by friends moving into their emergency accommodation. The twenty guests who turned up included badly injured officers with wooden legs. "When the air raid warning sounded, nobody seemed nervous at all," Studnitz noted. The partying Berliners were indifferent to the danger: "The louder the explosions, the more jaunty the mood became. The music didn't stop for a moment."[6]

Up until the end of January 1945 there was barely another conversation topic in the Reich capital aside from the street fighting that was evidently imminent. People were already talking about how to behave towards the approaching Soviet soldiers. Food transports from Berlin's surrounding countryside had stopped, as had coal deliveries. Berlin journalist Ursula von Kardorff, who had rushed to see her dying father in Rostock and stayed on a few days until the burial, commented on returning home on 22 January 1945: "Arrived back to a disintegrating, hysterical Berlin."[7]

Berliners were even more worried when the air raids stopped for a week at the end of January. Nobody except totally naive fanatical Nazis really believed the propaganda claims that this was due to German" miracle weapons". The rumour mill offered a different version: Were the British and US bombing crews preparing a particularly heavy offensive, possibly on

30 January, the twelfth anniversary of Hitler's appointment as German chancellor?

In fact, Arthur Harris, chief of the British Bomber Command, still believed it was possible to determine the outcome of the war with a series of massive air raids on the Reich capital. On 18 January 1945 he presented a new target list of German cities that explicitly included "the remainder of Berlin".[8] While the US allies were sceptical of Harris' plans, they agreed that the government quarter was a legitimate strategic target, although over two hundred thousand residents lived in the area. On 3 February 1945, a cold Saturday, between 7 and 8 o'clock in the morning (German time), around a thousand heavy bomber aircraft took off from the US bases in southeastern England, escorted by a convoy of six hundred jet planes. By 10:39 a.m. it was clear that the huge heavy bomber formation was heading for the Reich capital. Over three million people rushed to the bomb shelters. At 11:02 a.m. the worst air raid in Berlin's history so far began. 14-year-old Eva Reichel was with her mother, her little brother and their Newfoundland dog Diego, who they had managed to rescue through all the turmoil so far. They rushed into the cellar of their house at No. 35 Wassertorstraße in the Kreuzberg district. The deafening noise of the planes grew louder; then came the hissing and whistling of the bombs. "We sat hunched up. And then that awful noise, that bang. The electric light went out. The dust was incredible. You could hardly see the person opposite you. We kept completely still." Suddenly the girl heard voices calling: the occupants of the neighbouring cellar wanted to get out, but rubble blocked their way. The people moved the stones away one by one with their bare hands. When she got outside, Eva could hardly believe her eyes: "It was dark as night, no sunshine, no blue sky. Roofs were burning. Wassertorstraße was a sea of craters with flames leaping out – my asphalted street that used to be so good for roller-skating. It was windy, it smelled of burning, we had trouble breathing."[9]

The Berlin municipal authority's central air raid protection office listed the effects of the air attack in a deliberately factual tone. Its report on the city's Mitte (central) district said, "Heavily hit across nearly the whole area. The parts affected by particularly heavy carpet bombing run from the south-western corner of the district (the area around Potsdamer Platz – Leipziger Platz – Hermann-Göring-Straße) in a broad sweep towards the northeast, across the area around Alexanderplatz station and beyond, with patches towards the northwest (area around Stettiner station) and southeast (area of Köpenicker Straße, Melchiorstraße)." In Mitte alone, municipal officials recorded a death toll of 506 persons, and around 25,000 homeless persons. Even more people – around 33,000 –

lost their homes in Kreuzberg. Here, the registered death toll was 190, with the greatest damage caused by fires rather than explosive bombs. In the Wedding district, concentrated aerial bombing had hit a whole residential quarter on either side of a main road, Reinickendorfer Straße.[10]

Ursula von Kardorff commented with shock in her diary: "The worst attacks ever on the inner city. I would never have thought it possible to intensify the bombing." She continued, "Why doesn't anybody stand out on the street and shout, 'Enough, enough'? Why don't people go mad? Why isn't there a revolution?"[11] The answer to these rhetorical questions was simple, and of course von Kardorff, as a journalist, knew it: the Berliners were concentrating solely on surviving. In fact, everyday life asserted itself again surprisingly quickly. Within a few days there were paths through the bomb rubble on almost all the streets. By 7 February half the tram lines in the inner city were operating again, and underground trains resumed service as well. Electricity and water supplies were running again five days after the attack. Even the food rationing system started again fairly quickly.

Informers for the Wehrmacht leadership reported that, "In general, the mood of Berliners is serious and worried, especially after the terror attack of 3 February 1945." They went on, "One would like to keep up faith and hope that the war will end well, but rationally there are many reasons not to believe in this". Instead, "there is much talking and arguing, and many doubters and pessimists who only dared to whisper things in the past voice their opinion publicly and quite blatantly today." New rumours emerged constantly: for example, that the Waffen SS had set up a barrier zone around Berlin to prevent all inhabitants from leaving the city. The Reich government, rumours said, had already been relocated to Bayreuth, and gauleiter Goebbels was on his way to Switzerland. In particular, mutterings were frequently heard that food supplies were only sufficient to cover half the coupons for the coming four weeks, if at all. This aroused panic because many Berlin residents envisaged starvation similar to that in the First World War.[12] In the two weeks following the big air raids, Ursula Kleinmichel spent just 1.70 Reichsmarks, on a cinema ticket and one visit to a café for coffee.[13]

The Red Army had halted its advance on Berlin at the River Oder, on the very day of the US aerial attack. But this was small comfort because, of course, the anti-Hitler coalition was to continue its dual attack strategy: the US troops and the British would wear down the Reich capital with bombs from the sky to allow the Red Army to capture the ruins at some juncture in a surprise attack.

Despite this permanent state of emergency, and although their offices were largely destroyed, the Gestapo kept sticking firmly to regulations. On 27 March 1945 a last deportation convoy departed for Theresienstadt with 42 Berlin Jews. They came from the assembly point in the Pathology Department of the former Jewish Hospital in Iranische Straße, where the Gestapo had detained the remaining 800 Jews in the Reich capital who were not married to an "Aryan" partner. Apart from them, on 31 March 1945 there were still around 5,900 Jews living in Berlin who were "protected" for various reasons, as well as some 1,700 Jews like Hans Rosenthal who had managed to live in hiding. Around 90% of the Berlin Jews registered in the census at the end of 1939 were deported, and most of them were murdered.

While the Red Army at the Oder prepared its assault on Berlin, in the West, almost unhindered, British and US troops thrust ever deeper into Germany. Hardly anybody in the Reich capital still harboured illusions. Bitter maxims circulated now more than ever: Whereas anti-aircraft guns in Berlin had previously fired a hundred shots per enemy plane, now there were a hundred planes to every anti-aircraft shell. "Defeatist remarks and comments against the Nazi Party and the government," predominated "in every circle of the population."[14] Government offices increasingly moved away to avoid the bombing: "Now the government is really leaving Berlin. Six tenths of the staff from the major offices have been dismissed," Hans-Georg von Studnitz wrote in his diary. "The men have to serve in the People's Storm, and the women are left to decide whether to slip away. Three tenths go to temporary quarters immediately, and one in ten, including myself, make up the so-called command staff, and stay in Berlin."[15] Their tasks included destroying incriminating files. The behaviour of many Nazi Party functionaries provoked outrage: "The Party offices mostly vanish to Bavaria, with the better ones going to Landshut and Berchtesgaden."[16] Anybody who could get a travel permit, whether through official channels, bribery or forgery, went westwards. More than two and a half million people stayed behind.

Even the very limited daily life of the previous years of the war seemed infinitely remote now. Berliners clung to any remaining bits of life they could salvage. On 5 April 1945, Ursula Kleinmichel went to the hairdresser's for the last time in the Second World War; she treated herself to a new-style haircut with tinting.[17]

Practically every male Berliner aged between 15 and 65 was drafted. 26-year-old laboratory technician Kurt Wafner was one of the men supposed to form the "last contingent". "People's Storm – swearing-in. The most ridiculous phrases I ever heard," Wafner wrote, adding, "I don't think these men will fight back for long."[18] By contrast, Hans Müncheberg, a 15-year-old student from a Napola school for elite Nazi cadets, was determined to fight. After going to muster in Potsdam, he wrote to his mother on 10 April 1945, "A sergeant mustered, explained all the important things and took us to a captain who then explained the same things to us again." Müncheberg, who was 160 cm tall and weighed 45 kilogrammes, was delicate for his age. After the chief staff doctor declared him "temporarily unfit for service" his deployment, including for the Reich labour service, was initially deferred until 1 July 1945. Müncheberg was upset. "Right at the beginning they told us that 75% of those born in 1929 would be deferred on principle. That consoled me. Now it's over. Hopefully you're not too disappointed with the result."[19] In the end he was deployed anyway. Hans Müncheberg's training with anti-tank weapons began just a few days after the prescient medical examination by the Wehrmacht doctor. He won the chance to fight for the Führer in Berlin – and lost a leg.

"On the surface the Berliners seem relaxed, but their mood has nearly hit rock bottom," informers reported to the Wehrmacht leadership. "Berliners don't usually give up in a hurry when they feel hopeless, but generally speaking, people don't see a way out any more." The informers said it was alarming that the "will to defence" was at a "low ebb": "People approach everything that's coming with a kind of fatalism tinged with gallows humour, but in some cases this is only covering up deep despair. There's no sense in women leaving the city any more, either. Where should anyone go now?" The report's concluding remark probably came too late to reach the leadership of the Third Reich: "Some cinemas are showing the newsreel with the speech by Reich minister Dr. Goebbels after the liberation of Lauban. At the point where he talks about the coming offensive that will liberate the occupied territories within a few days and weeks, the audience always starts laughing and jeering loudly."[20]

The finale began at daybreak on 16 April 1945. Two and a half million Red Army soldiers assembled to storm the Reich capital with 14,600 guns and 6,250 tanks. The complete defeat of the Nazis was only a matter of days. 14-year-old Justus Alenfeld, who was classified as a child of a "mixed marriage" because his parents had different ethnic origins, longed for the end of the Nazi regime. He started writing a "diary of the last battle of Berlin". On 17 April 1945 he noted: "Still no exact reports on the Red Army offensive. Great tension everywhere." That same day, Hedwig Luschei in Falkensee near Spandau made a decision: "I'm going to stay, come what may."[21] The Russians came. On 19 April 1945, after three days of fighting around the Seelow Heights, the last German front line was breached. Soviet troops rapidly encircled the Reich capital in the north and south, while the main Red Army force advanced on the shortest path to the eastern city districts. Only 24 hours later, Soviet artillery engaged the government quarter. Most Berliners did not venture out of the air raid shelters or bunkers again. Ursula Kleinmichel entered the last item for a while in her housekeeping book on 15 April 1945: a donation of one Reichsmark. Food supplies and hygiene collapsed completely. A 17-year-old girl noted in her diary: "Alarm! Very little water, no electricity, and no sirens sounding any more during air raids." A young woman called Liselotte of around the same age wrote in her diary, "Back in the cellar again. Today is the Führer's birthday but nobody flew flags, even though Goebbels mentioned it in his speech." Her assumption was probably correct: "Most people have already burned their flags and thrown away Nazi Party emblems and suchlike – because everybody is afraid of the Russians."[22]

Moving on from one neighbourhood to the next, the Red Army troops were now approaching the inner city. By 22 April 1945 they had occupied Frohnau in the north and Lichtenberg in the east. The war was also over in Friedrichshagen in the southeast of the Reich capital. "The Russians are here! It's hard to believe, everything happened so fast," Liselotte wrote in her diary. "The Russians all looked relatively respectable and didn't do us any harm, although we were all shaking with fear."[23] But not many Berlin women felt the same way. "The Russians saw us as fair game then. Rape, shooting and looting, and infinite hate against the Germans who had made the Russian people suffer so terribly, made our lives hell," Eva Schliep recalled. She and a woman relative had hidden directly under the roof of a house where nobody would look for them. "When the air was clear we were given some water and a piece of bread through the hatch. But at night, when the Russians went looting through the houses and looking for young women all the time, we were so scared that our hearts often missed a beat."[24]

With most of the outer suburbs already captured and the Red Army approaching the inner city ring, the Wehrmacht leadership officially declared the inner city a battleground. At noon on 23 April 1945 access to the centre was blocked. "The guard post at Potsdamer Brücke is letting people slip out of the inner city areas, but nobody is allowed in", wrote the Norwegian correspondent in Berlin, Theo Findahl. He went on, "Some say the Russians are only two and a half kilometres away from Alexanderplatz, three and a half kilometres from Unter den Linden. Reports say Adolf Hitler has personally assumed command of his capital city but nobody knows where he is – maybe in the cellar under the Reich Chancellery, or maybe in the big bunker at the Zoological Garden."[25]

In the Trinity allotment garden colony, Hans Rosenthal decided the time had come to leave his hideout. He pinned the yellow Star of David to his coat and set off to meet the Soviet liberators. Suddenly he found himself surrounded by Red Army soldiers who were evidently angry. He pointed to his star for Jews but that only made the men angrier. They threated him with their machine guns. He recalled: "They shoved me brutally against a wall. I stood there with my hands up, totally bewildered." By chance, at that moment an officer rode by on a bicycle. He dismounted to see what was happening. "The officer was Jewish. I felt incredibly relieved. He asked me in Yiddish if I was Jewish, too. 'Yes,' I said, I'm a Jew. Not an SS man. I was in hiding.'" But the young Berliner had still not convinced the Russians. The officer demanded that he prove he was a Jew by reciting the Jewish creed in Hebrew. "And saying the words, I felt I understood their meaning for the first time: Shema Yisroel, adonai elohenu, adonai echod – Hear, O Israel, the Lord is our God, the Lord is one." Now the officer was satisfied and told Rosenthal he could go. But he told him to take off the yellow star, because the soldiers knew that during the liberation of Maidanek concentration camp, some SS men had tried to avoid capture by pinning on yellow stars taken from murdered Jews. "When we found out, the order of the day was: everybody we met with a yellow star like that was to be shot immediately."[26]

On the morning of 27 April 1945 only one tenth of the Berlin municipal area remained under Hitler's rule. However, several hundred thousand people were still living within the S-Bahn ring, the inner city perimeter. Most of them were in bunkers or air raid shelters; many crawled into the now-disused tunnels of the underground transport network, hoping to escape the Soviet shelling. On 29 April 1945, 15-year-old Günter Lamprecht assisted medical orderlies at the central dressing station in the bunker under the Reichsbank in Kurstraße: "All the rooms and corridors are full, and crowded with badly wounded and dying people. The never-ending barrage fire and the bombardments of the past eight days, the nauseating swishing of Stalin's 'organ pipes' (the Berliners' nickname for the Soviet rocket launchers), are now aimed solely at the core of the city, Berlin-Mitte." Hour by hour Red Army tanks advanced, taking one street after another. German soldiers were faced with the choice between captivity or death. For most of them the outcome would be the same. A corporal told Lamprecht to bring a briefcase with documents to a place called "Point L" drawn on a sketch map. He was given a code word, "Hasenfuß" ("coward"), to get him through the checkpoints. The young lad set off. First, he reached the exit of the Reichsbank building on the Spree canal, and got a view of the romantic Jungfernbrücke from a machine gun nest. Three older soldiers were holding the position, and one of them gave Günter good advice: "Piss off, lad, get out of here, otherwise you'll end up biting the dust." But Lamprecht had promised Rudi to deliver the briefcase to "Point L". Only then did he realise that the route shown on the sketch was not at ground level but through the cellars. He rushed down the stairs. "Down there you could hardly hear anything of the inferno up above." The boy went on by torchlight. He found an officer's mess with a counter full of bottles of sparkling wine, and ham, sausages, other delicacies – and a table where seven or eight persons were seated. Five of them were Waffen SS officers. "The people lay bent over the table or hanging sideways from the splendid chairs. Nearly all of their heads were blown to bits. The war had already come to an end here." Lamprecht vomited. "Such filthy cowards, just chickening out like that!" Even then, he still wanted to honour his promise and deliver the briefcase. He carried on. One last disappointment awaited him at his destination: "Point L turned out to be a small light shaft where two Waffen SS men were stoking a big fire – and that's where Rudi's briefcase landed up."[27] A few hours later the staff of the Reichsbank surrendered and handed the huge complex over to the Red Army.

On 1 May 1945 the rumour that Hitler was dead started by word of mouth. Karin Friedrich remembered the 1st of May holiday as hot and "terribly beautiful". "Rampant narcissi, forget-me-nots, new green sprouts. In between lay the prone, swollen bodies of dead solders. Russian and German. With glassy, staring eyes. A sticky sweet smell, like wild honey, hung over everything."[28] On that Tuesday even more people died in places where defending Germans carried on shooting meaninglessly. In general, however, the firing diminished considerably. All the same, a strange mood took hold, as Eberhard Beigel noted: "In the night between 1st and 2nd of May 1945, from the burned-out roof of our house, my father and I looked out over Berlin: twilight of the gods – five minutes after Armageddon."[29] At dawn on 2 May, the last battle commander of Berlin, General Helmuth Weidling, surrendered unconditionally. The war in Berlin had ended, but life had not yet begun again. Conscientious as ever, Ursula Kleinmichel recorded in her household accounts book for the month of May 1945: "No expenditure during the first weeks of the Russian occupation."[30]

1 Ursula Kleinmichel, Haushaltsbuch Januar bis Mai 1945. Stiftung Stadtmuseum Berlin (copy in present author's archive). The author is grateful to Dr. Franziska Nentwig and Dorin-Alexandru Ionita, both at the Stiftung Stadtmuseum Berlin, for their unbureaucratic support.

2 Barbara Graff, Brief o. D. [undated letter], November 2002, (copy in present author's archive).

3 Kurt Wafner, Tagebuch v. 18.1.1945 (copy in present author's archive).

4 Cited in Woflram Wette/Ricarda Bremer/Detlev Vogel (eds.), Das letzte halbe Jahr. Stimmungsberichte der Wehrmachtpropaganda 1944/45, Essen 2001, p. 164.

5 Hans Rosenthal, Zwei Leben in Deutschland, Bergisch-Gladbach 1980, p. 84 f.

6 Hans-Georg von Studnitz, Als Berlin brannte. Diarium der Jahre 1943–1945, Stuttgart 1963, p. 236.

7 Ursula von Kardorff, Berliner Aufzeichnungen aus den Jahren 1942–1945. New edition ed. Peter Hartl, Munich 1992, p. 281 f. English edition: Ursula von Kardorff, Diary of a Nightmare, Berlin 1942–1945, London 1965.
8 Cited in Olaf Groehler, Bombenkrieg gegen Deutschland, Berlin 1990, p. 385.
9 Eva Reichel, Brief v. 3.12.2002 (copy in present author's archive).
10 Berichte über die Luftangriffe auf die Reichshauptstadt Berlin. 240. Folge, LAB Rep. A 001–02, Nr. 703, Bl. 15–18.
11 Kardorff, Berliner Aufzeichnungen, p. 287.
12 Wette/Bremer/Vogel (eds.), Das letzte halbe Jahr, p. 235–242.
13 Ursula Kleinmichel, Haushaltsbuch, Februar 1945.
14 Wette/Bremer/Vogel (eds.), Das letzte halbe Jahr, p. 310.
15 Studnitz, Als Berlin brannte, p. 266 f.
16 Cited in Reinhard Rürup (ed.), Berlin 1945. Eine Dokumentation, 2nd edition Berlin 1995 (first published 1995), p. 49.
17 Ursula Kleinmichel, Haushaltsbuch, April 1945.
18 Kurt Wafner, Tagebuch v. 14.4.1945 (copy in present author's archive).
19 Cited from http://www.zeitstimmen.de/index.php?page=detail&id=1315057694&bw
20 Wette/Bremer/Vogel (eds.), Das letzte halbe Jahr, p. 337 f. and p. 355.
21 Cited in Peter Böthig/Peter Walther (eds.), Die Russen sind da. Kriegsalltag und Neubeginn 1945 in Tagebüchern aus Brandenburg, Berlin 2011, p. 69.
22 Cited in Ingrid Hammer/Susanne zur Nieden (eds.), Sehr selten habe ich geweint Briefe und Tagebücher aus dem Zweiten Weltkrieg von Menschen aus Berlin, Zürich 1992, p. 447 and p. 310.
23 Ibid., p. 311.
24 Eva Schliep, Brief o. D. [undated letter, November 2002] (copy in present author's archive).
25 Theo Findahl, Letzter Akt – Berlin 1939 bis 1945, Hamburg 1946, p. 153–159.
26 Rosenthal, Zwei Leben in Deutschland, p. 89 f.
27 Günter Lamprecht, Und wehmütig bin ich doch. Eine Jugend in Berlin. New edition Cologne 2006, p. 93–97.
28 Karin Friedrich, Zeitfunken. Biografie einer Familie. Munich 2000, p. 256.
29 Eberhard Beigel, Brief v. 22.11.2002 (copy in present author's archive).
30 Ursula Kleinmichel, Haushaltsbuch Mai 1945.

ABGESÄNGE – NEUANFÄNGE
DAS KRIEGSENDE IM DEUTSCHEN SPIELFILM

Sonja M. Schultz

Ein Ende des Krieges war im nationalsozialistischen Kino nicht vorgesehen, nur ein fortwährender Kampf oder die totale Auslöschung. Das Medium Film wurde von der NS-Diktatur als Werbemittel für das Selbstopfer des Einzelnen und den ideologischen Zusammenhalt der permanent beschworenen „Volksgemeinschaft" eingesetzt. „Die Fahne ist mehr als der Tod" und „Nun, Volk steh auf! Und Sturm, brich los!" waren die pathostrunkenen Appelle für einen märtyrerhaften Eintritt in die Ewigkeit.

1945 überholte die Realität die Leinwandfantasien. Dokumentarische Fotografien und Filme der Alliierten zeigten, was im „Dritten Reich" bildlos bleiben sollte: die Opfer. Die drastischen Aufnahmen anonymer Körperhaufen und von Gewalt gezeichneter Leichen lösten bei den Betrachtern Schock und Abwehr aus. Das Medium Film, kurz zuvor noch Unterhaltungs- und Propagandainstrument, diente nun als Beweismittel und Anklage.

Was für Geschichten würden die Deutschen vor diesem Hintergrund selbst erzählen, wenn ihre Filmkultur nach und nach wieder aufgebaut wäre? Geht es den Regisseuren der Nachkriegszeit um Aufklärung, Rechtfertigung oder Ablenkung von den moralischen Katastrophen der unmittelbaren Vergangenheit? Handeln ihre Werke von Befreiung oder Niederlage? Und wie werden das Kriegsende und seine Folgen im späteren postnazistischen Kino interpretiert – dem der BRD, der DDR und des wiedervereinigten Deutschlands?

Seit dem ersten deutschen Nachkriegsfilm *Die Mörder sind unter uns* (1946) sind besonders die letzten Tage des Krieges und die ersten des Friedens immer wieder in Kino und Fernsehen dargestellt worden. Gerade der „Endkampf" der Deutschen und die darauf folgenden Umbrüche der sogenannten Stunde Null bieten Anlass für vielfältige Perspektiven auf die Ereignisse. Walter Kempowskis collagiertes Tagebuch *Abgesang ´45*[1] aus seinem Projekt *Das Echolot* zeigt: Das Ende des Krieges erreicht die Menschen in ganz unterschiedlichen Situationen. Der Blick eines weinenden Kindersoldaten steht neben dem eines befreiten KZ-Häftlings, eines jubelnden Zwangsarbeiters, einer Familie auf der Flucht, eines fanatischen Nazis, dessen „Führer" sich erschossen hat, eines Dorfvorstehers, der nach dem Hakenkreuz und dem weißen Bettlaken nun eine rote Fahne schwenkt.

So waren auch die deutschen Filmschaffenden nicht unbelastet. Zum großen Teil hatten sie vorher für das NS-Kino gearbeitet. Auch den Alliierten, die durch ihre Lizensierungspolitik Kontrolle auf die filmischen Stoffe ausübten, war bald eher an Wiederaufbau, denn an gesellschaftlichem Aufruhr gelegen. Bereits

Wolfgang Staudtes *Die Mörder sind unter uns*, der erste Spielfilm der DEFA, stand im Dienst von wieder zu errichtender Moral und Gerichtsbarkeit. Staudte erhielt seine Drehgenehmigung in der sowjetischen Zone, musste aber den Akt der Selbstjustiz an einem ehemaligen NS-Befehlshaber, mit dem die Handlung ursprünglich enden sollte, in ein Überantworten des Falles an die neue demokratische Rechtsordnung umwandeln.[2] Im Mittelpunkt steht der durch seine Kriegserlebnisse traumatisierte Chirurg Hans Mertens, der seinen ehemaligen Vorgesetzten in der Nachkriegszeit wiedertrifft. Dieser Hauptmann Brückner, der an einem Weihnachtsabend an der Ostfront über hundert polnische Geiseln hatte hinrichten lassen, ist inzwischen ein erfolgreicher Fabrikant von Kochtöpfen aus Stahlhelmen. Eine aus dem KZ befreite, merkwürdig unversehrte junge Frau hindert Mertens daran, Selbstjustiz zu verüben und plädiert für eine Anklage Brückners vor Gericht: „Hans, wir haben nicht das Recht, zu richten!" Schließlich bekennt sich der ruhelose Heimkehrer zu einer gerechten Zivilgesellschaft: „Nein, Susanne, aber wir haben die Pflicht, Anklage zu erheben, Sühne zu fordern im Auftrag von Millionen unschuldig hingemordeter Menschen!"

Trümmerwüsten des Nachkriegsfilms – *Die Mörder sind unter uns* (1946).

Die Mörder sind unter uns begründete nicht nur das Genre des Trümmerfilms, sondern etablierte diverse Motive, die im unmittelbaren deutschen Nachkriegskino bis zu heutigen Reinszenierungen eine wichtige Rolle spielen.[3] Das betrifft unter anderem die Figur des gebrochenen Kriegsheimkehrers. Hans Mertens ist selbstmitleidig geworden, voller Weltekel, seiner Handlungsfähigkeit beraubt – so wie Beckmann in Wolfgang Borcherts 1947 entstandenem Trümmerstück *Draußen vor der Tür* und dessen Verfilmung *Liebe '47* (1949) durch den ehemals von Joseph Goebbels zum Filmprofessor berufenen Wolfgang Liebeneiner.

Beide, Beckmann und Mertens, werden von Schuld geplagt, die sie an ihre ehemaligen Vorgesetzten wieder abgeben wollen. „Ich möchte endlich mal wieder schlafen, Herr Oberst. Nur schlafen. Richtig pennen", erklärt Beckmann dem Mann, der ihm einst die Verantwortung für elf bald darauf im Kampf getötete Kameraden übertragen hatte. Deren klagende Hinterbliebene verfolgen Beckmann in surrealistischen Albträumen von marschierenden Leichen. Auch Mertens wird von grausigen Fantasien gequält, bei denen sich Soldatenlieder, Schreie und Bombenlärm vermischen. In einem Flashback erscheint ihm die Geiselerschießung, die er mit seinem vorsichtigen Protest nicht verhindern konnte.

Hans Mertens will seine einstige Handlungsunfähigkeit durch einen späten Racheakt aufbrechen, Beckmann sich in der Elbe ertränken – doch beide werden durch die Liebe einer Frau wieder ins zivile Leben zurückgeführt. „Was brauchen wir die Welt zu verbessern. Fangen wir lieber bei uns selbst an", beruhigt Anna Gehrke den müden Kriegsheimkehrer Beckmann. Und Mertens gibt der im Ufa-Stil weich ausgeleuchteten Susanne Wallner inmitten der Trümmerwüste sein Liebesversprechen. Wenn auch die Häuser zerstört sind, häuslicher Friede kündigt sich bereits als Erlösung an. Die ursprünglich politische Thematik wird auf die persönliche Ebene gebracht und befriedet. Diese melodramatische Grundformel bietet sich letztlich in allen Filmen an, die ein möglichst großes Publikum erreichen und es nicht zu tief verstören wollen. So steht in den sogenannten Event-Movies nach der Jahrtausendwende wie *Dresden* (2006), *Die Flucht* (2007) oder *Die Gustloff* (2008) jeweils eine Liebesgeschichte vor dem Hintergrund im kollektiven Gedächtnis fest verankerter Erlebnisse der letzten Kriegsmonate im Mittelpunkt. „Der Beginn einer Liebe – das Ende einer Stadt" lautet die Werbezeile des TV-Zweiteilers *Dresden*.

Surrealistische Alpträume des Trümmerkinos – Totentanz in *Liebe '47* (1949).

Die Massenerschießung bei Wolfgang Staudte betrifft polnische Frauen, Männer und Kinder. Ob es sich bei ihnen auch um jüdische Menschen handeln könnte, wird nicht ausgeführt. Im Trümmerfilmgenre gibt es viele Andeutungen der NS-Verbrechen, dunkle Ahnungen und auch jüdische Nebenfiguren. Doch eine offensive Konfrontation mit der Vernichtungspolitik des Nationalsozialismus scheuen die meisten Werke. Stattdessen knüpfen sie vor allem an die Erfahrungen von persönlicher Ohnmacht, Traumatisierung und der Sinnlosigkeit aller Kriege an. Die wenigen Filme, die das Schicksal jüdischer Figuren behandeln, sind überwiegend von Verfolgten der NS-Zeit gestaltet oder produziert, etwa *Morituri* und *Lang ist der Weg* von 1948 oder der österreichische Film *Der Ruf* von 1949.

Den Opfern in deutscher Armee und Zivilbevölkerung wiederum sind während der 1950er Jahre zahlreiche Filme gewidmet. In Westdeutschland entsteht zur Zeit des Kalten Krieges ein Militärkino, das deutlich zwischen moralisch „sauberer" Wehrmacht und einigen bedrohlichen NS-Antagonisten unterscheidet. Gleichzeitig führt das Kino weiterhin einen deutschen Opferdiskurs, der nach der Wiedervereinigung eine Renaissance erlebt. Die zentralen Episoden von Frank Wisbars *Nacht fiel über Gotenhafen* (1959), der als erster Spielfilm sowohl die Flucht über das zugefrorene Haff, als auch den Untergang der Wilhelm

Gustloff dramatisierte, treten in den 2000er Jahren im Fernsehen als farbige Reinszenierungen wieder in Erscheinung (*Die Flucht*, *Die Gustloff*), – teils beworben mit der irreführenden Behauptung, die Filme würden erstmals Tabus deutscher Geschichtsdarstellung brechen.

Die tatsächlichen Leerstellen der Nachkriegsjahrzehnte lagen anderswo. 1955 rechnete Georg Wilhelm Pabst in *Der letzte Akt* mit der ehemals geliebten und nach dem Krieg tabuisierten Führerikone ab. Der Spielfilm dramatisiert als erster die finalen Tage Hitlers und des „Dritten Reichs" im Zentrum der Hauptstadt. Das österreichische Projekt, das bei deutschen Produktionsfirmen auf Ablehnung gestoßen war, kam auch in den deutschen Kinos nicht gut an. Ein im Wahn von totaler Vernichtung fantasierender Diktator schickt sein Volk in den Untergang, verwundete Landser, die statt martialischer Fackeln Kerzen in leeren Schnapsflaschen vor sich hertragen, marschieren somnambul auf die Kamera zu und stimmen ihren letzten Refrain an: „Wir werden weiter marschieren, wenn alles in Scherben fällt ... „ Dazu richtet sich der Film mit einem Schlussappell direkt an die Zuschauer: „Sagt nie mehr Jawohl!"

Trauer um deutsche Opfer in *Nacht fiel über Gotenhafen* (1959) – christliche Symbolik durchzieht die Darstellungen des Kriegsendes.

Die Erziehung zu blindem Gehorsam ist auch Thema von Bernhard Wickis *Die Brücke* (1959), der mit den bis dahin meist konventionellen Kriegsdarstellungen des Militärkinos der BRD brach. Eine Gruppe frisch zur Waffe berufener Jungen glaubt, kurz vor Kriegsende durch das Verteidigen einer unwichtigen Brücke gegen die Amerikaner wertvollen Dienst für das Vaterland zu leisten. Nur einer der Jungen wird den sinnlosen Kampf überleben. *Die Brücke* setzt den Männerhelden des westdeutschen Militärkinos weinende Jungs entgegen, die zu große Stahlhelme tragen und sich im Schützengraben an der Hand halten.[4] Der Film versucht vor allem, der im Krieg gemachten Schmerzerfahrung einer unmündigen Generation Ausdruck zu verleihen.

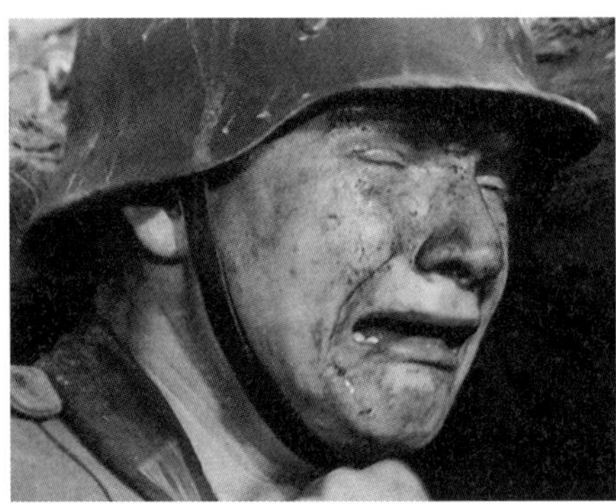

Letztes Aufgebot beim Endkampf – *Die Brücke* (1959) zeigt die Angst der Kindersoldaten.

So wie sich Georg Wilhelm Pabst mit seiner Aufforderung „Sagt nie mehr Jawohl!" in Zeiten der Wiederbewaffnung beim deutschen Publikum unbeliebt machte, erging es 1960 Wolfgang Staudte mit *Kirmes*. Der Film behandelt die Kontinuitäten von Feigheit, Vertuschung und Obrigkeitshörigkeit im Nachkriegsdeutschland. Während eines Jahrmarkts in einem Eifeldorf wird das Skelett eines ehemaligen Soldaten gefunden. Er desertierte in den letzten Kriegstagen aus der NS-Armee und suchte in seiner Heimat Zuflucht. Doch weder seine Familie, noch der Pfarrer wagten es, ihn zu beschützen, worauf er Suizid beging. Nach dem Ende des „Dritten Reichs“ haben sich die Mentalitäten kaum verändert. Den Toten, der immer noch als Vaterlandsverräter gilt, will man vergessen – die Leiche im Keller der Vergangenheitsverdrängung belassen. Gleiches Schicksal drohte dem Film, dessen Boykott die Tageszeitung *Die Welt* damals forderte.[5]

In den bisher genannten Beispielen sind die Deutschen vor allem Geschlagene. Das Kriegsende stößt ihnen zu wie der Krieg, und so empfinden sie den Sieg über das „Dritte Reich“ vor allem als Feier der anderen. Frank Beyers *Nackt unter Wölfen* (1963) nach dem Roman von Bruno Apitz inszeniert das Ende des Krieges als gemeinschaftliche Selbstbefreiung und entspricht damit dem Gründungsmythos der DDR. Kommunistische Insassen von Buchenwald riskieren ihr Leben, um einen jüdischen Jungen vor der SS-Lagerführung zu verstecken. Als die alliierten Streitkräfte näher rücken und sich die SS zurückzieht, greifen die Häftlinge mit zuvor versteckten Waffen an. Die militärische Unterstützung durch die US-Armee bei der Befreiung von Buchenwald bleibt im Film außen vor. Stattdessen rennen Hunderte Häftlinge als schreiender, lachender Menschenstrom in die Freiheit. Unter ihnen die Hauptfiguren, die das weinende Kind bei sich tragen. Das Weinen ist die erste Lautäußerung des sonst nicht näher charakterisierten Jungen – und es begleitet die Geburt einer Gesellschaft, die ihr antifaschistisches Selbstverständnis daraus bezog, aus unterlegener Position heraus siegreich geworden zu sein.

Nackt unter Wölfen – Widerstand und Befreiung in Buchenwald.

Nackt unter Wölfen ließ sich einerseits für die Geschichtspolitik der SED instrumentalisieren, die kommunistischen Widerstand und Solidarität hervorhob, dabei alle anderen Opfergruppen marginalisierte und das System des Faschismus im eigenen Staat als besiegt ansah.[6] Andererseits stechen gerade die Filme wichtiger Regisseure wie Frank Beyer und Konrad Wolf durch ambivalente Figurenzeichnung, realistischen Stil und gerade kein staatstragendes Geschichtspathos aus den DEFA-Produktionen heraus. Dabei stießen die ostdeutschen Künstler immer wieder an die Grenzen der Zensur.

Das galt auch für Konrad Wolfs *Ich war neunzehn* (1968) nach einem Drehbuch von Wolfgang Kohlhaase, der episodenhaft unterschiedliche Perspektiven auf den Zusammenbruch des Nationalsozialismus versammelt.[7] Da sind die fanatischen und die kriegsmüden deutschen Offiziere, der geblendete und der geläuterte Landser, die verängstigte und die verbohrte Bevölkerung. Der Film zeigt orientierungslose Kinder und Alte in Uniform, genauso wie die bis zuletzt mordende SS – zwei Motive, die in kaum einer Darstellung der letzten Kriegstage fehlen. Und da ist die Hauptfigur Gregor Hecker, in Köln geboren und in Moskau aufgewachsen und so beiden Seiten zugehörig. Auch als Soldat der Roten Armee kann Gregor sich nicht so leicht von den Taten der Deutschen abgrenzen, weil dies auch sein Vaterland ist. Konrad Wolf inszeniert keinen formelhaften Antifaschismus und keine feste Gewissheit eines moralisch „besseren" Deutschlands. Sein Film schließt mit dem Gefühl der Trauer über die deutschen Taten.

Einer der auffälligsten Unterschiede zwischen den ost- und westdeutschen Geschichtsdarstellungen ist die Rolle sowjetischer Figuren. Im ostdeutschen Kino war die Gewalt der Roten Armee ein Tabu. Dass *Ich war neunzehn* die Angst der Frauen vor Vergewaltigung und auch die kommende Härte der Kriegsgefangenenschaft andeutet, unterläuft zumindest in Ansätzen die ideologisch vorformulierte Geschichtsauffassung. Das westdeutsche Kriegskino der 1950er Jahre hingegen kennt „den Russen" vor allem als Horrorgestalt: saufend, mordend, vergewaltigend, mit ungeschlachtem Äußeren und unartikulierter Sprache. Die Angst vor brutaler Rache vereint alle Deutschen als Schicksalsgemeinschaft, wobei der vorausgehende Vernichtungsfeldzug im Osten zwar in Dialogen erwähnt, aber nie derart explizit gezeigt wird wie die späteren Gewalttaten der Rotarmisten.

In *Nacht fiel über Gotenhafen* bedankt sich der französische Zwangsarbeiter Gaston, von einer russischen Kugel getroffen, noch im Sterben für die Güte seiner deutschen Herrin. In *Die Flucht* fliehen die ostpreußische Gräfin und ihr Fremdarbeiter François gemeinsam vor der Sowjetarmee. In *Der Untergang* (2004) vollzieht sich die Selbstbefreiung von Hitlers Sekretärin und Hitlerjunge Peter durch ihr Entkommen aus einer Masse bedrohlicher Sowjetsoldaten. Mit *Stunde Null* (1977) lieferte Edgar Reitz einen bösen Seitenhieb auf die berechtigte Angst der Deutschen vor Vergeltung. Am Ende sind es nicht die ausgelassenen jungen Russen, die die Protagonistin in ihre Gewalt bringen, sondern US-Amerikaner. *Anonyma* (2008) schließlich erzählt von Massenvergewaltigungen und Überlebensstrategien im besetzten Berlin, betrachtet die sowjetischen Charaktere dabei durchaus differenziert, schwächt aber den Realismus der literarischen

Sexuelle Gewalt als wiederkehrendes Motiv – Vergewaltigungsszene in *Anonyma* (2008).

Vorlage durch eine fiktive Liebesgeschichte zwischen der Protagonistin und einem russischen Major ab.

Während die BRD Ende der 1970er Jahre mit Linksterrorismus zu kämpfen hatte, drehte Rainer Werner Fassbinder seinen Post-Trümmerfilm *Die Ehe der Maria Braun* (1979), der das Hoffnungsnarrativ von Liebe und Wiederaufbau, das sich das Kino der Nachkriegszeit auf die Fahnen geschrieben hatte, zynisch zur Explosion brachte. Der Film schildert die Trümmerrealität mit Hunger, Schwarzmarkthandel, Prostitution und dem Warten der Frauen auf ihre vermissten Ehemänner.

Maria Braun, als selbsternannte „Mata Hari des Wirtschaftswunders", durchläuft die Ökonomisierung der Gefühle, den kapitalistischen Neubeginn, arbeitet hart für eine geordnete Zukunft mit finanzieller Stabilität und Eigenheim. Nur werden das sichere Leben zu zweit und die dafür aufgesparten Gefühle so lange hinausgeschoben, bis sie ihren Wert verloren haben. Während dieser beiläufigen Erkenntnis am Ende des Films strömt Gas aus dem Küchenherd. Im Radio läuft Herbert Zimmermanns Schlussreportage des Weltmeisterschaftsspiels Deutschland gegen Ungarn 1954. Als das finale Tor fällt, zündet sich Maria eine Zigarette an. Zum sich überschlagenden Schrei „Aus! Aus! Aus! Das Spiel ist aus! Deutschland ist Weltmeister!" zeigt Fassbinder das zerstörte Haus und Marias Leiche – sein Kommentar zur Wiederaufbauleistung der jungen Bundesrepublik. Der Nachkriegsgesellschaft ist die Erschaffung eines positiven Selbstbildes gelungen. Was dabei alles auf der Strecke blieb, bleibt unausgesprochen. 2003 wird *Das Wunder von Bern* Fassbinders kalte Aufbauparabel konterkarieren und den Weltmeisterschaftssieg als Ende der Nachkriegszeit und Geburtsstunde neuer nationaler Identität remythisieren. Auch die Figur des traumatisierten Kriegsheimkehrers findet bei Sönke Wortmann in den stabilisierenden Schoß der Familie zurück.

Der Weg ins Wirtschaftswunder – Trümmerfrauen beim Wiederaufbau in *Die Ehe der Maria Braun* (1979).

Es sind die kleineren Produktionen, die sich dem Diskurs einer Schlussstrich ziehenden Versöhnung verweigern und Verbindungen zur Gegenwart herstellen. So wie *Kirmes* beginnt auch *Drei Tage im April* (1995) von Oliver Storz mit dem versehentlichen Ausgraben menschlicher Überreste, an deren Herkunft sich niemand erinnern will. In den letzten Kriegstagen bleiben drei Waggons mit KZ-Häftlingen an einem schwäbischen Bahnhof zurück. Auch nach der Flucht der SS-Wachen können sich die Bewohner des Ortes nicht dazu entschließen, den verhungernden, verdurstenden Menschen zu helfen. Nachts schieben einige von ihnen die Waggons auf ein abschüssiges Gleis und entledigen sich der Verantwortlichkeit. Der Film stellt den fassungslosen Blick der Dorfbewohner den sterbenden Häftlingen gegenüber. Die Darstellung des Elends der NS-Opfer, die sich schrittweise in lebende Tote verwandeln, findet sich selten in den Retro-Inszenierungen.

Oliver Storz stellte anlässlich des Gedenkreigens zum 50-jährigen Kriegsende die Frage nach der Moral und stach damit 1995 aus den übrigen Fernsehbeiträgen heraus.[8] *Drei Tage im April* schildert Angst und Opportunismus und meint damit auch die Gegenwart des wiedervereinigten Deutschlands. Eine Erzählerstimme erklärt: „Dieser Film erzählt von einer wahren Begebenheit. Sie hat sich kurz vor dem Ende des Zweiten Weltkriegs zugetragen und ist längst vergessen. Obwohl sie nie aufgehört hat, sich zu ereignen, immer wieder, bis heute. Überall auf der Welt. Auch an Orten, die nicht fern sind von uns." Der Text verweist auf das Ende von *Nacht und Nebel* (1955), der mitten in den 50er Jahren die verdrängten Bilder des KZ-Grauens zurück ins öffentliche Bewusstsein brachte und mit den Worten schloss: „... als glaubten wir wirklich, dass all das nur einer Zeit und nur einem Lande angehört, uns, die wir vorbeisehen an den Dingen neben uns und nicht hören, dass der Schrei nicht verstummt."

Seltener Blick auf die Opfer der Vernichtungspolitik – *Drei Tage im April* (1995).

Der Hinweis auf das Wegsehen, das moralische Scheitern, auf die Kontinuitäten menschlichen Fehlverhaltens unterscheidet die unbequemeren Filme von jenen, die in ihrer Rückbesinnung vor allem eigene Wunden betrauern, Trost und Identität stiften möchten. Zu letzteren zählen die dem neuen deutschen Opferdiskurs zugerechneten Werke wie zahlreiche Produktionen der ZDF-Geschichtswerkstatt, der prominente Spielfilm *Der Untergang* (2004) oder die mehrteiligen Event-Movies von *Dresden* bis *Unsere Mütter, unsere Väter* (2012). Der neue Opferdiskurs greift seit den 1990er Jahren Themen und Motive der Nachkriegszeit auf: Bombenkrieg und Vertreibung, Vergewaltigung und Racheakte der Roten Armee, traumatisierende Fronterlebnisse.[9] Die aufklärerische, manchmal anklagende Haltung der 60er bis 80er Jahre mit Blick auf die Opfer der Deutschen wird durch einen entpolitisierten Opferbegriff ersetzt, der wiederum deutsches Leid anerkennen möchte und in den Vordergrund stellt. Wie der deutschen Toten und Versehrten gedacht werden kann, ohne dabei eine selektive Perspektive der Entlastung und Revision einzunehmen, ist eine Herausforderung, vor der bislang nur wenige Produktionen zu bestehen vermögen.

Während *Der Untergang* in klassischer Retro-Perspektive und mit großer Geste der Authentizität, die bewusst keine moralische Erzählhaltung einnehmen will, die Deutschen als Opfer Hitlers und des Krieges inszeniert, dabei Holocaust-Narrative umkehrt und einige hochrangige Nazis zu Helden stilisiert, zielen TV-Filme wie *Dresden* oder *Die Flucht* mit versöhnlichen Schlussbotschaften auf eine gemeinsame Geschichte des Leids und auf eine Zukunft des Verzeihens als Grundlage einer kollektiven europäischen Identität.[10] Beide Beispiele handeln von völkerverbindender Liebe – zwischen einem britischen Bomberpiloten und einer deutschen Krankenschwester in *Dresden*, einem französischen Kriegsgefangenen und einer deutschen Adeligen in *Die Flucht*. Die dramaturgisch arg bemühten Paarkonstellationen ermöglichen es, die Kriegserfahrung zu universalisieren. Die Schuldfrage erübrigt sich. In *Dresden* springt der Farbfilm angesichts verbrannter Leichen und der von Bomben getroffenen Frauenkirche kurzzeitig in Archivmaterial zitierendes Schwarzweiß. Der Blick auf die Trümmerwüste der zerstörten Stadt erfolgt durch die Augen des britischen Piloten, der so zum Zeugen des deutschen Leids wird. Alle Filme schließen nach der Trauer um die Toten mit einem Ausblick auf Liebe, Familie, Glaube und Menschlichkeit. Der Glaube ist dabei immer der christliche, die mit sich selbst zu versöhnende Gemeinschaft die deutsche.

Der mörderische Rassenwahn wird in Nebenhandlungen gestreift. Bei *Unsere Mütter, unsere Väter* treten hauptsächlich die polnischen Figuren und ein einzelner SS-Mann offen antisemitisch auf. Die Wehrmachtssoldaten hingegen begehen ihre Taten niemals aus Überzeugung, sondern im Modus des Befehlsnotstands.[11] Die Schlussszene des Films vereint die drei Überlebenden der durchweg entpolitisierten Berliner Freundesgruppe: den jüdischen Viktor, die Krankenschwester Charly und den Soldaten Wilhelm, der von den Erlebnissen am schwersten gezeichnet ist. Die Sängerin Greta stirbt vor einem Erschießungskommando. Der Soldat Friedhelm, der selbst im Krieg schuldig wurde, opfert sich im Kugelhagel, der mittels Zeitlupe zusätzlich dramatisiert ist, und leistet so Sühne. „Alle waren Opfer", hieß es in der deutschen Presse nach dem großen Erfolg des Fernsehfilms, der wie seine Vorgänger das Projekt der intergenerationellen Versöhnung und Einfühlung nach dem Muster autobio-

Schwarzweiß im Eventfilm – Überlebende des Feuersturms in *Dresden* (2006).

grafischer Familiengespräche weiterführt.[12] Die Bilder der Wehrmachtsausstellung und die Dynamik der Vernichtung bleiben unerklärbar, wenn Geschichte nach gegenwärtigen Wunschvorstellungen umgeformt wird.

Eine Ahnung davon, wie Antisemitismus und Erziehung zu Härte, Hass und Führerglaube eine ganze Gesellschaft vergiftet haben, vermittelt die deutsch-australische Koproduktion *Lore* (2012) von Cate Shortland. Sie erzählt die Coming-of-Age-Geschichte eines „Täterkindes", das – zunächst auf den „Endsieg" hoffend – sich nach dem Zusammenbruch des „Dritten Reichs" mit der Auflösung der eigenen Familie, der bisherigen Gewissheiten und Identitäten auseinandersetzen muss. Nach und nach begreift die Hauptfigur, dass ihre Welt auf Lügen gebaut war, – und dass diese Lügen weiterhin bestehen. In *Lore* kehren auch die Beweisfotos der Alliierten aus den Konzentrationslagern zurück. „Propaganda", sagen die besiegten Deutschen. Doch Lore erkennt ihren SS-Vater auf einem der Bilder. An anderer Stelle des Films steht das Mädchen in einem glimmenden Ascheregen aus vernichteten Akten, Führerbildern, Fotoalben aus den mörderischen Leben der Erwachsenen. *Lore* verbindet die deutsche Kapitulation nicht wie so viele stereotype Produktionen von damals und heute reflexhaft mit dem Versprechen vom Ende der Gewalt, von Katharsis und Neuanfang, sondern blickt auf den Beginn einer Auseinandersetzung, die niemals abgeschlossen sein wird.

Verbranntes und Verschwiegenes – *Lore* (2012) begleitet ein „Täterkind" beim Zusammenbruch seiner Welt.

1 Walter Kempowski, *Das Echolot. Abgesang '45*. Ein kollektives Tagebuch, München 2005.

2 Vgl. Ingrid Poss/Peter Warnecke (Hg.), Spur der Filme. Zeitzeugen über die DEFA. Band 568 der Schriftenreihe der Bundeszentrale für politische Bildung, Bonn 2006, S. 35 f.

3 Zum deutschen Nachkriegskino siehe u.a.: Peter Pleyer, Deutscher Nachkriegsfilm 1946–1948. Münster 1965; Hilmar Hoffmann/Walter Schobert (Hg.), Zwischen Gestern und Morgen. Westdeutscher Nachkriegsfilm 1946–1962. Katalog des Deutschen Filmmuseums Frankfurt am Main, Frankfurt/M. 1989; Bettina Greffrath, Gesellschaftsbilder der Nachkriegszeit. Deutsche Spielfilme 1945–1949, Pfaffenweiler 1995; Wolfgang Becker/Norbert Schöll (Hg.), In jenen Tagen ... . Wie der deutsche Nachkriegsfilm die Vergangenheit bewältigte, Opladen 1995; Robert R. Shandley, Trümmerfilme. Das deutsche Kino der Nachkriegszeit, Berlin 2010.

4 Zu Film und Rezeption: Detlef Kannapin, Dialektik der Bilder. Der Nationalsozialismus im deutschen Film. Ein Ost-West-Vergleich, Berlin 2005, S. 138–147.

5 Vgl. Katrin Seybold in: Stiftung Deutsche Kinemathek (Hg.), Wolfgang Staudte, Berlin 1977, S. 47.

6 Der Film erwähnt auch nicht, dass das reale „Kind von Buchenwald", Stefan Jerzy Zweig, nur gerettet werden konnte, weil an seiner Stelle der 16-jährige Roma-Junge Willy Blum auf die Transportliste nach Auschwitz gesetzt wurde. Vgl. Susanne zur Nieden, „... stärker als der Tod. - Bruno Apitz' Roman Nackt unter Wölfen und die Holocaust-Rezeption in der DDR". In: Manuel Köppen/Klaus R. Scherpe (Hg.), Bilder des Holocaust. Literatur – Film – Bildende Kunst, Köln u.a. 1997, S. 97–109, hier S. 106.

7 Zu *Ich war neunzehn* vgl. Wolfgang Jacobsen/Rolf Aurich, Der Sonnensucher. Konrad Wolf, Berlin 2005, S. 306–333.

8 Vgl. Nikolaus von Festenberg, Wenn die Stunde 08/15 schlägt. In: Der Spiegel, 24.04.1995. Unter: www.spiegel.de/spiegel/print/d-9181487.html

9 Zum deutschen Opferdiskurs siehe: Bill Niven (Hg.), Germans as Victims. Remembering the Past in Contemporary Germany, Basingstoke 2006; Paul Cooke/Marc Silberman, Screening War. Perspectives on German Suffering, New York 2010; Ulrike Jureit/Christian Schneider, Gefühlte Opfer. Illusionen der Vergangenheitsbewältigung, Stuttgart 2010.

10 Zu *Der Untergang* siehe auch: Sonja M. Schultz, Der Nationalsozialismus im Film. Von Triumph des Willens bis Inglourious Basterds, Berlin 2012, S. 370–388; zu den Event-Movies ebd., S. 435–452.

11 Zum Film: Jan Süselbeck, Fünf Freunde. In: literaturkritik.de, April 2013. Unter: www.literaturkritik.de/public/rezension.php?rez_id=17761

12 Zur Tradierung biografischer Erzählungen aus dem „Dritten Reich“: Harald Welzer/Sabine Moeller/Karoline Tschuggnall, „Opa war kein Nazi“. Nationalsozialismus und Holocaust im Familiengedächtnis, Frankfurt/M. 2002.

Fotonachweis: Alle Abbildungen sind Screenshots aus den jeweiligen Filmen.

FAREWELLS AND NEW BEGINNINGS
THE END OF THE WAR IN GERMAN FEATURE FILMS

Sonja M. Schultz

An end to the war was not on the agenda in National Socialist cinema: the only scenarios were continuing battles or total annihilation. The Nazi dictatorship used the medium of film to inspire personal sacrifice and loyalty to the "People's Community", an important feature of Nazi ideology. Slogans oozing with pathos, such as, "The flag means more than death", and "Nation, stand up now – and let the storm break loose!" called for people to reach eternity as martyrs.

In 1945, reality overtook the screen fantasies. The Allies' documentary photographs and films showed what the Third Reich never wanted to reveal in pictures: the victims. Viewers reacted with shock, resisting the dramatic images of heaps of anonymous bodies and corpses marked by violence. The medium of film, which had been used for entertainment and propaganda until very recently, now served as evidence and accusation.

In this situation, what kind of stories would the Germans themselves tell when their film culture was gradually recreated? Did the film directors of the postwar period focus on explaining, justifying, or distracting from the moral catastrophe of the immediate past? Did their works deal with liberation or defeat? And how were the war's end and its consequences interpreted in later post-Nazi cinema – that of the Federal German Republic, of communist East Germany, and of reunited Germany after 1990?

From the time of the first postwar German film, *Murderers Among Us* (1946), the last days of the war and the first days of peace in particular have been a frequent topic in film and television. The Germans' "final battle" and the subsequent upheavals of the so-called "zero hour" have evoked many different perspectives on the events. Walter Kempowski's collaged diary, „A Farewell to 1945"[1] compiled from his serial work, *Das Echolot (The Echo Sounder)*, shows the wide variety of different situations of people at the end of the war. The expression of the face of a weeping child soldier is seen beside that of a liberated concentration camp prisoner, a joyful forced labourer, a refugee family in flight, a fanatical Nazi whose Führer had shot himself, or the head of a village who had first waved a Nazi swastika flag, then a white sheet for surrender, and now a red flag.

People working in German film were not free of guilt, either. Most of them had worked in Nazi cinema. The Allies, who controlled film content through their licensing policy, were soon more interested in rebuilding German society than in social turmoil. The message of Wolfgang Staudte's *Murderers Among Us*, the first film produced by DEFA, East Germany's state-run film studios, was about the need to re-establish morality and jurisdiction. Staudte obtained permission to film in the Soviet zone, but had to rewrite the act of vigilante justice carried out on a former Nazi commander that originally ended the story, so that the case was dealt with under the new democratic rule of law.[2] The key figure is Hans Mertens, a surgeon traumatised by his war experiences, who meets his former superior officer again in the postwar period. The officer, Captain Brückner, had ordered over one hundred Polish hostages to be executed on Christmas Eve on the eastern front. When Mertens meets him again he has become a prospering manufacturer of cooking pots made from steel helmets. A young woman liberated from a concentration camp (who seems remarkably unharmed), prevents Mertens from taking the law into his own hands, and argues that Brückner should face trial before a court. "Hans, we don't have the right to pass judgement!" The agitated returnee finally acknowledges his allegiance to a just civil society: "No, Susanne, but we do have the duty to press charges and demand atonement on behalf of millions of innocent people who were murdered!"

Rubble wastelands of postwar cinema – *Murderers Among Us* (1946).

Murderers Among Us founded the genre of "rubble films" that came directly out of the ashes of the war. It also established various motifs that play an important role in the immediate postwar cinema in Germany and are still important in remakes, even today.[3] This includes the figure of the broken home-comer from the war. Hans Mertens has become self-pitying; he finds the world utterly disgusting and has been robbed of his ability to make decisions.

A similar figure is Beckmann in Wolfgang Borchert's 1947 rubble play for theatre, *Draußen vor der Tür (Outside the Door)* and its screen adaptation, *Liebe ´47, (Love ´47)* by Wolfgang Liebeneiner, who was originally appointed as a professor of film by Joseph Goebbels. Both men, Beckmann and Mertens, are plagued by guilt they want to unload on their former superiors. "I want to be able to sleep again at last, Mr. Colonel. Only sleep. Really doss down," Beckmann explains to the man who once made him responsible for eleven comrades who were killed in battle shortly afterwards. The accusing relatives they left behind pursue Beckmann in surreal nightmares of marching corpses. Mertens, too, is tortured by gruesome fantasies, a mixture of soldier songs, screams and bombing noise. A flashback shows the shooting of the hostages that his weak protest failed to prevent.

Hans Mertens wants to reverse his onetime failure to act by taking revenge retrospectively, while Beckmann wants to drown himself in the River Elbe – but both men are reintegrated into civilian life by the love of a woman. "What's the point of building a better world? Let's start with ourselves," Anna Gehrke soothes the weary war returnee Beckmann. And, in the midst of the bomb rubble, Mertens pledges his love for Susanne Wallner (softly lit in classic Ufa Studios style). When even the houses are destroyed, domestic peace seems to be the salvation. The original political theme is shifted to a personal level and tranquillised. Ultimately, this is the basic melodramatic formula of all the films designed to reach the biggest possible audience and not upset viewers too much. For example, each of the so-called post-millennium "event movies" such as *Dresden* (2006), *Die Flucht* (2007) or *Die Gustloff (The Gustloff)* (2008), highlights a love story against the backdrop of events of the last months of the war – events that are deeply etched into German collective memory. The two-part TV series *Dresden* was typically billed as "The beginning of a love – the end of a city".

Surreal nightmares of rubble cinema – dance of death in *Love '47* (1949).

In Wolfgang Staudte's film, Polish women, men and children are victims of the mass shooting. There is no hint as to whether Jewish people might also be among the victims. The rubble film genre contains many allusions to Nazi crimes, dark forebodings and even minor Jewish figures. But most of the films avoided addressing the Nazis' extermination policies directly. Instead, they focused on experiences of personal helplessness, traumatisation and the futility of all wars. The few films that deal with the fate of Jewish figures were largely made or produced by people who had been persecuted themselves under the Nazi regime, such as the 1948 films *Morituri* and *Lang ist der Weg (Long is the Road)*, or the Austrian film *Der Ruf (The Last Illusion)* from 1949.

Many films in the 1950s were devoted to victims in the German army and civilian population. During the Cold War a military film genre emerged in West Germany that clearly distinguished between the morally "clean" Wehrmacht and some particularly menacing Nazi characters. At the same time, cinema persistently conducted a German victim discourse that enjoyed a revival after the reunification of East and West Germany in 1990. Frank Wisbar's *Nacht fiel über Gotenhafen (Darkness Fell on Gotenhafen)* (1959), was the first feature film to dramatise the escape across the frozen lagoon and the sinking of the ship, the Wilhelm Gustloff. The key episodes of the film reappeared on TV in the 2000s as colour remakes (*March of Millions*, *The Gustloff*), and were sometimes advertised with the misleading claim that the films were breaking taboos for the first time in German history writing.

The real gaps in the postwar decades were to be found elsewhere. In 1955 Georg Wilhelm Pabst's film *Der letzte Akt (The Last Act or The Last Ten Days)* reckoned up with the idea of the iconic Führer, once beloved, then treated as taboo after the war. This Austrian project was the first feature film to dramatize the last days of Hitler and the Third Reich in the heart of the German capital. Shunned by German production companies, it had little success in German cinemas. It portrays a mad dictator fantasising about final extermination who sends his nation to destruction, with wounded ordinary soldiers carrying candles before them in empty liquor bottles instead of martial torches, marching dreamlike towards the camera and singing their last refrain: "We will march on when everything is smashed to pieces…" The film ends by appealing directly to the viewer: "Never say 'Jawohl' ("Yessir!") again!"

Mourning German victims in Darkness *Fell on Gotenhafen* (1959) – Christian symbolism pervades the depiction of the war's end.

Training people to blind obedience is also the theme of Bernhard Wicki's 1959 film *Die Brücke (The Bridge)*, a departure from the conventional depiction of war in the Federal Republic's military film genre. A group of young men who have just been drafted to military service believe they will be serving their country worthily by defending an unimportant bridge against US troops just before the end of the war. Only one of the young men survives the pointless battle. *The Bridge* offers a contrast to the male heroes of West German military film by showing tearful youths wearing oversize steel helmets and holding hands in the trenches.[4] Most of all, the film tries to express the painful experience of an underage generation in the war.

In the period of rearmament, Georg Wilhelm Pabst made himself unpopular with German audiences with his injunction, "Never say 'Yessir' again!" Wolfgang Staudte inspired a similar reaction in 1960 with his film *Kirmes (The Fair)*, which deals with the persisting cowardice, cover-ups, and subservience to authority in postwar Germany. The skeleton of a former soldier is discovered during a village fair in the Eifel region. He had deserted from the Nazi army in the final days of the war and sought refuge in his home village. But when neither his family nor the pastor risked giving him shelter, he killed himself. The film shows how mentalities have hardly changed since the end of the Third Reich. People want to forget the dead man, who is still regarded as a traitor to his country – they want to leave the skeleton in the cupboard where the past is repressed.

A similar fate threatened the film on release: the daily paper *Die Welt* called for a boycott.[5]

In the examples cited above, the Germans are mostly depicted as defeated. The end of the war happens to them just like the war itself did, and they see the victory over the Third Reich mostly as other people's celebration. Frank Beyer's 1963 film, *Nackt unter Wölfen (Naked Among Wolves)*, based on the novel by Bruno Apitz, portrays the end of the war as communal self-liberation, in line with the founding myth of the German Democratic Republic. The story: Communist prisoners in Buchenwald concentration camp risk their lives to hide a Jewish boy from the SS camp directors. As the Allied forces approach and the SS retreat, the prisoners attack with guns they have kept hidden. The film omits the military support from the US army at the liberation of Buchenwald. Instead, it shows hundreds of prisoners running to freedom, a stream of shouting, laughing human beings. Among them are the main actors, carrying the crying child with them. The crying – the first sound made by the boy, who remains a hazy figure in the film – accompanies the birth of a society that defined itself as anti-fascist on the basis of having won victory from a position of weakness.

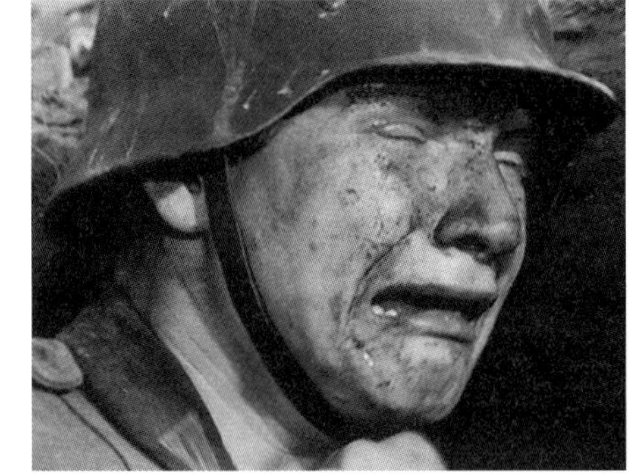

Last push in the final battle – *The Bridge* (1959) shows the fear of child soldiers.

East Germany's ruling Socialist Unity Party (SED) used *Naked Among Wolves* to justify its politics of history, which emphasised Communist resistance and solidarity while marginalising all the other victim groups and priding itself on having vanquished the fascist system in its own state.[6] On the other hand, the films of prominent directors such as Frank Beyer and Konrad Wolf stand out among the DEFA productions because of their ambivalent portrayal of characters, realistic style, and their refusal to use historical pathos in the interests of the socialist state. With this attitude, the East German artists constantly came up against the strictures of censorship.

This also applied to Konrad Wolf's 1968 film, *Ich war neunzehn (I was Nineteen)*, based on a script by Wolfgang Kohlhaase, an episodic movie that brought together different perspectives on the collapse of Nazism.[7] We see the fanatical and the war-weary German officers, the blinded and the chastened ordinary soldiers, the anxious and the obstinate populace. The film shows confused children and old people in uniform, and SS members who kept on murdering right to the very end – two motifs that were present in nearly every depiction of the final days of the war. And we see the main character, Gregor Hecker:

born in Cologne and raised in Moscow, he belongs to both sides. Even as a Red Army soldier, Gregor is unable to detach himself easily from the Germans' evil deeds, because Germany is also his fatherland. Konrad Wolf avoids showing formula-type anti-fascism or the absolute conviction of a morally "better" Germany. His film ends with a sense of sadness about what the Germans did.

Naked Among Wolves – resistance and liberation in Buchenwald.

One of the most obvious differences between East and West German representations of history is the role of Soviet characters. In East German cinema the violence of the Red Army was a taboo subject. That *I was Nineteen* suggested women's fear of rape and the prospect of a hard life in prisoner of war camps was at least a hint of subversion against the ideological account of history imposed by the authorities. By contrast, 1950s West German cinema showed the Russians mostly as terrifying figures, drinking, murdering, and raping; they looked like hulks and were barely articulate. Fear of brutal reprisals united all the Germans in a common destiny, in which the original Nazi campaign of annihilation in Eastern Europe might be mentioned but was never explicitly shown in the same way as the violent acts committed later by Red Army soldiers.

Sexual violence as a constant motif – a rape scene in *Anonyma* (2008).

In *Darkness Fell on Gotenhafen* the French forced labourer, Gaston, is hit by a Russian bullet. As he lies dying, he gives thanks that the German woman who employed him was so good to him. In *March of Millions* the East German countess and her foreign labourer, François, flee together to escape the oncoming Soviet Army. In *Der Untergang (Downfall)* (2004) Hitler's secretary and the young man from the Hitler Youth, Peter, liberate themselves by escaping from a crowd of Soviet soldiers. Edgar Reiz's 1977 film *Stunde Null (Zero Hour)* took a wicked sideswipe at the Germans' justified fear of reprisals. In the end it is not the boisterous young Russians that capture the female protagonist, but American men from the United States. Finally, *Anonyma* (2008) tells a story of mass rape and survival strategies in occupied Berlin, portraying the Russian characters with sensitivity; but it weakens the realism of the memoir on which it is based by introducing a fictitious love story between the leading female character and a Russian major. At the end of the 1970s, while the Federal Republic was combating left-wing terrorism, Rainer Werner Fassbinder made his post-rubble film, *Die Ehe der Maria Braun (The Marriage of Maria Braun)* (1979). The film cynically exploded the optimistic narrative of love and reconstruction that characterised the cinema of the postwar era by depicting the reality of life among the rubble: hunger, the black market, prostitution, and the women waiting for their missing husbands.

Maria Braun, who calls herself the "Mata Hari of the economic miracle", goes through the economisation of feelings, the capitalist new start, and works hard for a regular future with financial security and her own home. But the secure life as a couple and the feelings saved up for that are postponed so long that they lose their value. During this incidental moment of perception at the end of the film, gas oozes out of the oven in the kitchen. The radio is playing Herbert Zimmermann's closing report on the 1954 football World Cup match, Germany v. Hungary. At the final goal, Maria lights a cigarette. To the shouts of "Over! Over! Over! The game is over! Germany is the world champion!" Fassbinder shows the destroyed house and Maria's body. This was his commentary on the new Federal Republic. The postwar society had succeeded in creating a positive self-image. Everything missing remained unspoken. In 2003 the film *Das Wunder von Bern (The Miracle of Bern)* contradicted Fassbinder's cold parable of the years of reconstruction and created a new mythology of the World Cup victory as the end of the postwar era and the birth of a new national identity. Director Sönke Wortmann even gave a happy end to the figure of the homecoming war-traumatised soldier, returning him safely to the bosom of the family.

The road to the economic miracle – rubble women rebuilding in *The Marriage of Maria Braun* (1979).

It is the smaller productions that reject the discourse of final reconciliation and seek to make links with the present. Like *Kirmes (The Fair)*, the 1995 TV drama *Drei Tage im April (Three Days in April)*, directed by Oliver Storz, begins with the accidental excavation of human remains. Apparently nobody can remember how they got there. In the last days of the war, three train wagons with concentration camp prisoners were left on a station in Swabia. Even after the SS guards abscond, the townspeople can't decide whether to help the starving, thirsty people. At night some of the local residents push the wagons onto a sloping track to relieve themselves of responsibility. The film contrasts the blank looks of the villagers with the faces of the dying prisoners. The depiction of the misery of Nazi victims who gradually become the living dead is rarely found in retro film productions.

In this TV film, transmitted in 1995 to mark the 50th anniversary of the end of the war, director Oliver Storz posed the question of morality – an outstanding exception to the usual TV fare.[8] *Three Days in April* portrays fear and opportunism, referring to present-day reunited Germany as well. A narrator's voice explains: "This film is about a true event. It happened shortly before the end of the Second World War and has long since been forgotten – although it has never stopped happening, time and again, up to the present day. All over the world. Even in places not far away from us." The passage is a reference to the end of the 1955 film *Nacht und Nebel (Night and Fog)*, which brought repressed images of concentration camp atrocities back to public consciousness in the mid-1950s, and concluded with the words, "… as if we really believed all that only belonged to one period and one country, we who look past the things close beside us and don't hear that the screaming doesn't stop."

Rare view of the victims of extermination policy – *Three Days in April* (1995).

The reference to looking away, the moral collapse, the continuity of human wrongdoing distinguishes the edgier films from those whose main goal is to look back and bemoan the nation's own wounds, and foster consolation and identity. The latter include works that belong to the new German "victim discourse", among them many productions from the ZDF Geschichtswerkstatt (the German Second TV Channel's history department), the famous feature film *Downfall* (2004) and the serial event movies, from *Dresden* to *Unsere Mütter, unsere Väter (Our Mothers, Our Fathers)* (2012). The new victim discourse since the 1990s has treated topics and motifs from the postwar era such as bomb warfare and expulsion, rape and reprisals by the Red Army, and traumatising experiences at the front.[9] The progressive, sometimes accusatory attitude of the 1960s to 1980s with its perspective towards the Germans' victims is being replaced by a depoliticised concept of the "victim". This new view seeks to acknowledge German suffering and bring it to the fore. How the German dead and injured can be commemorated without adopting a selective perspective of exoneration and revision is a challenge that few productions so far have been able to meet adequately.

With its classical retro perspective and the flourish of authenticity that deliberately avoids a moral stance in its narrative, *Downfall* depicted the Germans as victims of Hitler and the war. In so doing, it reversed Holocaust narratives and remodelled some high-ranking Nazis into heroes. Meanwhile, TV films like *Dresden* or *March of Millions* use reconciliatory final messages to focus on a shared history of suffering and a future of forgiveness as the basis of a collective European identity.[10] Both TV films deal with love across national boundaries – between a British bomber pilot and a German nurse in *Dresden*, and a French prisoner of war and an aristocratic German woman in *March of Millions*. The couple constellations are a somewhat strained device to make the war experience universal. The question of guilt is superfluous. In *Dresden* the colour film switches briefly to black-and-white archive clips to show the charred corpses and the bombed-out Frauenkirche. The view of the rubble wasteland of the devastated city is seen through the eyes of the British pilot, who thus becomes a witness of German suffering. After mourning the dead, all these films conclude with a prospect of love, family, faith and humanity. The faith is always Christian, and the community that achieves reconciliation with itself is German.

The murderous racial delusion of the Nazis is barely touched on in subplots. *In Our Mothers, Our Fathers* it is mainly the Polish characters and an isolated SS man who appear as openly anti-Semitic. By contrast, the Wehrmacht soldiers never commit crimes out of conviction, but always in the pattern of being forced to obey superior orders.[11] The final scene of the film unites the three survivors of the thoroughly depoliticised groups of friends from Berlin: the Jewish man, Viktor, the nurse, Charly, and the soldier, Wilhelm, who is the most deeply affected by the events. The singer Greta is shot dead by an execution squad. The soldier Friedhelm, who committed crimes in the war, makes his penance by sacrificing himself in a hail of bullets dramatically enhanced with slow motion. "They were all victims", the German press proclaimed after the big success of this TV film, which followed its predecessors in carrying on the project of intergenerational reconciliation and empathy by means of autobiographical family discussions.[12] The pictures from the Wehrmacht Exhibition and the dynamic of extermination remain inexplicable if history is remoulded to present-day ideas of how things should have been.

Black-and-white in event film – survivors of the firestorm in *Dresden* (2006).

The German-Australian production *Lore* (2012), directed by Cate Shortland, gives a sense of how a whole society can be poisoned by anti-Semitism and by educating people to harshness, hate, and belief in the Führer. *Lore* tells the coming of age story of the child of a "perpetrator". Having hoped for "final victory", after the collapse of the Third Reich Lore has to come to terms with the break-up of her family and the disintegration of the certainties and identities of their former lives. Gradually the central character realises her world was founded on lies – and these lies still exist. In *Lore* the Allies' photographic evidence comes back from the concentration camps along with the survivors. "Propaganda", say the defeated Germans. But Lore recognises her father, an SS member, in the photos. In another scene in the film, the girl stands in a shower of glowing ashes from destroyed files, pictures of the Führer, and photo albums from the murderous lives of the adults. Unlike so many past and present stereotyped productions, *Lore* does not automatically link the German capitulation to the promise of the end of violence, catharsis and a new start. Instead, it looks at the beginning of a critical examination that will never be concluded.

1 Walter Kempowski, *Das Echolot. Abgesang '45.* Ein kollektives Tagebuch, Munich 2005.

2 See: Ingrid Poss/Peter Warnecke (eds.), Spur der Filme. Zeitzeugen über die DEFA. Band 568 der Schriftenreihe der Bundeszentrale für politische Bildung, Bonn 2006, p. 35f.

3 For German post-war cinema, see e.g.: Peter Pleyer, Deutscher Nachkriegsfilm 1946–1948, Münster 1965; Hilmar Hoffmann/Walter Schobert (eds.), Zwischen Gestern und Morgen. Westdeutscher Nachkriegsfilm 1946–1962. Katalog des Deutschen Filmmuseums Frankfurt am Main, Frankfurt/M. 1989; Bettina Greffrath, Gesellschaftsbilder der Nachkriegszeit. Deutsche Spielfilme 1945–1949, Pfaffenweiler 1995; Wolfgang Becker/Norbert Schöll (eds.), In jenen Tagen ... . Wie der deutsche Nachkriegsfilm die Vergangenheit bewältigte, Opladen 1995; Robert R. Shandley, Trümmerfilme. Das deutsche Kino der Nachkriegszeit, Berlin 2010.

4 On the film and its reception, see: Detlef Kannapin, Dialektik der Bilder. Der Nationalsozialismus im deutschen Film. Ein Ost-West-Vergleich, Berlin 2005, p. 138–147.

5 Cf. Katrin Seybold in: Stiftung Deutsche Kinemathek (ed.): Wolfgang Staudte, Berlin 1977, p. 47.

6 The film does not mention that the real "child from Buchenwald", Stefan Jerzy Zweig, was only saved because a 16-year-old Roma boy, Willy Blum, was substituted for him on the transport list for Auschwitz. See, Susanne zur Nieden, "... stärker als der Tod. – Bruno Apitz' Roman Nackt unter Wölfen und die Holocaust-Rezeption in der DDR", in: Manuel Köppen/Klaus R. Scherpe (eds.), Bilder des Holocaust. Literatur – Film – Bildende Kunst, Cologne etc. 1997, p. 97–109, esp. p. 106.

7 For *Ich war neunzehn*, see Wolfgang Jacobsen/Rolf Aurich, Der Sonnensucher. Konrad Wolf, Berlin 2005, p. 306–333.

8 Cf. Nikolaus von Festenberg, "Wenn die Stunde 08/15 schlägt", in: Der Spiegel, 24.04.1995. www.spiegel.de/spiegel/print/d-9181487.html

9 On the German victim discourse, see Bill Niven (ed.), Germans as Victims. Remembering the Past in Contemporary Germany, Basingstoke 2006; Paul Cooke/Marc Silberman, Screening War. Perspectives on German Suffering, New York 2010; Ulrike Jureit/Christian Schneider, Gefühlte Opfer. Illusionen der Vergangenheitsbewältigung, Stuttgart 2010.

10 On *The Downfall*, see also: Sonja M. Schultz, Der Nationalsozialismus im Film. Von Triumph des Willens bis Inglourious Basterds, Berlin 2012, p. 370–388; on the event movies, ibid., p. 435–452.

11 On this film, see Jan Süselbeck, "Fünf Freunde", in: literaturkritik.de, April 2013. www.literaturkritik.de/public/rezension.php?rez_id=17761

12 On the subject of passing on the tradition of biographical narration from the Third Reich, see: Harald Welzer/Sabine Moeller/Karoline Tschuggnall, „Opa war kein Nazi". Nationalsozialismus und Holocaust im Familiengedächtnis, Frankfurt/M. 2002.

Photo credits: The frame shots reproduced here are from the following films.

NACHWEIS DER VERWENDETEN ZITATE

S. 14 Adolf Hitler, abgedruckt in: Nicolaus von Below, Als Hitlers Adjutant 1937–1945, Mainz 1980, S. 398.

S. 29 Josef Schöner, Wiener Tagebuch 1944/1945. Veröffentlichungen der Kommission für Neuere Geschichte Österreichs, Bd. 83, Wien/Köln/Weimar 1992, S. 136.

S. 30 Eine Kreisangestellte, abgedruckt in: Bundesministerium für Vertriebene, Flüchtlinge und Kriegsgeschädigte (Hrsg.), Die Vertreibung der deutschen Bevölkerung aus den Gebieten östlich der Oder-Neiße, Bd. I/2, München 2004, S. 214.

S. 33 Betty Qui, abgedruckt in: Jürgen Kleindienst (Hrsg.), Hungern und hoffen. Jugend in Deutschland 1945–1950. 48 Geschichten und Berichte von Zeitzeugen, Reihe Zeitgut, Bd. 10, Berlin 2000, S. 122.

S. 34 Ein Augenzeuge, abgedruckt in: Bundesministerium für Vertriebene, Flüchtlinge und Kriegsgeschädigte (Hrsg.), Dokumente deutscher Kriegsschäden. Evakuierte, Kriegsgeschädigte, Währungsgeschädigte. Die geschichtliche und rechtliche Entwicklung. Aus den Tagen des Luftkrieges und des Wiederaufbaues. Erlebnis- und Erfahrungsberichte, 1. Beiheft, Bonn 1960, S. 189.

S. 37 Dwight D. Eisenhower, abgedruckt in: Lars-Broder Keil/Sven Felix Kellerhoff, Gerüchte machen Geschichte. Folgenreiche Falschmeldungen im 20. Jahrhundert, Berlin 2006, S. 89.

S. 41 Gedicht, abgedruckt in: Oldenburgische Staatszeitung v. 22.4.1945, abgedruckt in: Karl H. Schwebel/Herbert Schwarzwälder (Hrsg.), Der britische Vorstoß an die Weser. Bremen und Nordwestdeutschland am Kriegsende 1945, Bd. II, Bremer Veröffentlichungen zur Zeitgeschichte, Heft 6, Bremen 1973, S. 55.

S. 43 Ruth Andreas-Friedrich, Der Schattenmann. Tagebuchaufzeichnungen 1938–1948, Frankfurt am Main 2000, S. 192 f.

S. 46 Bericht der 1. US-Armee, abgedruckt in: Klaus-Dietmar Henke, Die amerikanische Besetzung Deutschlands, Quellen und Darstellungen zur Zeitgeschichte, Bd. 27, München 1995, S. 357.

S. 47 Josef Schnorbach, abgedruckt in: Klaus-Dietmar Henke, Die amerikanische Besetzung Deutschlands, Quellen und Darstellungen zur Zeitgeschichte, Bd. 27, München 1995, S. 357.

S. 48 Auszug aus dem „Nero-Befehl", abgedruckt in: Albert Speer, Erinnerungen, Anm. 10, Frankfurt am Main/Berlin/Wien 1969, S. 583.

S. 49 Kriegstagebuch des OKW, abgedruckt in: Percy E. Schramm (Hrsg.), Kriegstagebuch des Oberkommandos der Wehrmacht, Bd. IV/2, 1. Januar 1944–22. Mai 1945, München 1982, S. 1158.

S. 49 abgedruckt in: Cord Arendes/Edgar Wolfrum/Jörg Zedler (Hrsg.), Terror nach Innen. Verbrechen am Ende des Zweiten Weltkrieges, Dachauer Symposien zur Zeitgeschichte, Bd. 6, Göttingen 2006, S. 94.

S. 51 Ein Augenzeuge, abgedruckt in: Klaus-Dietmar Henke, Die amerikanische Besetzung Deutschlands, Quellen und Darstellungen zur Zeitgeschichte, Bd. 27, München 1995, S. 356.

S. 52 Gauleiter Karl Hanke, abgedruckt in: Schlesische Tageszeitung, 16. Jg., Nr. 25 vom 29.1.1945, S. 3.

S. 53 Margaret Bourke-White, abgedruckt in: Walter Kempowski, Das Echolot. Abgesang `45. Ein kollektives Tagebuch, München 2005, S. 50.

S. 56 Maria Bierganz, abgedruckt in: Klaus-Dietmar Henke, Die amerikanische Besetzung Deutschlands, Quellen und Darstellungen zur Zeitgeschichte, Bd. 27, München 1995, S. 166.

S. 58 Joseph Goebbels, Die Tagebücher von Joseph Goebbels, Teil II, Diktate 1941–1945, Bd. 15, München 1995, S. 627, Eintrag vom 29.3.1945.

S. 59 Heinrich Vogelsang, Stadtarchiv Mönchengladbach, 25c/3901.

S. 60 Joseph Goebbels, Die Tagebücher von Joseph Goebbels, Teil II, Diktate 1941–1945, Bd. 15, München 1995, S. 627, Eintrag vom 29.3.1945.

S. 64 Stanisław Piaskowski, abgedruckt in: Klinga Hartmann (Hrsg.), Geschichte verstehen – Zukunft gestalten. Die deutsch-polnischen Beziehungen in den Jahren 1933–1949, Dresden/Wrocław 2009, S. 252.

S. 66 Rudolf Nollmann, abgedruckt in: Ernst Helmut Segschneider (Hrsg.), Jahre im Abseits. Erinnerungen an die Kriegsgefangenschaft. Schriften des Kulturgeschichtlichen Museums Osnabrück, Heft 5, Osnabrück 1991, S. 71.

S. 67 Kurt Elfering, abgedruckt unter: http://hdg.de/lemo/forum/kollektives_gedaechtnis/531/index.html [Stand 1.10.2014].

S. 72 Mira Honel, abgedruckt in: Hermann Langbein, Menschen in Auschwitz, Wien 1972, S. 527.

S. 73 Georg Heller, abgedruckt in: Franz Memelsdorff/Georg Heller, Im KZ. Zwei jüdische Schicksale 1938/1945, Frankfurt am Main 2012, S. 131.

S. 74 Karl Weber, abgedruckt in: Andreas Wagner, Todesmarsch. Die Räumung und Teilräumung der Konzentrationslager Dachau, Kaufering und Mühldorf Ende April 1945, Ingolstadt 1995, S. 40.

S. 76 Krzysztof Dunin-Wąsowicz, abgedruckt in: Hermann Kuhn (Hrsg.), Stutthof. Ein Konzentrationslager vor den Toren Danzigs, Bremen 1995, S. 81.

S. 77 Edward Antoniak, abgedruckt in: Daniel Blatman, Die Todesmärsche 1944/45. Das letzte Kapitel des nationalsozialistischen Massenmords, Hamburg 2011, S. 455.

S. 78 Hermann Holtz, abgedruckt in: Daniel Blatman, Die Todesmärsche 1944/45. Das letzte Kapitel des nationalsozialistischen Massenmords, Hamburg 2011, S. 568.

S. 81 Xenia Gerassimowna S., Stadtarchiv Göttingen, Sa. 32-Sammlung Tollmien.

S. 84 Dora B., abgedruckt in: Matthias Neutzner (Hrsg.), Martha Heinrich Acht. Dresden 1944/45, Dresden 2000, S. 124.

S. 85 Stadtverwaltung Dresden, abgedruckt in: Matthias Neutzner (Hrsg.), Martha Heinrich Acht. Dresden 1944/45, Dresden 2000, S. 95.

S. 87 Margret Boveri, Tage des Überlebens. Berlin 1945, München 1968, S. 97 f.

S. 90 abgedruckt in: Erich Kästner, Der Täglich Kram. Chansons und Prosa 1945–1948, Berlin 1953, S. 25.

S. 91 Thomas Mann, abgedruckt in: The New York Times vom 22.2.1938.

S. 92 Johannes R. Becher, abgedruckt in: Rolf Harder (Hrsg.), Johannes R. Becher. Briefe 1909–1958, Berlin/Weimar 1993, S. 325.

S. 94 Johanna Solf, abgedruckt in: Gerlind Schwöbel, Nur die Hoffnung hielt mich. Frauen berichten aus dem KZ Ravensbrück, Frankfurt am Main 2002, S. 93.

SOURCES FOR QUOTATIONS

S. 95 Albrecht von Bernstorff, abgedruckt in: Knut Hansen, Albrecht Graf von Bernstorff. Diplomat und Bankier zwischen Kaiserreich und Nationalsozialismus, Frankfurt am Main 1996, S. 200.

S. 98 Heinrich Himmler, abgedruckt in: Christiaan F. Rüter/D. W. de Mildt (Hrsg.), Justiz und NS-Verbrechen. Sammlung deutscher Strafurteile wegen nationalsozialistischer Tötungsverbrechen 1945–1966, Register zu den Banden I–XXII, Amsterdam/Maarssen/München 1998, S. 195.

S. 99 Erich Renfordt, abgedruckt in: Wolf-Dieter Glatzel (Hrsg.), Krieg ist schrecklich, mein Kind!, Berlin 2014, S. 30.

S. 100 Joseph Goebbels, Die Tagebücher von Joseph Goebbels, Teil II, Diktate 1941–1945, Bd. 15, München 1995, S. 479, Eintrag vom 12.3.1945.

S. 101 Alfred Gail, abgedruckt in: Jörg Kammler, Ich habe die Metzelei satt und laufe über... Kassler Soldaten zwischen Verweigerung und Widerstand (1939–1945). Kassler Quellen und Studien, Schriftenreihe des Magistrats der Stadt Kassel, Bd. 6, Fuldabrück 1985, S. 72.

S. 103 Max Simon, abgedruckt in: Landeszentrale für politische Bildung Baden-Württemberg (Hrsg.), Die Männer von Brettheim. Lesebuch zur Erinnerungsstätte, Villingen-Schwenningen 1993, S. 33.

S. 104 Leonhard Wolfmeyer, ibid., S. 54.

S. 110 Helmuth Reymann, abgedruckt in: Pädagogisches Zentrum Berlin (Hrsg.), Zerstört. Besiegt. Befreit. Der Kampf um Berlin bis zur Kapitulation 1945, Stätten der Geschichte Berlins, Bd. 7, Berlin 1985, S. 47.

S. 112 Adolf Hitler, abgedruckt in: Albert Speer, Erinnerungen, Frankfurt am Main/Berlin/Wien 1969, S. 446.

S. 113 Rundfunkmeldung des OKW, abgedruckt in: Percy E. Schramm (Hrsg.), Kriegstagebuch des Oberkommandos der Wehrmacht, Bd. IV, 1. Januar 1944–22. Mai 1945, Teilband II, München 1982, S. 1274.

S. 118 Lilo G., abgedruckt in: Ingrid Hammer/Susanne zur Nieden (Hrsg.), Sehr selten habe ich geweint. Briefe und Tagebücher aus dem Zweiten Weltkrieg von Menschen aus Berlin, Zürich 1992, S. 310.

S. 121 Hans Rosenthal, Zwei Leben in Deutschland, Bergisch-Gladbach 1980, S. 75.

S. 122 Vera Iwanowna Legintschuk, abgedruckt in: Berliner Geschichtswerkstatt (Hrsg.), Zwangsarbeit in Berlin 1940–1945. Erinnerungsberichte aus Polen, der Ukraine und Weißrussland, Berlin 2000, S. 114.

S. 124 Susanne Lis, abgedruckt in: Laura Dopheide, Geboren „in einem unglücklichen Jahre". Vera Gottier. Eine Kindheit in Berlin-Spandau zur Zeit des Nationalsozialismus, Schriftenreihe der Jugendgeschichtswerkstatt Spandau, Bd. 5, Berlin 2013, S. 28 und S. 45.

S. 167 Max Färberböck, abgedruckt unter: http://www.hna.de/nachrichten/kultur/geschockt-fasziniert-interview-754990.html [Stand 6.10.2014]

p. 14 Adolf Hitler, quoted from: Nicolaus von Below, Als Hitlers Adjutant 1937–1945, Mainz 1980, p. 398.

p. 29 Josef Schöner, Wiener Tagebuch 1944/1945. Veröffentlichungen der Kommission für Neuere Geschichte Österreichs, vol. 83, Wien/Cologne/Weimar 1992, p. 136.

p. 30 A local authority employee, quoted from: Bundesministerium für Vertriebene, Flüchtlinge und Kriegsgeschädigte (ed.), Die Vertreibung der deutschen Bevölkerung aus den Gebieten östlich der Oder-Neiße, vol. I/2, Munich 2004, p. 214.

p. 33 Betty Qui, quoted from: Jürgen Kleindienst (ed.), Hungern und hoffen. Jugend in Deutschland 1945–1950. 48 Geschichten und Berichte von Zeitzeugen, Reihe Zeitgut, vol. 10, Berlin 2000, p. 122.

p. 34 An eyewitness, quoted from: Bundesministerium für Vertriebene, Flüchtlinge und Kriegsgeschädigte (ed.), Dokumente deutscher Kriegsschäden. Evakuierte, Kriegsgeschädigte, Währungsgeschädigte. Die geschichtliche und rechtliche Entwicklung. Aus den Tagen des Luftkrieges und des Wiederaufbaues. Erlebnis- und Erfahrungsberichte, supplement 1, Bonn 1960, p. 189.

p. 37 Dwight D. Eisenhower, quoted from: Lars-Broder Keil/Sven Felix Kellerhoff, Gerüchte machen Geschichte. Folgenreiche Falschmeldungen im 20. Jahrhundert, Berlin 2006, p. 89.

p. 41 Poem, quoted from: Oldenburgische Staatszeitung, 22 April 1945, quoted from: Karl H. Schwebel/Herbert Schwarzwälder (ed.), Der britische Vorstoß an die Weser. Bremen und Nordwestdeutschland am Kriegsende 1945, vol. 2, Bremer Veröffentlichungen zur Zeitgeschichte, supplement 6, Bremen 1973, p. 55.

p. 43 Ruth Andreas-Friedrich, Der Schattenmann. Tagebuchaufzeichnungen 1938–1948, Frankfurt am Main 2000, p. 192 f.

p. 46 Summary of First US-Army report, quoted from: Klaus-Dietmar Henke, Die amerikanische Besetzung Deutschlands, Quellen und Darstellungen zur Zeitgeschichte, vol. 27, Munich 1995, p. 357.

p. 47 Josef Schnorbach, quoted from: Klaus-Dietmar Henke, Die amerikanische Besetzung Deutschlands, Quellen und Darstellungen zur Zeitgeschichte, vol. 27, Munich 1995, p. 357.

p. 48 Excerpt from „Nero decree", quoted from: Albert Speer, Erinnerungen, Frankfurt am Main/Berlin/Wien 1969, p. 583.

p. 49 quoted from: Percy E. Schramm (ed.), Kriegstagebuch des Oberkommandos der Wehrmacht, vol. IV/2, 1 January 1944–22 May 1945, Munich 1982, p. 1158.

p. 49 Albert Kesselring, quoted from: Cord Arendes/Edgar Wolfrum/Jörg Zedler (ed.), Terror nach Innen. Verbrechen am Ende des Zweiten Weltkrieges, Dachauer Symposien zur Zeitgeschichte, vol. 6, Göttingen 2006, p. 94.

p. 51 An eyewitness, quoted from: Klaus-Dietmar Henke, Die amerikanische Besetzung Deutschlands, Munich 1995, p. 356.

p. 52 Karl Hanke, quoted from: Schlesische Tageszeitung, year 16, no. 25, 29.1.1945, p. 3.

p. 53 Margaret Bourke-White, quoted from: Walter Kempowski, Das Echolot. Abgesang '45. Ein kollektives Tagebuch, Munich 2005, p. 50.

p. 56 Maria Bierganz, quoted from: Klaus-Dietmar Henke, Die amerikanische Besetzung Deutschlands, München 1995, p. 166.

p. 58 Joseph Goebbels, Die Tagebücher von Joseph Goebbels, part II, dictation 1941–1945, vol. 15, Munich 1995, p. 627, entry dated 29.3.1945.

p. 59 Heinrich Vogelsang, Stadtarchiv Mönchengladbach, 25c/3901.

p. 60 Joseph Goebbels, Die Tagebücher von Joseph Goebbels, part II, dictation 1941–1945, vol. 15, Munich 1995, p. 627, entry dated 29.3.1945.

p. 64 Stanisław Piaskowski, quoted from: Klinga Hartmann (ed.), Geschichte verstehen-Zukunft gestalten. Die deutsch-polnischen Beziehungen in den Jahren 1933–1949, Dresden/Wrocław 2009, p. 252.

p. 66 Rudolf Nollmann, quoted from: Ernst Helmut Segschneider (ed.), Jahre im Abseits. Erinnerungen an die Kriegsgefangenschaft, Osnabrück 1991, p. 71.

p. 67 Kurt Elfering, quoted from: http://hdg.de/lemo/forum/kollektives_ge daechtnis/531/index.html [version: 1.10.2014].

p. 72 Mira Honel, quoted from: Hermann Langbein, Menschen in Auschwitz, Wien 1972, p. 527.

p. 73 Georg Heller, quoted from: Franz Memelsdorff/Georg Heller, Im KZ. Zwei jüdische Schicksale 1938/1945, Frankfurt am Main 2012, p. 131.

p. 74 Karl Weber, quoted from: Andreas Wagner, Todesmarsch. Die Räumung und Teilräumung der Konzentrationslager Dachau, Kaufering und Mühldorf Ende April 1945, Ingolstadt 1995, p. 40.

p. 76 Krzysztof Dunin-Wąsowicz, quoted from: Hermann Kuhn (ed.), Stutthof. Ein Konzentrationslager vor den Toren Danzigs, Bremen 1995, p. 81.

p. 77 Edward Antoniak, quoted from: Daniel Blatman, Die Todesmärsche 1944/45. Das letzte Kapitel des nationalsozialistischen Massenmords, Hamburg 2011, p. 455.

p. 78 Hermann Holtz, quoted from: Daniel Blatman, Die Todesmärsche 1944/45. Das letzte Kapitel des nationalsozialistischen Massenmords, Hamburg 2011, p. 568.

p. 81 Xenia Gerassimowna S., Stadtarchiv Göttingen, Sa. 32- collection Tollmien.

p. 84 Dora B., quoted from: Matthias Neutzner (ed.), Martha Heinrich Acht, Dresden 1944/45. Dresden 2000, p. 124.

p. 85 Dresden city authority, quoted from: Matthias Neutzner (ed.), Martha Heinrich Acht. Dresden 1944/45, Dresden 2000, p. 95.

p. 87 Margret Boveri, Tage des Überlebens. Berlin 1945, Munich 1968, p. 97 f.

p. 90 quoted from: Erich Kästner, Der Täglich Kram. Chansons und Prosa 1945–1948, Berlin 1953, p. 25.

p. 91 Thomas Mann, quoted from: The New York Times, 22.2.1938.

p. 92 Johannes R. Becher, quoted from: Rolf Harder (ed.), Johannes R. Becher. Briefe 1909–1958, Berlin/Weimar 1993, p. 325.

p. 94 Johanna Solf, quoted from: Gerlind Schwöbel, Nur die Hoffnung hielt mich. Frauen berichten aus dem KZ Ravensbrück, Frankfurt am Main 2002, p. 93.

p. 95 Albrecht von Bernstorff, quoted from: Knut Hansen, Albrecht Graf von Bernstorff. Diplomat und Bankier zwischen Kaiserreich und Nationalsozialismus, Frankfurt am Main 1996, p. 200.

p. 98 Heinrich Himmler, quoted in: Christiaan F. Rüter/D. W. de Mildt (ed.), Justiz und NS-Verbrechen. Sammlung deutscher Strafurteile wegen nationalsozialistischer Tötungsverbrechen 1945–1966. Register vols I–XXII, Amsterdam/Maarssen/Munich 1998, p. 195.

p. 99 Erich Renfordt, quoted from: Wolf-Dieter Glatzel (ed.), Krieg ist schrecklich, mein Kind!, Berlin 2014, p. 30.

p. 100 Joseph Goebbels, Die Tagebücher von Joseph Goebbels, part II, dictation 1941–1945, vol. 15, Munich 1995, p. 479, entry dated 12.3.1945.

p. 101 Alfred Gail, quoted from: Jörg Kammler, Ich habe die Metzelei satt und laufe über… Kassler Soldaten zwischen Verweigerung und Widerstand (1939–1945), Fuldabrück 1985, p. 72.

p. 103 Max Simon, quoted from: Landeszentrale für politische Bildung Baden-Württemberg (ed.), Die Männer von Brettheim. Lesebuch zur Erinnerungsstätte, Villingen-Schwenningen 1993, p. 33.

p. 104 Leonhard Wolfmeyer, ibid., p. 54.

p. 110 Helmuth Reymann, quoted from: Pädagogisches Zentrum Berlin (ed.), Zerstört. Besiegt. Befreit. Der Kampf um Berlin bis zur Kapitulation 1945, Stätten der Geschichte Berlins, vol. 7, Berlin 1985, p. 47.

p. 112 Adolf Hitler, quoted from: Albert Speer, Erinnerungen, Frankfurt am Main/Berlin/Wien 1969, p. 446.

p. 113 Radio announcement by the Wehrmacht High Command, quoted from: Percy E. Schramm (ed.), Kriegstagebuch des Oberkommandos der Wehrmacht, vol. IV, 1 January 1944–22 May 1945, part II, Munich 1982, p. 1274.

p. 118 Lilo G., quoted from: Ingrid Hammer/Susanne zur Nieden (ed.), Sehr selten habe ich geweint. Briefe und Tagebücher aus dem Zweiten Weltkrieg von Menschen aus Berlin, Zurich 1992, p. 310.

p. 121 Hans Rosenthal, Zwei Leben in Deutschland, Bergisch-Gladbach 1980, p. 75.

p. 122 Vera Iwanowna Legintschuk, quoted from: Berliner Geschichtswerkstatt (ed.), Zwangsarbeit in Berlin 1940–1945. Erinnerungsberichte aus Polen, der Ukraine und Weißrussland, Berlin 2000, p. 114.

p. 124 Susanne Lis, quoted from: Laura Dopheide, Geboren „in einem unglücklichen Jahre". Vera Gottier. Eine Kindheit in Berlin-Spandau zur Zeit des Nationalsozialismus, Schriftenreihe der Jugendgeschichtswerkstatt Spandau, vol. 5, Berlin 2013, p. 28 and p. 45.

p. 167 Max Färberböck, quoted from : http://www.hna.de/nachrichten/kultur/geschockt-fasziniert-interview-754990.html [version: 6.10.2014].

AUSGEWÄHLTE LITERATUR

Andreas-Friedrich, Ruth: Der Schattenmann. Tagebuchaufzeichnungen 1938-1948, Frankfurt am Main 2000.

Anonyma: Eine Frau in Berlin. Tagebuchaufzeichnungen vom 20. April bis 22. Juni 1945, Frankfurt am Main 2003.

Arendes, Cord/Wolfrum, Edgar/Zedler, Jörg (Hrsg.): Terror nach Innen. Verbrechen am Ende des Zweiten Weltkrieges. Dachauer Symposien zur Zeitgeschichte, Bd. 6, Göttingen 2006.

Becker, Wolfgang/Schöll, Norbert: In jenen Tagen...Wie der deutsche Nachkriegsfilm die Vergangenheit bewältigte, Opladen 1995.

Blatman, Daniel: Die Todesmärsche 1944/45. Das letzte Kapitel des nationalsozialistischen Massenmords, Hamburg 2011.

Bourke-White, Margaret: Deutschland, April 1945. Dear Fatherland Rest Quietly, München 1979.

Bundesministerium für Vertriebene, Flüchtlinge und Kriegsgeschädigte 1945–1961 (Hrsg.): Die Vertreibung der deutschen Bevölkerung aus den Gebieten östlich der Oder-Neiße, 3. Bde., München 2004.

Glaser, Hermann: 1945. Beginn einer Zukunft. Bericht und Dokumentation, Frankfurt am Main 2005.

Gosztony, Peter (Hrsg.): Der Kampf um Berlin 1945 in Augenzeugenberichten, München 1985.

Heller, Georg/Memelsdorff, Franz: Im KZ. Zwei jüdische Schicksale 1938/1945, Frankfurt am Main 2012.

Henke, Klaus-Dietmar: Die amerikanische Besetzung Deutschlands. Quellen und Darstellungen zur Zeitgeschichte, Bd. 27, München 1995.

Kardorff, Ursula von: Berliner Aufzeichnungen 1942–1945, München 1992.

Kellerhoff, Sven Felix/Giebel, Wieland (Hrsg.): Als die Tage zu Nächten wurden. Berliner Schicksale im Luftkrieg, Berlin 2003.

Kempowski, Walter: Das Echolot. Abgesang '45. Ein kollektives Tagebuch, München 2005.

Kershaw, Ian: Das Ende. Kampf bis in den Untergang. NS-Deutschland 1944/45, München 2011.

Koop, Volker: Himmlers letztes Aufgebot. Die NS-Organisation „Werwolf", Köln/Weimar/Wien 2008.

Landeszentrale für politische Bildung Baden-Württemberg (Hrsg.): Die Männer von Brettheim. Lesebuch zur Erinnerungsstätte, Villingen-Schwenningen 1993.

Militärgeschichtliches Forschungsamt (Hrsg.): Das Deutsche Reich und der Zweite Weltkrieg, 10. Bde., Stuttgart/München 1979–2008.

Müller, Rolf-Dieter/Ueberschär, Gerd R.: Deutschland am Abgrund. Zusammenbruch und Untergang des Dritten Reiches 1945. Wegweiser zu Zeitfragen, Bd. 5, Konstanz 1986.

Müller, Rolf-Dieter/Ueberschär, Gerd R.: Kriegsende 1945. Die Zerstörung des Deutschen Reiches, Frankfurt am Main 1994.

Müller, Rolf-Dieter/Ueberschär, Gerd R./Wette, Wolfram: Wer zurückweicht wird erschossen! Kriegsalltag und Kriegsende in Südwest-Deutschland 1944/45, Freiburg 1985.

Müller, Rolf-Dieter/Ueberschär, Gerd R.: 1945. Das Ende des Krieges, Darmstadt 2005.

Neutzner, Matthias (Hrsg.): Martha Heinrich Acht. Dresden 1944/45, Dresden 2000.

Overmans, Rüdiger: Soldaten hinter Stacheldraht. Deutsche Kriegsgefangene des Zweiten Weltkriegs, Berlin/München 2000.

Rosenthal, Hans: Zwei Leben in Deutschland, Bergisch-Gladbach 1980.

Schramm, Percy E. (Hrsg.): Die Niederlage 1945. Aus dem Kriegstagebuch des Oberkommandos der Wehrmacht, München 1985.

Schramm, Percy E. (Hrsg.): Kriegstagebuch des Oberkommandos der Wehrmacht 1940–1945, 8. Bde., München 1982.

Schultz, Sonja M.: Der Nationalsozialismus im Film. Von TRIUMPF DES WILLENS bis INGLOURIOUS BASTERDS, Berlin 2012.

Steinbach, Peter (Hrsg.): Widerstand in Deutschland 1933–1945. Ein historisches Lesebuch, München 1994.

Stiftung Topographie des Terrors (Hrsg.): Berlin 1945. Eine Dokumentation, Berlin 1995.

Thum, Gregor: Die fremde Stadt. Breslau 1945, Berlin 2003.

SELECTED BIBLIOGRAPHY

Andreas-Friedrich, Ruth: Der Schattenmann. Tagebuchaufzeichnungen 1938–1948, Frankfurt am Main 2000.

Anonyma: Eine Frau in Berlin. Tagebuchaufzeichnungen vom 20. April bis 22. Juni 1945, Frankfurt am Main 2003.

Arendes, Cord/Wolfrum, Edgar/Zedler, Jörg (ed.): Terror nach Innen. Verbrechen am Ende des Zweiten Weltkrieges. Dachauer Symposien zur Zeitgeschichte, vol. 6, Göttingen 2006.

Becker, Wolfgang / Schöll, Norbert: In jenen Tagen…Wie der deutsche Nachkriegsfilm die Vergangenheit bewältigte, Opladen 1995.

Blatman, Daniel: Die Todesmärsche 1944/45. Das letzte Kapitel des nationalsozialistischen Massenmords, Hamburg 2011.

Bourke-White, Margaret: Deutschland, April 1945. Dear Fatherland Rest Quietly, Munich 1979.

Bundesministerium für Vertriebene, Flüchtlinge und Kriegsgeschädigte 1945–1961 (ed.): Die Vertreibung der deutschen Bevölkerung aus den Gebieten östlich der Oder-Neiße, 3 vols, Munich 2004.

Glaser, Hermann: 1945. Beginn einer Zukunft. Bericht und Dokumentation, Frankfurt am Main 2005.

Gosztony, Peter (ed.): Der Kampf um Berlin 1945 in Augenzeugenberichten, Munich 1985.

Heller, Georg/Memelsdorff, Franz: Im KZ. Zwei jüdische Schicksale 1938/1945, Frankfurt am Main 2012.

Henke, Klaus-Dietmar: Die amerikanische Besetzung Deutschlands. Quellen und Darstellungen zur Zeitgeschichte, vol. 27, Munich 1995.

Kardorff, Ursula von: Berliner Aufzeichnungen 1942–1945, Munich 1992.

Kellerhoff, Sven Felix/Giebel, Wieland (ed.): Als die Tage zu Nächten wurden. Berliner Schicksale im Luftkrieg, Berlin 2003.

Kempowski, Walter: Das Echolot. Abgesang `45. Ein kollektives Tagebuch, Munich 2005.

Kershaw, Ian: Das Ende. Kampf bis in den Untergang. NS-Deutschland 1944/45, Munich 2011.

Koop, Volker: Himmlers letztes Aufgebot. Die NS-Organisation „Werwolf“, Cologne/Weimar/Wien 2008.

Landeszentrale für politische Bildung Baden-Württemberg (ed.): Die Männer von Brettheim. Lesebuch zur Erinnerungsstätte, Villingen-Schwenningen 1993.

Militärgeschichtliches Forschungsamt (ed.): Das Deutsche Reich und der Zweite Weltkrieg, 10 vols, Stuttgart/Munich 1979–2008.

Müller, Rolf-Dieter / Ueberschär, Gerd R.: Deutschland am Abgrund. Zusammenbruch und Untergang des Dritten Reiches 1945. Wegweiser zu Zeitfragen, vol. 5, Konstanz 1986.

Müller, Rolf-Dieter/Ueberschär, Gerd R.: Kriegsende 1945. Die Zerstörung des Deutschen Reiches, Frankfurt am Main 1994.

Müller, Rolf-Dieter/Ueberschär, Gerd R./Wette, Wolfram: Wer zurückweicht wird erschossen! Kriegsalltag und Kriegsende in Südwest-Deutschland 1944/45, Freiburg 1985.

Müller, Rolf-Dieter/Ueberschär, Gerd R.: 1945. Das Ende des Krieges, Darmstadt 2005.

Neutzner, Matthias (ed.): Martha Heinrich Acht. Dresden 1944/45, Dresden 2000.

Overmans, Rüdiger: Soldaten hinter Stacheldraht. Deutsche Kriegsgefangene des Zweiten Weltkriegs, Berlin/Munich 2000.

Rosenthal, Hans: Zwei Leben in Deutschland, Bergisch-Gladbach 1980.

Schramm, Percy E. (ed.): Die Niederlage 1945. Aus dem Kriegstagebuch des Oberkommandos der Wehrmacht, Munich 1985.

Schramm, Percy E. (ed.): Kriegstagebuch des Oberkommandos der Wehrmacht 1940–1945, 8 vols, Munich 1982.

Schultz, Sonja M.: Der Nationalsozialismus im Film. Von TRIUMPF DES WILLENS bis INGLOURIOUS BASTERDS, Berlin 2012.

Steinbach, Peter (ed.): Widerstand in Deutschland 1933–1945. Ein historisches Lesebuch, Munich 1994.

Stiftung Topographie des Terrors (ed.): Berlin 1945. A Dokumentation, Berlin 1995.

Thum, Gregor: Die fremde Stadt. Breslau 1945, Berlin 2003.

ABKÜRZUNGSVERZEICHNIS
LIST OF ABBREVIATIONS

BBC	British Broadcasting Company Britisch Broadcasting Company
BDM	Bund Deutscher Mädel League of German Girls
BRD	Bundesrepublik Deutschland Federal Republic of Germany
DDR	Deutsche Demokratische Republik German Democratic Republik (GDR)
NSDAP	Nationalsozialistische Deutsche Arbeiterpartei Nazi Party
Gestapa	Geheimes Staatspolizeiamt Secret State Police Office
Gestapo	Geheime Staatspolizei Secret State Police
HJ	Hitlerjugend Hitler Youth
KPD	Kommunistische Partei Deutschlands German Communist Party
KZ	Konzentrationslager Concentration Camp
NSV	NS-Volkswohlfahrt National Socialist Public Welfare
OKW	Oberkommando der Wehrmacht Armed Forces High Command
SS	Schutzstaffel Protection Squadron (Nazi paramilitary organisation)

INDEX

INDEX

Für die freundliche Unterstützung danken wir folgenden Institutionen / With thanks to these organizations

akg-Images, Berlin ; Archiv der sozialen Demokratie, Bonn; Berliner Geschichtswerkstatt e.V.; Bildarchiv Preußischer Kulturbesitz, Berlin; Bayerische Staatsbibliothek, München; Bundesarchive Berlin, Freiburg und Koblenz; Constantin Film GmbH, München; DEFA-Stiftung, Berlin; Deutsche Kinemathek, Berlin; Deutsche Presse-Agentur; Deutsches Filminstitut-DIF, Frankfurt/Main; Deutsches Rundfunkarchiv, Frankfurt/Main; Deutsches Historisches Museum, Berlin; Erinnerungsstätte Brettheim; Filmmuseum Potsdam; Friedrich-Naumann-Stiftung, Potsdam; Gedenkstätte Bergen-Belsen; Gedenkstätte Deutscher Widerstand, Berlin; Gesellschaft für Filmstudien e.V., Hannover; Getty Images, München; Haus der Geschichte, Bonn; Herder-Institut, Marburg; Hessisches Staatsarchiv Marburg; Imperial War Museum, London; Institut für Stadtgeschichte, Frankfurt; Karl Rauch Verlag, Düsseldorf; KEYSTONE Pressedienst, Hamburg; Konrad-Adenauer-Stiftung e.V., Berlin; Kreismedienzentrum Neuwied; Landesarchiv Berlin; Library of Congress, Washington; National Archives Washington; Rainer Werner Fassbinder Foundation, Berlin; Staatsarchiv München; Staatsbibliothek zu Berlin – Preußischer Kulturbesitz; Progress-Film, Berlin; Staats- und Universitätsbibliothek Dresden; Stadtarchiv Aachen; Stadtarchiv Freudenstadt; Stadtarchiv Göttingen; Stadtarchiv Greifwald; Stadtarchiv Hannover; Stadtarchiv Kiel; Stadtarchiv Leipzig; Stadtarchiv Magdeburg; Stadtarchiv Mönchengladbach; Stadtarchiv München; Stadtarchiv Penzberg; Stewart Library, Weber State University, Ogden/ USA; Stiftung Neue Synagoge – Centrum Judaicum, Berlin; Studio Hamburg Enterprises GmbH; SWR, Stuttgart; Süddeutsche Zeitung Photo, München; Theatermuseum Wahn; Ullstein Bilderdienst, Berlin; United States Holocaust Memorial Museum, Washington; Universitätsbibliothek Wien; Wilhelmshavener Zeitung; Yad Vashem Archive, Jerusalem; Zakład Narodowy im. Ossolińskich, Wrocław; Zeitgut-Verlag, Berlin; Sinus Verlag, Beltheim

und Personen / and individuals

Heike Geisler; Vera Gottier; Simone Gail; Dr. Klaus Kirchner; Elske Trees; Familie Graßmann; Kurt Elfinger; Arnulf Scriba; Maria Blitz; Uwe Neumärker; Christa Petrásková; Jürgen Olczyk; Traudel Rosenthal; Johannes Rühlmann; Georg Heller; Susan Hiep; Bettina Wutz